Rosemarie Fiedler-Winter
Innovative Mitarbeiterbeteiligung

Rosemarie Fiedler-Winter

Innovative Mitarbeiterbeteiligung

**Der Königsweg für die Wirtschaft
Beispiele aus der Praxis**

 verlag
moderne industrie

Die Deutsche Bibliothek – CIP-Einheitsaufnahme

Fiedler-Winter, Rosemarie:
Innovative Mitarbeiterbeteiligung : Der Königsweg für die Wirtschaft; Beispiele aus der Praxis / Rosemarie Fiedler-Winter. – Landsberg/Lech : mi, Verl. Moderne Industrie, 1998
ISBN 3-478-36030-7

© 1998 verlag moderne industrie, 86895 Landsberg/Lech
Internet: http://www.mi-verlag.de

Umschlaggestaltung: Daniela Lang, Stoffen
Satz: Fotosatz Reinhard Amann, Aichstetten
Druck: Himmer, Augsburg
Bindearbeiten: Thomas, Augsburg
Printed in Germany 360 030/069801
ISBN 3-478-36030-7

Inhaltsverzeichnis

Vorwort

Mit seiner Sammlung von Beispielen zum Thema *Mitarbeiterbeteiligung* will dieses Buch ein Wegweiser zu Unternehmenserfolg und Krisenbewältigung sein. Nicht allein für große, sondern vor allem für mittlere und kleine Firmen wird es immer wichtiger, sich mit dem Gedanken einer „Vermögensbildung in Arbeitnehmerhand" zu beschäftigen. Diese oft behandelte, vielfach variierte Idee, Mitarbeiter an Kapital und Ertrag ihrer Firmen zu beteiligen, hat einen neuen betriebs- und personalwirtschaftlichen Ansatz erhalten. Er entspricht nicht nur der oft wiederholten Forderung, Betroffene zu Beteiligten zu machen, sondern ebenso einer inzwischen auch offiziell artikulierten volkswirtschaftlichen Notwendigkeit.

Der hier vorliegende Einblick in die Szene der Mitarbeiterbeteiligung bietet eine Dokumentation mit Anregungen und nützlichen Vergleichsmöglichkeiten, wie es sie in dieser Form bisher nicht gegeben hat. Vor allem lassen die Stimmen maßgebender Beteiligungspraktiker in den vorgeschalteten Gesprächen erstmals eindeutig erkennen, daß die Aufnahme der Mannschaften in das Boot der Kapitalgeber als Aktionäre oder Teilhaber ein nicht zu unterschätzender Wirtschaftsfaktor und schon lange nicht mehr nur eine „soziale Leistung" ist.

Daß Unternehmensführungen und Gewerkschaften dabei einen gemeinsamen Weg einschlagen müssen, zeigen die Beispiele aus der Praxis; sie machen deutlich, welche Bedeutung einer Vermögensbildung in Arbeitnehmerhand bei der Lösung des Rentenproblems zukommt.

Wie in meinem Buch *Flexible Arbeitszeiten* habe ich auch diesmal wieder Geschäftsleitungen und Betriebsräte um eine Stellungnahme zu den in ihren Häusern praktizierten Modellen gebeten. Ihre Resonanz unterstreicht den vielgestaltigen persönlichen Nutzen der geschilderten Entwicklung – einer Entwicklung, die sich außerdem darauf zubewegt, Arbeitszeit über das Arbeitszeitkonto auch als

Zahlungsmittel zum Erwerb von Anteilscheinen oder Aktien zu verwenden.

Die Überzeugung, daß Mitarbeiterbeteiligung ein bedeutender Wettbewerbsfaktor im Euro-Markt der Zukunft sein kann, wird wachsen. Erfahrene Praktiker stellen auf den folgenden Seiten die Prognose, daß im Jahr 2000 fast jeder zehnte deutsche Betrieb seinen Belegschaften eine Kapital- und Ertragsbeteiligung offeriert. Dafür sind Leistungsfähigkeit, Initiative und Einsatzbereitschaft gefragt, um die Chancen·nutzen zu können, die nicht nur der Weltmarkt, sondern auch die Region im eigenen Umfeld bieten.

Hamburg, Mai 1998   Rosemarie Fiedler-Winter

Einführung:
Mitarbeiterbeteiligung
als Wettbewerbsfaktor

Ein Königsweg für die Wirtschaft: Arbeit = Kapital

Vermögensbildung in Arbeitnehmerhand ist seit mehr als hundert Jahren unter dem Stichwort *soziale Leistungen* abgelegt worden. Als in den vierziger Jahren des 19. Jahrhunderts die ersten Versuche unternommen wurden, abhängig Beschäftigte in den Firmen, bei denen sie „in Lohn und Brot standen", zusätzlich am Ertrag ihrer Arbeitgeber teilnehmen zu lassen, zweifelte niemand daran, daß es sich dabei um eine ausschließlich soziale Leistung der Fabrikanten handelte.

Überlegungen dieser Art wurden in den damals entstehenden „Vereinen für Sozialpolitik" diskutiert, und es galt oft bereits als anrüchig, in derartigen Gremien überhaupt mitzuwirken. Aus heutiger Sicht ist es dagegen durchaus bemerkenswert, daß diese Entwicklung noch vor Verkündung des Kommunistischen Manifests dokumentiert ist. Man könnte dies auch als historischen Beweis dafür verbuchen, daß die sogenannten „stillen Bemühungen der Bürgerlichen" von den Konsequenzen der Radikaleren überholt worden sind. Wie man inzwischen weiß, geschah das keineswegs zum Vorteil der Gesamtgesellschaft, in der beide Strömungen entstanden und der auch maßgebende Kräfte beider Seiten nützlich sein wollen.

Prof. Dr. Eduard Gaugler, langjähriger Lehrstuhlinhaber in der Betriebswirtschaftlichen Fakultät der Universität Mannheim sowie Mitglied der Arbeitsgemeinschaft *Partnerschaft in der Wirtschaft*, berichtet: „Unter den mindestens 70 heute noch namentlich bekannten Firmen, die bereits im 19. Jahrhundert eine Gewinn- beziehungsweise Erfolgsbeteiligung in Deutschland eingeführt hatten, haben wenigstens 5 ihre Beteiligungsmodelle schon vor 1850 begonnen. Dazu gehörte schon 1847 der berühmte Nationalökonom Johann Heinrich von Thünen." Auf seinem Gut Tellow hatte er damals die

Produktivitätstheorie begründet und erste Überlegungen zu einer Grundrente angestellt. Also: Betriebswirtschaft und Sozialpolitik in gegenseitiger Entsprechung.

Das bekannteste Beispiel einer frühen arbeitnehmerbezogenen Unternehmenspolitik bietet jedoch Ernst Abbe. Mit dem Statut der *Carl-Zeiss-Stiftung* hat er eine Form gefunden, Arbeitnehmern durch bis dahin außergewöhnliche Sonderleistungen indirekt einen Anteil am Ertrag des Unternehmens zugute kommen zu lassen. Er wollte damit nicht nur den Arbeiter der Gründerzeit vor den Auswüchsen der Industrialisierung schützen, sondern grundsätzlich mehr Gerechtigkeit herstellen. Sein Statut gab den *Zeiss*-Beschäftigten neben der Verbesserung der sozialen Situation verbriefte Rechte. Sie garantierten vor allem dem Tüchtigen, unabhängig von Herkunft und Religion, sehr viel größere Chancen als bisher. Neben einem festen Mindestlohn, wie er gegen Ende des vergangenen Jahrhunderts, als das Statut realisiert wurde, durchaus nicht die Regel war, führte der Mann von *Zeiss* den 8-Stunden-Tag ein, während andernorts nach wie vor häufig 10 Stunden täglich gearbeitet werden mußte. Er sicherte seinen Mitarbeitern vertraglich eine Altersversorgung, Urlaub ohne Entgeltverlust und eine selbstgewählte Interessenvertretung zu. In dem von Ernst Abbe 1896 errichteten Statut der Carl Zeiss-Stiftung heißt es u. a. wörtlich:

§ 56/1: „Bei Anstellung der Beamten der Stiftung und der Stiftungsbetriebe der Geschäftsgehilfen und Arbeiter muss jederzeit ohne Ansehen der Abstammung des Bekenntnisses und der Parteistellung verfahren werden."

§ 62/4: „Angehörigen der Betriebe, Arbeitern wie Beschäftigten, welche zu ehrenamtlichen Tätigkeiten im Reich-Staats-oder Gemeindedienst berufen werden, muss der zu ordnungsmässiger Ausübung nothwendige Urlaub auf ihren Anteil stets gewährt werden."

Der Gewinnbeteiligungsanteil ist
§ 98/3: „zu bemessen nach dem gemäsz § 41/2 auf das gleiche Lohn- und Gehaltskonto bezogenen prozentualischen Nettogewinn des Geschäftsjahres und zwar aus den Bruchteilen desjenigen Betrages,

mit welchem dieser prozentualische Nettogewinn die Ziffer überschreitet, die gegenüber der in den (vorangegangenen) §§ gegebenen
Richtschnur als Mindestziffer im Sinne des § 41/3 jeweils gelten soll."

Die „Übersetzung" dieses Paragraphen-Absatzes in der Ausgabe
des Zeiss-Statuts von 1987 lautet:
„Der Prozentsatz dieses Zuschlags auf das Lohn- und Gehaltskonto
ist von Jahr zu Jahr so zu bemessen, daß unter tunlichster Ausglei-
chung der Schwankungen des Geschäftsganges ein angemessenes
Verhältnis zwischen dem Anteil der Geschäftsangehörigen am wirtschaftlichen Gesamtertrag und dem Anteil der Stiftung im Sinne der
in §§ 40, 41 bezeichneten Richtschnur sich ergibt."

Im Boot der Kapitaleigner

Wäre Ernst Abbe von seinen Unternehmerkollegen des neuen Indu-
striezeitalters stärker beachtet worden, wären nicht nur einzelne,
sondern zahlreiche Firmeninhaber der Idee von der Anteiligkeit am
Wertzuwachs gefolgt und hätten versucht, diese in die Tat umzuset-
zen – unsere Wirtschafts- und Gesellschaftsgeschichte hätte tatsächlich einen anderen Verlauf nehmen können. Dagegen ist Ernst Abbe
mit seinem Beispiel auf das Abstellgleis sozialen Engagements rangiert worden. Er wurde auch gern zum Nobel-Sozialisten aufgebaut,
während die Kampfform des Politik-Sozialismus eine echte soziale
Betrachtungsweise oftmals vermissen ließ. An unternehmensbezogene Aspekte, die auch anderen als den Inhabern nutzen können,
dachte damals niemand.

Immerhin zählte man in Deutschland nach dem ersten Weltkrieg an
die 30 Firmen, die ihre Mitarbeiter an Kapital und/oder Gewinn beteiligt hatten. Nach dem zweiten Weltkrieg nahm die Zahl sogenannter
Beteiligungsbetriebe sogar rasch zu. Der auch damals erst in Ansätzen
erkannte Wertewandel zeigte Wirkung. Die Bewegung, die er auslöste,
wurde noch bis in die siebziger Jahre hinein vorwiegend sozial begründet. Aber praktisch hatte die Aufnahme von Belegschaftsmitgliedern ins Boot der Kapitaleigner begonnen – unabhängig davon, wie
sie begründet wurde. Und *de facto* hat später der Mannschaftseinsatz
manches Unternehmensschiff vor dem Kentern bewahrt.

Daß sich die Deutschen mit der Begründung von Handlungen, Haltungen und Einstellungen oft sehr viel schwerer tun als andere Völker, gilt auch für die Beteiligung von Mitarbeitern. Ihre Entwicklung war in den fünfziger Jahren eng mit dem Namen eines engagierten Unternehmers verknüpft, der heute auf diesem Feld als Mann der ersten Stunde gilt: Gert P. Spindler, Textilfabrikant in Hilden/Westfalen. Er argumentierte wie dereinst Ernst Abbe, dessen Statuten er übrigens nicht kannte. Er hielt eine Situation, in der die Mitarbeiter am Unternehmenserfolg mitgewirkt haben, dann aber bei der Verwendung des Gewinns leer ausgehen, für ungerecht und schädlich. Das wollte er ändern.

In seinen Lebenserinnerungen fand er dafür die aufschlußreichen Sätze: „Bei diesen Gedanken störte mich nicht, daß ich damit in die Nähe der Mehrwerttheorie von Karl Marx geriet. Aber ganz anders als er wollte ich den Klassengegensatz überwinden, indem ich die Mitarbeiter entsprechend ihrer Leistung an den Unternehmen materiell und mitbestimmend beteiligte. Ich betrachte ein Unternehmen als eine Errungenschaftsgemeinschaft von Kapitalgebern, Management und Mitarbeitern, bei der es selbstverständlich ist, daß das Humane und das Ökonomische in jeder Hinsicht als gleichrangig angesehen und behandelt werden." Und er hielt noch eine weitere bedeutsame Erfahrung fest: „Die Unternehmer erkannten damals nicht, daß durch eine in weiten Teilen der Wirtschaft praktizierte betriebliche Partnerschaft die freiheitliche demokratische Gesellschaftsordnung gegenüber Angriffen von sozialistischer und sonstiger ‚linker' Seite geradezu immunisiert werden würden."

Spindler setzte sich nämlich nicht allein für die materielle Beteiligung an Gewinn und Kapital ein – er plädierte auch für einen gegenseitigen Austausch von Erfahrung und Teilnahme. Und auf dieser ideellen Basis gründete er die *AGP*, die **A**rbeits**g**emeinschaft für **P**artnerschaft in der Wirtschaft – eine Institution, deren Zielsetzung mit ihrem Gründer vom Kardinal bis zum Bundeskanzler fast nur Zustimmung fand, deren Argumentation aber durchaus auch zu heftigen Diskussionen führte. Denn bei Licht besehen ist der Weg, Mitarbeiter zu Teilhabern zu machen, sowohl ideell als auch materiell ebenso optimal wie das Ziel selbst. Beides bringt das Unternehmen voran – aber nur dann, wenn die Mitarbeiter von Anfang an sachgerecht informiert werden. Eine Konsequenz, die sich nach Auffassung der *AGP* nicht von selbst ergibt. Die *AGP* hatte nicht nur an der Front der Unternehmer zu kämpfen, sondern mußte sich auch gegen viele Mißverständnisse und funktionale Störungen durch die Gewerkschaften wehren, obwohl sich Georg Leber als Vorsitzender der *IG Bau, Steine, Erden* seinerzeit voll für eine Mitarbeiterbeteiligung einsetzte.

Die Zeit der Pioniere

Es ging auch damals, noch in der Gründerzeit der *AGP*, um die Frage, ob die Firmenanteile der Mitarbeiter von den Unternehmen selbst verwaltet werden sollten oder einem „neutralen Fonds" zu übergeben wären. Dieser neutrale Fonds wurde gewerkschaftlicherseits in den Anfangszeiten in erster Linie als eine von der Gewerkschaft geführte Einrichtung verstanden und verschreckte die Unternehmer selbstverständlich total. Das hat der Entwicklung einer Vermögensbildung in Arbeitgeberhand auf deutschem Boden mit Sicherheit einen schweren Rückschlag beschert. Ein zweites Gegenargument der Gewerkschaft (nicht nur gegen Spindler, sondern auch gegen eine Mitarbeiterbeteiligung) ist die Warnung vor dem „doppelten Risiko", das eben durch jene Fondslösung gemindert werden sollte. Inzwischen sind daraus Überlegungen für Risikoversicherungen geworden, die das Arbeitnehmerrisiko verringern wollen, dabei aber auch einkalkulieren müssen, daß sie den Einsatz des Anteile ausgebenden Unternehmers vergrößern. Spindler, der selbst für eine Verlustbeteiligung der Mitarbeiter-Teilhaber eintrat, berichtet: „Das wurde interessanterweise von den Betroffenen nie in Frage gestellt. Befragungen unserer Belegschaft über diesen Punkt ergaben denn auch eindrucksvolle Mehrheiten dafür. Man hielt es für selbstverständlich, daß man, wenn man etwas vom Gewinn erhalte, dafür auch bereit sein müsse, Einbußen mit zu tragen. Freilich sollten diese nur in Höhe vorheriger Gewinne in Anspruch genommen werden können. Schließlich ist Mitarbeiterbeteiligung keine Wohlfahrtseinrichtung." So argumentierte also bereits der *AGP*-Gründer. Und dafür gibt es Beispiele, denn zu den besonders markanten Namen der Vermögensbildung gehören auch Unternehmensentwicklungen, die erkennen lassen: Ohne reale betriebswirtschaftliche Basis hat selbst das sozial oder soziologisch engagierteste Modell keine Chance.

In den sechziger Jahren zeigten sich immer mehr Unternehmen, vor allem mittlere Firmen, an einer Mitarbeiterbeteiligung interessiert. Einer der herausragendsten Praktiker auf diesem Gebiet war der damalige Geschäftsführer der Heftklammern-Firma *Joh. Behrens* in Ahrensburg bei Hamburg, Carl Backhaus. Er gründete eine Stiftung, die seinen Namen trug. Ihre Konstruktion löste heftige Debatten über Gewinnanteil und Partizipation aus und wurde als „Ahrensburger Modell" ein Aushängeschild für besonders progressive Beteiliger. Das Modell räumte den Mitarbeitern weitgehende Partizipation an Gewinn und Kapital, aber auch an Unternehmensentscheidungen ein und berief sich auf die „Emanzipation der Arbeitnehmer durch Wirtschaftsdemokratisierung und Bildung". Backhaus gründete dafür eine eigene Akademie und wurde zu einem der aktivsten Veranstalter von Partizipationsseminaren. Heute firmiert das Unternehmen als AG, deren Aktien am geregelten Markt gehandelt werden, nachdem das Mitarbeiter-Modell aufgegeben wurde.

Zur gleichen Zeit machte die Firma *Photo Porst* auch als Beteiligungsunternehmen von sich reden. Bei ihr waren zu Beginn der achtziger Jahre mehr als 80 % der Mitarbeiter am eigenen Unternehmen beteiligt. Sie bestimmten durch einen „über"-paritätisch besetzten Aufsichtsrat, dessen Mitarbeitervertreter von der Belegschaft gewählt wurden, das Geschick des Unternehmens entscheidend mit. Bedingt durch wirtschaftliche Schwierigkeiten und die dabei strapazierte Verlustbeteiligung der betroffenen Mitarbeiter sowie durch die Übernahme eines neuen Eigners wurde die als *Porst-Modell* bekannt gewordene Belegschaftsbeteiligung *ad acta* gelegt. In der neuen AG aber legt man Wert auf den Hinweis, daß hauseigene variable Entlohnungsmodelle auch heute noch einer Ertragsbeteiligung nahekommen.

In den siebziger Jahren erklomm die Vermögensbildung auch bei der heutigen *Rosenthal AG* ihren Popularitätshöhepunkt. Zeitweise beteiligten sich bis zu 60 % der Belegschaft über Belegschaftsaktien an ihrem Unternehmen. Im Durchschnitt kaufte jeder Belegschaftsaktionär alljährlich Aktien im Wert von 1 000 DM, zu denen in den achtziger Jahren noch eine Gewinnbeteiligung neuerer Form hinzutrat, die sich an der Entwicklung des Unternehmensertrages orientierte. Wie weit dieses Beteiligungsmodell nach der Mehrheitsbeteiligung der Firma *Wedgwood* an der *Rosenthal AG* beibehalten wird, stand im April 98 noch nicht fest. Dennoch haben die Worte des langjährigen Inhabers und Beteiligungsunternehmers Philip Rosenthal nichts von ihrer Bedeutung verloren: „Wenn man sich die Geschichte ansieht, dann siegt die Vernunft immer nur dann, wenn sie von zwei Seiten kommt. In diesem Falle von aufgeschlossenen Unternehmern und aufgeschlossenen Gewerkschaften, Gewerkschaftern, die sich zu sagen trauen, daß die Vermögensbildung die einzige Alternative zu Verstaatlichung, mangelnden Investitionen und Inflation ist, und Unternehmen, die erkennen, daß die Konzentration des Eigentums unserer Wirtschaft auf nur wenige das Ende des Privateigentums einleitet." Zu den für eine Vermögensbildung in Arbeitnehmerhand notwendigen Kompromissen gehört aber auch die Feststellung Rosenthals: „Wenn beide Sozialpartner bei ihrer reinen Lehre bleiben – nur betriebliche oder nur überbetriebliche Beteiligungen zu fördern –, dann würden beide Anstrengungen Historie bleiben, anstatt Geschichte zu werden."

Diese drei Pionierunternehmen haben immerhin dazu beigetragen, daß sich Modelle zur Vermögensbildung in Arbeitnehmerhand auf deutschem Boden zunehmend verbreitet haben.

Hans Günter Guski und Hans J. Schneider verdanken wir in ihrer grundlegenden Untersuchung „Betriebliche Vermögensbeteiligung" den Hinweis auf die bemerkenswert unterschiedlichen Entstehungszeiten für Mitarbeiterbeteiligungsmodelle. Als Gert Spindler damit begann, die Gedanken an beteiligte Mitarbeiter zu verbreiten, also in den fünfziger und sechziger Jahren, gab es nur ganz vereinzelt Modellbeispiele. Dagegen sind in den siebziger Jahren, wie die Untersuchung von Guski und Schneider zeigt, in wenigen Jahren mehr als 300 Mitarbeiterbeteiligungen entstanden. In den 13 Jahren der sozialliberalen Regierung in Deutschland spielte die Vermögensbildung für Mitarbeiter sogar in den Regierungserklärungen eine Rolle. Es entstanden die ersten Vermögensbildungsgesetze. Aber, so heißt es bei Guski und Schneider: „In der letzten Regierungserklärung der sozial-liberalen Koalition von 1980 fehlte erstmals ein Hinweis auf die geplante Vermögensbeteiligung der Arbeitnehmer. Dies war jedoch keineswegs Ausdruck von Zufriedenheit über Tendenzen eines abnehmenden Konzentrationsprozesses beim Produktivvermögen, sondern vielmehr das offene Eingeständnis, daß die Regierungspartner in der kommenden Legislaturperiode für sich keine Möglichkeit sahen, ein gemeinsames Vermögensbildungsgesetz zu verabschieden."

Pro und contra Beteiligung

Das wurde anschließend von der darauf folgenden Regierung unter Helmut Kohl erwartet. Sie brachte 1984 dann das vierte Vermögensbildungsgesetz, das gern als „1. Vermögensbeteiligungsgesetz" zitiert wird, mit der Erhöhung der sogenannten Freibeträge auf 936 DM. Aber die Reaktion der Praxis blieb zunächst verhalten. Einige sprachen bereits von Enttäuschung. Das galt nicht für die schon damals bewährte Arbeitsgemeinschaft zur Förderung der betrieblichen Partnerschaft in der Wirtschaft, wie sich die *AGP* seinerzeit nannte. Der Beteiligungsanstieg setzte erst in der zweiten Hälfte der achtziger Jahre wieder ein. Geschäftsführer Lezius will bis zu 150 neue Vermögensbildungsmodelle pro Jahr dokumentiert haben, nachdem zuvor bis 1983 lediglich 40 neue Beteiligungen jährlich verzeichnet werden konnten. Der Kommentar von Eduard Gaugler kennzeichnet die Zeit: „Der wirtschaftliche und soziale Kontext der Beteiligung der Mitarbeiter am Kapital des arbeitgebenden Unternehmens weist zwischen der Pionierphase in der Zeit um die Reichsgründung im letzten Jahrhundert und ihrer stärksten Expansionsphase in den siebziger und achtziger Jahren unseres Jahrhunderts fundamentale Unterschiede auf."

In diesem Rahmen ist ein Ereignis bezeichnend, das noch vor dem sogenannten Gründungsboom von Beteiligungsunternehmen die Szene der Vermögensbildung in Arbeitnehmerhand heftig erschüttert hat: In der Freien und Hansestadt Hamburg gehörten die *Hamburgischen Elektrizitätswerke, HEW,* damals zu 25 % unabhängigen Aktionären und zu 75 % ihrer Stadt. Das Unternehmen führte be-

16

reits 1973 Belegschaftsaktien und eine Gewinnbeteiligung ein, nachdem zuvor durch einen Haustarifvertrag mit *DAG* und *IG Metall*, befürwortet von den zuständigen Arbeitgeberverbänden, Arbeiter und Angestellte gleichgestellt worden waren. Die Mitarbeiter der *HEW* wurden die erste deutsche Belegschaft, die zu mehr als 50 % Aktien ihres Unternehmens zeichnete. Dabei ging der Anteil der öffentlichen Hand durch Bezugsrechte und neue Zeichnungen zunehmend zurück. Als dann an der Alster Bürgermeister Prof. Dr. Herbert Weichmann, der auch jahrelang Aufsichtsratsvorsitzender der *HEW* gewesen ist und die Mitarbeiterbeteiligung wirkungsvoll unterstützt hat, sein Amt aufgab, änderte sich die Atmosphäre schlagartig. Sein Nachfolger, der junge Hans Ulrich Klose, hielt seinerzeit in Tübingen eine aufsehenerregende Rede über „die Unregierbarkeit der Städte", in der er insbesondere die Anteilseignerschaft von Arbeitnehmern an staatlich verwalteten Institutionen in Frage stellte. Erfolg: Die Ausgabe von Belegschaftsaktien und die Gewinnbeteiligung bei den *HEW* wurde eingestellt. Prof. Dr. Ernst Zander, der die Beteiligung seinerzeit eingeführt hat, sagt dazu heute: „Wir wollten schon damals mit dieser Beteiligung das heute immer wieder geforderte Interesse der Mitarbeiter am wirtschaftlichen Unternehmenserfolg deutlich werden lassen. Schon damals hat die Mehrzahl der Beschäftigten das damit verbundene Risiko voll akzeptiert."

Fast 10 Jahre später formulierte Eduard Gaugler die klassische und durch ihn auch wissenschaftlich relevante Feststellung, die die Reaktion von Hans Ulrich Klose (dem Kommentator persönlich nicht bekannt) als einen jener Fehler offenbart, mit denen gelegentlich Erfolge von Jahrzehnten durch eine einzige Bemerkung geschmälert werden: „Die Verbesserung der sozialen Sicherung kann Unzufriedenheit reduzieren; es erscheint jedoch fraglich, ob und inwieweit die soziale Sicherung aktive Zufriedenheit gegenüber Wirtschaft und Gesellschaft erzeugen kann. Die Kapitalbeteiligung kann man dagegen als Motivator betrachten, der im Hinblick auf die Wirtschafts- und Gesellschaftsordnung eine positive Zufriedenheit hervorzurufen vermag, indem er dem Klassenkampfkonzept die reale Basis entzieht."

Auf jeden Fall verringerte sich in den achtziger Jahren die Hoffnung, daß Philip Rosenthals Appell zum Miteinander von Arbeitgeber und

Arbeitnehmer in Sachen *Vermögensbildung* ein breites Echo haben würde. Die Zahl von etwa 1 000 Vermögensbildungsbetrieben, von denen 300 bis 400 auch Mitglieder der *AGP* waren, stagnierte lange Zeit. Das änderte sich 1982, als eine neue Koalition ans Ruder kam.

Einer der Gründe für die Stagnation bis 1983 ist zweifellos im Verhalten der Gewerkschaften zu sehen, die sich damals einer Vermögensbildung in Arbeitnehmerhand gegenüber vorwiegend ablehnend verhalten hatten. Sie forderten nach wie vor eine Fondslösung für Arbeitnehmeranteile: Die den Arbeitnehmern zufallenden Anteile von Gewinn oder Kapital sollten in öffentlichen Fonds oder auch Branchen-Fonds verwaltet werden, die die Mitarbeiter-Papiere aus verschiedenen Firmen kollektiv betreuen. Mit diesem Fondsvermögen könnten deren Verwaltungen dann wiederum Anlagegeschäfte im Auftrag ihres Fonds tätigen, wobei der Geldflexibilität für ein treuhänderisch zu verantwortendes Mitarbeiterkapital natürlich auch Grenzen gesetzt sind. Entscheidend blieb, daß der *Deutsche Gewerkschaftsbund* damals sogenannte gewerkschaftsbestimmte Fonds zur Bedingung machte, in denen organisierte Arbeitnehmervertreter die Majorität besitzen sollten.

In den seinerzeit noch 17 Einzelgewerkschaften gab es darüber unterschiedliche Meinungen. Das Ergebnis blieb jedoch eine ablehnende Haltung der Unternehmerschaft. Sie wurde weiter dadurch forciert, daß neben der Fondsmajorität auch zunehmend Mitbestimmungsfaktoren eingefordert wurden. Die Vermögensbildner befürchteten, daß der Partnerschaftsausschuß, der die Interessen der Beteiligten durch gewählte Mitglieder zu vertreten hat und den die *AGP* für alle Beteiligungsfirmen favorisiert, im Gewerkschaftsinteresse umfunktioniert werden könnte; das würde eine eindeutige Schieflage zur Folge haben. In Industrie und Handwerk wiederum dehnten sich Befürchtungen aus, die Arbeitnehmerorganisation wolle mit diesen Mitteln sozusagen auf kaltem Wege erlangen, was ihr die Betriebsverfassung unmöglich macht – nämlich eine Art Machtübernahme in den Betrieben.

Betriebsräte als Partner

Ganz im Gegensatz dazu verhielten sich viele Betriebsräte. Sie zeigten sich bei der Einführung von Beteiligungsmodellen in der Regel dort loyal, wo man sie von Anfang an in Vorbereitung und Entwicklung eines solchen Modells einbezogen hatte. Betriebsräte bekannter deutscher Unternehmen können das bis heute bestätigen. Das Vorpreschen der Gewerkschaften jedoch hatte auch die Basis der Arbeitnehmervertretung im Betrieb manchem Mißtrauen ausgesetzt: Damit wurde das Gegenteil von dem erreicht, was Mitarbeiterbeteiligung prinzipiell bewirken kann – ein besseres Verständnis des Partners auf beiden Seiten. Diese Absicht erhielt erst durch die Wiedervereinigung erneut Auftrieb, zumal viele Betriebe in den neuen Bundesländern häufig sehr viel widrigeren Umständen, nicht zuletzt durch die Unkenntnis mancher Vertreter öffentlicher Institutionen, ausgesetzt waren. Damals entstanden in der allgemeinen Aufbruchstimmung in Ostdeutschland im Handumdrehen mehrere hundert Beteiligungsbetriebe vorwiegend als *Management-Buy-outs*. Hat doch die Möglichkeit, daß Führungskräfte mit Belegschaftsangehörigen Teile ihrer früheren Betriebe übernehmen konnten, nicht wenige Existenzen gerettet!

Auch in diesem Buch finden sich zwei der erfolgreichsten Beispiele, die das Glück hatten, sich durchsetzen zu können, während eine große Zahl derer, die mit ihnen gestartet waren, auf der Strecke bleiben mußten: Bei den hier erwähnten Erfolgreichen handelt es sich um das Unternehmen *FEN, Fahrzeugtechnik* in Niederdorf und um die Ostberliner *AUCOTEAM GmbH*, Nachfolgeunternehmen der Elektro-Apparate-Werke, Berlin-Teltow. Beide Betriebe sind auch für den Westen Deutschlands beispielhaft. Bei *AUCOTEAM* haben sich neben den 5 Hauptgesellschaftern, die vom ersten Tag an den Löwenanteil des Risikos einer Firma tragen mußten, 31 Belegschaftsmitglieder bereit gezeigt, den restlichen 20 %igen Anteil zu übernehmen. In beiden Fällen im Sinn des Wortes ein Wagemut, wie er selbst unter den Verfechtern der Mitarbeiterbeteiligung in Westdeutschland vorbehaltlos bestaunt wird. Es sollte auch nicht übersehen werden, daß es für ostdeutsche Beteiligungsunternehmer darauf ankam, zunächst manche Begriffserklärung vorzunehmen. *AGP*-Geschäftsführer Lezius hat dafür einen historischen Bericht parat: „Wir haben als AGP gleich nach der Wende die Idee der Mitarbeiterbeteiligung in die neuen Bundesländer getragen, und bei meinem ersten Vortrag in Glauchau in einem großen VEB (volkseigener Betrieb) wurde mir zu meinem Entsetzen entgegengehalten, Herr Lezius, was Sie uns hier vortragen, das kennen wir doch schon seit 40 Jahren. Daß dabei im Rahmen der sozialen Marktwirtschaft bei der Selbstverantwortung des einzelnen und des einzelnen Betriebes durchaus andere Gesetze gelten als bei den theoretisch-kollektiven Eigentumsbegriffen des sozialistischen Staates, ist am Anfang niemandem so recht klar gewesen. Bei uns aber kommt es gerade darauf an, für die eigene Entscheidung bereit zu sein, selbst in barer Münze zu bezahlen, um auch höchstpersönlich damit verdienen zu können. Aber in der Zwischenzeit ist die Entwicklung weitergegangen, und heute lautet der Tenor der Mitarbeiterbeteiligung auch in den neuen Bundesländern: Jetzt können wir endlich für uns selber arbeiten, früher durften wir als Einzelpersonen von wirtschaftlichen Erfolgen so gut wie keinen Nutzen haben." Mittlerweile hat sich die Zahl ostdeutscher Beteiligungsbetriebe bei 500 eingependelt, so weiß man bei der *AGP*, die dadurch selbst mehr als 160 neue Mitglieder gewonnen hat.

Geschäftsführer Lezius zieht aus dieser Entwicklung noch eine weitere Konsequenz. Er nennt die Mitarbeiterbeteiligung heute den Exportartikel Nr. 1, der aus den neuen Bundesländern nach Westdeutschland gebracht werden kann, und folgert daraus: „Wenn uns die Ostdeutschen vorgemacht haben, daß man in der Not tatsächlich mit der Mitarbeiter-Kapitalbeteiligung überleben kann, während man ohne sie zugrunde gehen würde, dann können wir Westdeutschen ja auch in unserer Strukturkrise manches daraus lernen. Dann werden hoffentlich vor allem die emotionalen Hemmnisse beseitigt, die viele immer noch davon abhalten, einer Vermögensbildung in Arbeitnehmerhand den Weg frei zu machen." Tatsächlich hat sich in den Jahren 1996/97 ein deutlich positiver Trend für die Beteiligung von Mitarbeitern an Gewinn und Firmenkapital bemerkbar gemacht. Manche Berichte aus den neuen Bundesländern dürften durchaus dazu beigetragen haben.

Dazu gehört vor allem das außerordentlich seltene Beispiel einer Anschubhilfe durch die öffentliche Hand, wie es der Freistaat Sachsen gegeben hat. Auf der Basis der Landespolitik von Ministerpräsident Prof. Dr. Kurt Biedenkopf konnte der sächsische Minister für Wirtschaft und Arbeit, Dr. Kajo Schommer, im Frühjahr 1998 eine neue Aktion starten: Sie verbindet die Freigabe von Fördergeldern mit der Einführung einer Mitarbeiterbeteiligung in dem zu fördernden Betrieb. Damit wird ein Anreiz zur Einrichtung von vermögensbildenden Maßnahmen geschaffen, die sowohl den Unternehmen als auch deren Mitarbeitern zugute kommen.

Gleichzeitig ist in Ost wie West zu beobachten, daß die Belebung der Nachfrage nach Beteiligungsmöglichkeiten eng mit dem betriebswirtschaftlichen Strukturwandel verbunden ist, dem sich niemand entziehen kann. Eine Verbindung, die nicht zuletzt durch die Thematisierung der Vermögensbildung in renommierten wissenschaftlichen wie praktisch fundierten Veranstaltungen festzustellen ist. An herausragender Stelle wirkt dabei – ebenso wie die *AGP* – die *Bertelsmann-Stiftung* im Sinne ihres Initiators und Gründers Reinhard Mohn.

Im Rahmen der *Bertelsmann-Stiftung* ist man nicht müde geworden, der Mitarbeiterbeteiligung immer wieder neue Informationsveranstaltungen zu widmen, die nicht unwesentlich auch zur praktischen Gestaltung einzelner Modelle beigetragen haben. Diese Veranstaltungen können heute für sich in Anspruch nehmen, für diese wirtschafts- wie gesellschaftspolitisch jahrzehntelang mißverstandenen Formen der „Vermögensbildung in Arbeitnehmerhand als Kapitalstütze der Unternehmen" eine Art Humusboden bereitet zu haben. Nicht zuletzt auf diese Informationsveranstaltungen der *Bertelsmann-Stiftung* ist es zurückzuführen, daß sich im deutschen Gewerkschaftslager Einstellung und Haltung gegenüber einem Medium der Mitarbeiteraktivierung im beiderseitigen Interesse wesentlich geändert und in eine Richtung entwickelt haben, wie sie vor allem die Deutsche Angestellten Gewerkschaft (DAG) schon seit längerem eingeschlagen hatte.

Inzwischen läßt sich die Modernität eines Gewerkschaftsführers bereits daran ablesen, ob er sich den Modellen von Mitarbeiterbeteiligung gegenüber aufgeschlossen zeigt oder nicht. Dabei dürften sich nur wenige bewußt sein, daß sich bereits unter ihren Vorgängern, wie es das hier erwähnte Beispiel der *HEW* gezeigt hat, Vertreter fanden, die diesen Weg in die Zukunft voll erkannt und auch entsprechend betreten hatten. Nach wie vor muß bei der dem Wohl des Mitarbeiters verpflichteten Politik der organisierten Arbeitnehmervertreter die Sicherheit ihrer Mitglieder eine herausragende Rolle spielen. Dabei wird manchmal übersehen, daß damit auch Chancen vertan werden können, so wie es bei den von den Gewerkschaften nach wie vor präferierten Fondslösungen für Mitarbeiteranteile der Fall ist. Zwar scheint die Ausschließlichkeit der Forderung eines gewerkschaftsbestimmten Kapitalfonds inzwischen gemildert. Es werden auch andere Fondslösungen in Form von Branchen-Fonds oder anderen fachlich ausgewiesenen Institutionen toleriert. Doch so geradlinig und die Zeichen der Zeit erkennend wie Hubertus Schmoldt als Chef der *IG BCE (Industriegewerkschaft Bergbau, Chemie, Energie)* hat bisher kein zweiter hochrangiger Gewerkschaftsführer der Mitarbeiterbeteiligung auch betriebliche Lösungen zugebilligt. Fast eine Türöffnerfunktion für die nicht selten gewerkschaftlich artikulierte Forderung, Gewinn- und Kapitalbeteiligungen tariflich abzusichern. Die *IG BCE* war auch die erste Gewerkschaft, die entsprechende Tarifverträge – vor allem bei den großen Ölgesellschaften – abschließen konnte. Dennoch bleibt der von allen Bundesregierungen unterschiedlichster Couleur immer wieder als förderungswürdig erachtete Investivlohn nach wie vor auf der Tagesordnung.

Doch nicht allein dadurch ist für die Mitarbeiterbeteiligung ein Weg in die Zukunft frei geworden. Zu dieser Entwicklung gehört eine weitere „Neuerscheinung", die sich sowohl tarifpolitisch als auch betriebswirtschaftlich zu gleicher Zeit ergeben hat und das Bild der Arbeitswelt im neuen Jahrtausend nicht nur in Deutschland wesentlich mitbestimmen dürfte: die gegenseitige Abstimmung, die Balance, die Parallelwertung von Zeit und Geld:

„Verglichen mit dem Ende des vorigen Jahrhunderts sind wir heute alle nur noch Teilzeitbeschäftigte", meinte erst kürzlich ein Experte der Szene. Denn gemessen an der 70-Stunden-Woche damals fortschrittlicher Arbeitgeber, fühlt sich der moderne Autowerker bekanntlich mit 35 Stunden voll ausgelastet. Hinzu kommt, daß er, mit Vorruhestandsplänen beschäftigt, ein wachsendes Interesse daran gewinnt, dann nicht nur Zeit, sondern gleichzeitig Geld zu haben. Daß so etwas mit flexiblen Arbeitszeiten möglich ist, konnte Arbeitszeitberater Dr. Andreas Hoff schon vor einem Jahrzehnt mit zahlreichen Modellvariationen beweisen: Er stellte damals den Gedanken eines „Kurz-Sabbaticaljahres" zur Diskussion; ein Modell, nach dem der Mitarbeiter nach 2 Jahren Vollzeitarbeit ein Freizeit-Vierteljahr gewinnen kann und innerhalb von 9 Jahren ein ganzes Sabbaticaljahr zur Verfügung haben könnte. Als Voraussetzung für diesen kompakten Freizeitzuwachs muß er auf $1/_9$, d. h. auf 11 % seines Gehalts verzichten, das ihm trotzdem in monatlich gleichbleibenden Beträgen auch während der Freizeitblöcke gezalt wird. Die „Nebenerscheinung": Ein Modell dieser Art würde zur Folge haben, daß bei jeweils 8 Kurz-Sabbatical-Teilnehmern eines Bereichs ein 9. für das Unternehmen kostenneutral eingestellt werden könnte.

Der Zeitfaktor im Kapitalbereich

Wie bereits unter dem Aspekt der Arbeitszeitflexibilisierung geschildert, sind noch andere Muster denkbar – zum Beispiel bei einem hohen „Zeitkonto": Wenn darauf etwa 1–2 Jahre Vollzeit, also einige tausend Stunden, angespart worden sind, besitzt der Mitarbeiter einen Vergütungsanspruch. Diese Stunden könnten rein rechnerisch ohne weiteres zu einem Teil dem Firmenkapital gutgeschrieben werden. Das heißt aber nichts anderes, als daß der Mitarbeiter auch ohne jedes Eigenkapital, allein durch seiner Hände Arbeit, zum Mitinhaber werden und in althistorischem Sinn als Kapitalist fungieren würde. Das läßt uns ahnen: Die Begriffe beginnen, sich ihrer ursprünglichen Bedeutung zu entziehen.

AGP Geschäftsführer Lezius: „Es ist interessant, daß wir in Deutschland eine neue Entwicklung haben, nämlich Arbeitszeitflexibilisierung mit Mitarbeiter-Kapitalbeteiligung zu verbinden. Neben dem VW-Modell des Arbeitszeitwertpapiers wurden 1998 fünf Firmen bekannt, bei denen Arbeitszeitguthaben in Kapital umgewandelt werden können." (Dabei handelt es sich um die Unternehmen: *Lemken*/Alpen; *Röck*/Weinsberg; *Langendorf*/Marktrodach; *Heiden-*

reich/Mölln und *NCR* in Augsburg.) Eine jener Firmen, die ebenfalls als eine der ersten einen Weg in dieser Richtung beschritt, war die *Hewlett Packard GmbH* in Böblingen. Sie ermöglicht es ihren Mitarbeitern seit einiger Zeit, Plusstunden auch als Geldwert in Empfang zu nehmen, das heißt, sich auszahlen zu lassen. Darauf verweist Heinz Fischer, langjähriger *HP*-Personalvorstand und seit 1996 Bereichsvorstand Personal der *Deutschen Bank AG*. Sein „Personalpaket" bei der *Deutschen Bank* basiert auf der Absicht, jedem Belegschaftsmitglied Verpflichtungen wie Vergütungen seiner Unternehmensaufgabe frei wählbar zu machen. Er nennt das ein Menü von Angeboten, von Zeit- wie Geldwerten, Weiterbildungseffekten wie Ruhestandsfinanzierungen u. ä. Danach kann jeder Beschäftigte selbst wählen, für welche Form von Zeit und Geld er sich entscheiden will. Dabei bezieht der Deutsche-Bank-Manager obendrein auch ein stärkeres Engagement des einzelnen für seine Weiterbildung ein und will eine Verrechnung von Zeit mit vermögensbildenden Maßnahmen realisieren. Fischer wörtlich: „Der Kern des Menü-Gedankens liegt darin, man kann Zeit in Geld, also auch in vermögensbildende Maßnahmen tauschen. Oder auch umgekehrt. Es muß möglich werden, mit Arbeitsentgelt-Teilen auch Zeit zu erwerben, zum Beispiel für die Weiterbildung." Fischer kann sich dieses anteilige Aufkommen des Mitarbeiters am eigenen Fortkommen auch auf die Wahl des Arbeitsplatzes erweitert vorstellen. Das heißt: „Heimarbeit" könnte finanziell anders bewertet werden als die Präsenz am Arbeitsplatz, wobei die Möglichkeit einer freien Wahlentscheidung des Mitarbeiters stets mit zu Buche schlägt.

Dieselben Basiserwägungen – nämlich Zeit und Geld aus der Starre ihrer Relationen herauszubrechen und sozusagen dem Arbeitsbürger dafür einen neuen Nutzungskatalog an die Hand zu geben – bewegen auch den Wissenschaftler Walter Oechsler. Als Lehrstuhlinhaber für Personalwesen der Betriebswirtschaftlichen Fakultät der Universität Mannheim betont er die Steuerungsmöglichkeit der in allen Industriestaaten wachsenden Beschäftigungsproblematik durch vermögensbildende Maßnahmen. Dabei spielen für ihn die Wahlmöglichkeiten der Mitarbeiter eine besondere Rolle. Denn Vermögensbildung stellt in seinem Modell einen vergleichbaren Sockel dar wie Entgelt, Arbeitszeit oder Qualifizierung, und er ist davon überzeugt, daß dem Mitarbeiter genau auf diesem Weg auch in „virtueller Zukunft" die Bindung an das arbeitgebende Unternehmen überhaupt erst ermöglicht werden kann.

Eines der jüngsten und zugleich aufsehenerregendsten Beispiele für die rasante Entwicklung hin zum virtuellen Unternehmen mit gleichzeitig neuem Ansatz zur Vermögensbildung in Arbeitnehmerhand bietet die von Lothar Späth ins dritte Jahrtausend geführte Jenoptik AG in Jena. Zum zweiten Mal innerhalb von 2 Jahrhunderten scheint die Firma der Nachkommen des Ernst Abbe Wirtschafts- und Gesellschaftsgeschichte zu schreiben: Späth gab nämlich zum Zeitpunkt des Börsengangs seiner neu konstruierten Firmengruppe auch grünes Licht für eine der größten Mitarbeiterbeteiligungen in Deutschland. Das Land Thüringen, das noch fast 50 Prozent der Aktien des Unternehmens hält (die andere Hälfte liegt bei einem Bankenkonsortium) stellte davon den jetzt fast 7000 Mitarbeitern 1 Million Stück als stimmberechtigte Aktien (Nennwert 5 DM) zu einem Vorzugspreis von je 10 DM zur Verfügung. Zur gleichen Zeit verweist der Jenoptik-Vorstandsvorsitzende immer wieder darauf, daß sein Haus gegenwärtig nicht nur moderne Elektronik- und Laser-Produktionsstätten errichtet, sondern daß es dafür auch Dienstleistungen im Facility-Management anbietet, um deren optimale Funktion zu gewährleisten. Dabei ist nach Späth der Sitz künftiger industrieller Lenkungszentralen zunehmend weniger von Bedeutung, da deren Leistungsfähigkeit in wachsendem Maße von der Flexibilität ihrer Reaktionen abhängig sein wird.

Auch die Entsprechung oder gar Übereinstimmung erfahrener Praktiker und Theoretiker wie Fischer und Oechsler zeigen deutlich, daß die Frage der Vermögensbildung in Arbeitnehmerhand längst aus jenen engen Kreisen herausgetreten ist, in die man sie früher verbannt hat.

Im europäischen Vergleich

Die Entsprechung oder gar Übereinstimmung von Reaktionen erfahrener Praktiker und Theoretiker wie Fischer und Oechsler zeigen deutlich, daß die Frage der Vermögensbildung in Arbeitnehmerhand durch Mitarbeiterbeteiligung längst aus jenen engen Kreisen herausgetreten ist, in die man sie früher verbannt hat. Sie ist von einer historischen „Sozialleistung" längst zum Wettbewerbsfaktor für eine moderne Wirtschaft geworden. Damit sie jedoch dieser Wirtschaft und ihren Bürgern voll zugute kommen kann, bedarf es nach wie vor breiter Information und einer öffentlichen Förderung, die weniger in barer Münze als in unterstützenden Maßnahmen bestehen sollte, die sich von den einzelnen Betrieben dann in bare Münze umsetzen lassen: zum Beispiel im Rahmen der Steuerpolitik. Damit sollte nicht zuletzt vor allem für die Mittelbetriebe eine Voraussetzung dafür geschaffen werden, daß sie sich im vielzitierten globalen Wettbewerb vor allem in Europa behaupten können. Zunächst jedoch hat sich die deutsche Beteiligungsszene im europäischen Vergleich relativ bescheiden präsentiert: „In Deutschland dürfte die Vermögensbildungsgesetzgebung zu kompliziert und bürokratisch gewesen sein und die gesetzlichen Anforderungen des Einkommenssteuergesetzes (lange Sperrfristen, Begrenzung der Kapitalanlage) wirkten sich zu restriktiv aus, als daß der Aktienbesitz in Arbeitnehmerhand dadurch gefördert worden wäre." So urteilte die niederländische Professorin Francis Van den Bulcke von der Katholischen Universität Brüssel noch 1998. Sie hat an den von der Europäischen Kommission in Auftrag gegebenen sogenannten „*Pepper*-Berichten I und II über die Förderung der Beteiligung von Arbeitnehmern am Gewinn" teilgenommen und zählt zu den besten Kennern der Szene. Hatte die EU-Kommission ihre Empfehlung zur Förderung vermögensbildender Maßnahmen doch bereits 1991 aufgrund der Tatsache gegeben, die mit den Worten zusammengefaßt wird: „Wegen der potentiell positiven wirtschaftlichen Folgen für die Leistung und Wettbewerbsfähigkeit der Unternehmen durch eine Steigerung der Einbindung und der Produktivität der Mitarbeiter sowie der Auswirkungen auf Lohnflexibilität und Leistung wie auch für die Beschäftigten empfiehlt die Europäische Kommission die Verabschiedung eines geeigneten rechtlichen Rahmens sowie steuerliche Maßnahmen durch die Mitgliedstaaten, um die Einführung von Beteiligungsmodellen zu erleichtern." Die beiden Untersuchungen hatten dafür eine außerordentlich „verschiedenartige europäische Landschaft" zutage gefördert. Sie konnten aber auch eindeutig feststellen, daß Frankreich und Großbritannien auf diesem Sektor allen europäischen Staaten, einschließlich Deutschlands, weit voraus sind.

In Frankreich zum Beispiel wurde 1995 mit mehr als 5 Millionen Arbeitnehmern in über 19 000 Firmen gerechnet, die unter das gesetzliche Gewinnbeteiligungsmodell fallen. Mehr als 2 Millionen Arbeitnehmer haben aufgrund von fast 9 000 unterschiedlichen Vereinbarungen Anspruch auf einmalige Sonderzahlungen. Der *Pepper*-Bericht führt das französische Beispiel ebenso auf eine für die Vermögensbildung der Arbeitnehmer positive Regierungspolitik zurück, wie sie auch Großbritannien aufweist. Auch dort lag die für 1996 angegebene Zahl der Gewinnbeteiligungsmodelle bei 20 000, die mehr als 5 Millionen Arbeitnehmer erfassen sollen. Für gewinnabhängige Barausschüttungen des Lohnes wurde die Steuerbefreiung auf 20 % erhöht. Auch aus Irland konnte Prof. Van den Bulcke von einer Aufwärtsentwicklung berichten: Die Steuervorteile waren auf der Grünen Insel im Berichtszeitraum von 2 000 auf 10 000 Englische Pfund erhöht worden.

Demgegenüber nehmen sich die deutschen Zahlen als Beitrag der stärksten Wirtschaftsmacht Europas sehr bescheiden aus: Mehr als 2 Millionen Arbeitnehmer werden in Deutschland in ca. 2 500 Firmen, wie von der *AGP* angegeben, oder 2 100 nach den Unterlagen des *Deutschen Aktieninstituts* am Kapital oder Gewinn der Firma beteiligt und halten 25 Milliarden DM Unternehmenskapital. Aus der Sicht der Brüsseler Vermögensexpertin spiegelt sich darin die „deutsche Förderungsbasis": „Das Vermögensbildungsgesetz bietet für die Spartätigkeit der einzelnen Arbeitnehmer Anreize in Form einer staatlichen Zulage von 10 % des in Produktivkapital investierten Beitrags bis zu einem Maximum von 939 DM jährlich. Die Förderung ist jedoch auf die Bezieher niedrigerer Einkommen (bisher 27 000 pro Jahr; Verheiratete: 54 000 DM pro Jahr) und bestimmte Anlageformen (Belegschaftsaktien, stille Beteiligungen, Anleihen, Obligationen, Genußscheine etc.) beschränkt und mit einer Sperrfrist von 6 Jahren belegt. Darüber hinaus gestattet das Einkommensteuergesetz den Arbeitnehmern, Aktien zu Vorzugskursen (um bis zu 50 % günstiger) zu zeichnen, die bis zu einem Betrag von 300 DM (zuvor 500) steuer- und sozialabgabefrei und auch hier mit 6 Jahren

Sperrfrist versehen sind. Für Gewinnbeteiligungsprogramme mit Barausschüttungen gibt es keine Steuervergünstigungen."

Prof. Van den Bulcke stellt fest: „Angesichts des Rückgangs des Haushaltspostens der von der öffentlichen Hand angebotenen Anreize in den Jahren 1985–1995 von 1,8 Millionen DM auf 320 Millionen DM hat die staatliche Förderung der Vermögensbildung in Arbeitnehmerhand in Deutschland in der Tat deutlich abgenommen."

Vor diesem Hintergrund einer wachsenden betriebs- wie volkswirtschaftlichen Bedeutung bei rückläufiger Bewertung durch die öffentliche Hand lautet die Frage: Kann der neue Anlauf zur Vermögensbildung in Arbeitnehmerhand als Wettbewerbsfaktor ein besseres, sprich flächendeckenderes Ergebnis erzielen, als es seit hundert Jahren mit dem Anspruch, eine soziale Leistung zu sein, der Fall gewesen ist? Die Unternehmen in Deutschland, das sowohl Ausgangspunkt für Karl Marx als auch Wiege der freien – sozialen – Marktwirtschaft war, sollten dafür besonders wirkungsvolle Voraussetzungen erhalten.

28

Teil I

Aspekte und Modelle
im Gespräch

Durch Partnerschaft
entscheidungsfrei

Gespräch mit Reinhard Mohn
(Vorstandsvorsitzender der Bertelsmann-Stiftung)

„Als ich mich zum ersten Mal mit Vermögensbildung in Arbeitnehmerhand beschäftigt habe, war die heutige Systematik dieser Pro-
blemstellung völlig unbekannt. Mein Einstieg in diesen Sektor
wurde auch nicht von gesellschaftspolitischen Erwägungen getragen, sondern war schlicht eine Reaktion auf die Tatsache, daß ich
kein Geld hatte. Wir waren ausgebombt, hatten kein Kapital, und
wenn wir die sich anbietenden Chancen des Marktes nutzen wollten,
brauchten wir Betriebskapital; aber von der Bank konnte ich keinen
Kredit bekommen, denn wir hatten keine Sicherheiten zu bieten."
Dazu bekennt sich Reinhard Mohn, Vorstandsvorsitzender der *Bertelsmann-Stiftung*, die ihrerseits als Mehrheitsaktionär des *Bertelsmann*-Konzerns fungiert; der Konzern war 1998 das drittgrößte Me-
dienunternehmen der Welt, und seine deutsche Aktiengesellschaft
ist seit Jahrzehnten ein Flaggschiff der Mitarbeiterbeteiligung in
Deutschland geworden.

„Damals", so Mohn weiter, „habe ich gesagt, ich verschenke den Gewinn unseres Hauses zu gleichen Teilen an die Mitarbeiter. Sie konnten dadurch ihre persönlichen Chancen erheblich verbessern und
mußten sehr viel weniger Steuern zahlen, als es die auch damals sehr
hohe Ertragsbesteuerung von einem Unternehmen verlangte. Die
Ergebnisse brachten eine betriebliche Finanzierungsmöglichkeit,
verbunden mit einer langfristigen Chance für die Mitarbeiter, eigenes Vermögen zu bilden. Aber die Basis war dabei eindeutig eine
grundsätzliche Verhaltensfrage: Wir kannten uns alle. Wir hatten ein
gemeinsames Schicksal, und wir wollten wieder ein Dach über dem
Kopf erhalten; da haben wir eben miteinander gesprochen und uns
untereinander verständigt."

„Der stille Mensch von Gütersloh", wie Mohn einmal in einem Film, der bundesweit Aufsehen erregte, genannt worden ist, dieser stille Mensch betont auch heute unvoreingenommen, daß der Ansatz einer Beteiligung der Mitarbeiter am Firmengewinn und später auch am Firmenvermögen erst nach und nach mit der Systematik der heutigen *Bertelsmann*-Genußscheine ergänzt worden ist, daß er aber neben manchem anderen im Zuge dieser Entwicklung eine besonders wichtige Erfahrung machen konnte: „Ich habe beizeiten folgendes gesehen: Wenn ein Unternehmen, das als Publikumsgesellschaft organisiert ist, Fremdkapital aufnehmen muß, wird die unternehmerische Führung dadurch enorm erschwert, und man sollte auch nicht glauben, daß das Konzept des deutschen Aufsichtsrats in jedem Falle für die unternehmerische Führung einer Gesellschaft ausgesprochen hilfreich wäre. Deshalb habe ich es immer als Glücksfall betrachtet, daß unsere Finanzierungsstrategie nicht auf Fremdkapital angewiesen war. Da unser Unternehmen heute Eigentum einer gemeinnützigen Stiftung ist, sind wir von jeglicher Erbschaftssteuer entbunden, und es ist eine gewisse Kapitalkontinuität vorhanden. Der Gewinnanteil der Mitarbeiter bleibt zu hohem Prozentsatz als Genußkapital im Unternehmen stehen. Die Aktionäre, allen voran die Stiftung, erhalten nur eine geringe Dividende. Es gibt Rückstellungsmöglichkeiten im Sozialbereich. Das führt dann bei nur geringen Kapitalentnahmen dazu, daß jährlich erhebliche Einlagen erfolgen können und unser Unternehmen bei einer über lange Jahre errechneten Durchschnittsverzinsung sozusagen auf eigener Kapitalbasis per anno um 15 % wachsen kann."

Die Selbständigkeit und Unabhängigkeit hat es dem Unternehmen nach der Aussage Reinhard Mohns auch ermöglicht, sich die partnerschaftliche Unternehmensverfassung zu geben, für die es zusätzlich berühmt geworden ist. Eine Publikumsgesellschaft, die auf ihre Aktionäre Rücksicht nehmen muß, würde sich damit sehr viel schwerer tun. Das heißt, ein großer Teil des *Bertelsmann*-Erfolgs liegt bei seiner Entscheidungsfreiheit, bei der völligen Unabhängigkeit seiner Finanzierung, die weder auf Banken noch auf Gesellschafter Rücksicht nehmen muß, sondern wesentlich darauf abgestellt ist, die Mitarbeiter nicht allein zu beteiligen, sondern auch als Mitwirkende heranzuziehen.

Mohn erwähnt in diesem Zusammenhang gern die Tatsache, daß es für ihn als Heimkehrer aus dem zweiten Weltkrieg keinerlei Gegensätze zwischen Kapital und Arbeit gegeben habe und es für ihn von Anbeginn an selbstverständlich gewesen sei, mit seinen Mitarbeitern laufend im Gespräch zu bleiben: „Das ganze *Bertelsmann*-Modell ist in ständigem Dialogkontakt mit den Mitarbeitervertretern entstanden. Das läßt sich ausschließlich von der Spitze eines Unternehmens aus gar nicht alles bewerkstelligen. Wer Partnerschaft will, muß mit allen Ebenen Gespräche führen. Dabei habe ich selbst viel gelernt, weshalb es überhaupt möglich geworden ist, in der Belegschaft Verständnis aufzubauen und auch eine motivierende Wirkung zu erzielen. Denn vor allem unsere Konzernbetriebsräte haben zu dieser Entwicklung einen ganz wesentlichen Beitrag geleistet, so daß man heute sagen kann: Wir haben die Grundsätze dieses Unternehmens für dessen Zielsetzung, für seine Führung und für seine Finanzierung, im Dialog entwickelt." Dies hat nach Mohns Erfahrung das Prinzip der Delegation von Verantwortung im eigenen Hause ermöglicht, und es hat die dafür notwendige Verantwortungsbereitschaft wachsen lassen.

Dabei entstanden eine heute vielen geläufige Führungsphilosophie sowie die daraus resultierende Unternehmensverfassung – sozusagen auf der grünen Wiese einer erst zaghaft aufkeimenden neuen Personalpolitik und -strategie. „Der Wirtschaft und erst recht den Banken waren derartige Überlegungen damals völlig fremd", betont Mohn heute. „In der Bankenwelt wurde mir davon sogar deutlich abgeraten. Ein bedeutendes Vorstandsmitglied einer deutschen Großbank ist seinerzeit eigens zu mir gereist, um mich zu warnen und mir zu sagen: ‚Machen Sie nicht diese Sache mit dem Genußkapital!' "

Mohn leitet davon, auf persönliche Erfahrung gestützt, die heute so oft benutzte Formulierung ab: „Ich weiß jetzt, es ist ein ganz anderes Denken, das man für derartige Entscheidungen braucht. Davon wurde vor fast 30 Jahren in der Wirtschaft generell nicht sehr viel gehalten. Inzwischen wissen wir, daß parallel zu uns ähnliche Überlegungen auch im Ausland realisiert und vor allem staatlicherseits häufig wesentlich effizienter gefördert worden sind. Aber für unser

Haus dürfen wir inzwischen sagen, daß wir die Organisation der *Bertelsmann*-Mitarbeiterbeteiligung, einschließlich ihrer heutigen Genußscheine – (die übrigens erst durch uns wieder aus ihrem Tiefschlaf in historischen Archiven aufgeweckt wurden) –, allein und ohne fremde Hilfe bewältigen konnten." Mohn weiß auch: „Damals lautete der Tenor, mit dem vielerorts auf uns verwiesen wurde: Der rote Mohn, das ist ja ein Sozialist. Der wird noch merken, was er davon hat. Mittlerweile ist es längst international akzeptiert und vor allem – ebenfalls durch eigene Firmeninitiativen – besonders in den USA weit verbreitet, daß man auf die Unternehmenskultur achten, daß man sie entwickeln und pflegen muß. Und jetzt sagen in Deutschland fast alle großen Firmen ‚ja' zu diesem Modell. Dazu kann ich nur ganz schlicht bemerken, wir haben das eben ein bißchen früher gemacht."

Reinhard Mohn bezieht in diese Entwicklung übrigens auch die Mitbestimmung ein. Eine von der *Bertelsmann-Stiftung* und der gewerkschaftsnahen *Hans-Böckler-Stiftung* gegründete neue Mitbestimmungskommission hat sich mehr als 2 Jahrzehnte nach der Verabschiedung des deutschen Mitbestimmungsgesetzes mit den Ergebnissen dieser Einrichtung befaßt. Dazu Mohn: „Das ist nicht Klassenkampf, das ist die Prämisse für effiziente Arbeit." Für Reinhard Mohn gehören diese Begriffe und ihre Tätigkeitsfelder wie Partnerschaft, Unternehmenskultur, Mitbestimmung alle zum Prinzip einer kooperativen Führung in der Wirtschaft.

„Unter diesen Begriffen sind wesentliche Dinge eingeordnet", erläutert der engagierte Unternehmer. „Dazu gehört auch die Vermögensbildung mit ihrer Mitsprache im Partnerschaftsausschuß. Dazu gehören Delegation von Verantwortung ebenso wie Information und Dialog. Zu all diesen Einrichtungen und Entwicklungen gehört ein gewaltiger Lernprozeß, der in der Mehrzahl der deutschen wie der ausländischen Firmen bis heute noch nicht hundertprozentig abgeschlossen ist. Dabei stellt sich natürlich die Frage, ob ich ausschließlich hierarchisch führe, ohne Rücksicht auf Verständnis, oder ob ich sage, ich will alle mit an Bord nehmen. Die Mitarbeiter sollen helfen, den Kahn flott zu halten. Sie sollen sagen können: Der Kurs, auf dem wir segeln, führt auch zu unserem Ziel. In dieser Hinsicht

hat die Praxis inzwischen deutlich bewiesen, daß die unter Berücksichtigung der Unternehmenskultur geführten und mit einem Mitarbeiterbeteiligungsmodell ausgestatteten Firmen wesentlich lei-
stungsfähiger sind als andere, die diese Führungsinstrumente nicht
nutzen."

Auch für Reinhard Mohn ist der neue allgemeine Konsens, den das
Thema *Vermögensbildung* in diesen Jahren entstehen ließ, nicht von
ungefähr oder gar aus altruistischen Überzeugungen heraus gewachsen. Er war sich als einer der ersten darüber im klaren, daß bei allge-
meiner Knappheit der Staatskassen vor allem bei der Kalkulation
des Rentenwesens Fehler gemacht wurden. Nach seiner eigenen Erfahrung, die ihn mehrfach gelehrt hat, daß „unter Druck" die erfolgreichsten Entscheidungen geboren werden, erkannte er deshalb die
großen Chancen, die die Vermögensbildung in Arbeitnehmerhand in
diesem Rahmen gewinnt. Sein Resümee: „Nachdem die Rente nicht
sicher und immer weniger bezahlbar wurde, kam man also auf die
Idee, Lohnerhöhungen über eine betriebliche Vermögensbildung
auszugleichen. Aber noch wichtiger, man hat endlich erkannt: Vermögensbildung ist der Schlüssel für eine Reform unseres Verständ-
nisses von Solidarität." Dabei redet Mohn keineswegs dem Sozial-
leistungsluxus das Wort. Im Gegenteil, er schlußfolgert: „Wenn wir
heraus wollen aus der verhängnisvollen Situation, die uns die Politik
beschert hat, indem sie allen Leuten alles serviert und den Staat zahlen läßt, wenn wir das ändern wollen, dann müssen wir mehr Eigeninitiative entwickeln, und eine Mitarbeiterbeteiligung kann uns dazu
hinführen. Dabei darf man sie keineswegs nur als Rentenalternative
mißverstehen. Sie ist auch ein ordnungspolitischer Faktor, denn sie
erzieht den einzelnen zur Selbstverantwortung. Und die zwingend-
ste staatsbürgerliche Devise lautet deshalb: Wir müssen weg von der
Versorgungsmentalität, die politisches Unverständnis in unserem
Lande bewirkt hat."

Reinhard Mohn unterstützt den Subsidiaritätsgedanken, den er als
eine Grundlage der Beteiligung von Mitarbeitern am Unternehmenskapital ansieht. Deshalb fordert er auch unermüdlich, daß der
Staat lernen muß, was für jedes Unternehmen eine Überlebensregel
ist, nämlich effizient zu führen. Nicht zuletzt, um dieser Forderung

Nachdruck zu verschaffen, hat der erfolgreiche Unternehmensführer mit der *Bertelsmann-Stiftung* in vielen öffentlich geförderten Institutionen wie Bibliotheken, Universitäten und Krankenhäusern Betriebsvergleiche anstellen lassen und will sie auch auf den politischen Raum ausdehnen, denn er zieht die Konsequenz: „Durch Zielvorgaben kann man auch die Politik unter Druck setzen und für ihre umwerfende deutsche Staatsquote – 1998 mehr als 51 % – Rechenschaft verlangen." Und weiter sagt er: „Dieses politische Ziel, die Menschen dahin zu führen, daß sie mit ihrer Freizeit, mit ihrem Einsatz verantwortlich umgehen, daß sie nicht sagen, der Staat wird's schon richten, sondern daß sie sagen, für den Staat sind wir selbst verantwortlich, das ist eines der Ziele, die wir auch mit einer ganzheitsorientierten Unternehmensführung erreichen wollen." So Reinhard Mohn, der deshalb auch die Entwicklung, Arbeitszeit in Kapital zu verwandeln, befürwortet. Das heißt, die auf dem Wege der Arbeitszeitflexibilisierung aufgelaufenen Zeitkonten – in einigen Firmen verzeichnen sie mittlerweile mehr als 30 Monate Arbeitszeit-Gutschrift – werden nicht nur in Rentenaufbesserungen oder Vorruhestandszeiten, sondern in Unternehmenskapital und damit in Mitarbeiterbeteiligungsbeträge umgewandelt. Aber als erfahrener Unternehmer gibt er auch zu bedenken, daß einer solchen „Ummünzung" beide Seiten, das heißt sowohl Mitarbeiter als auch Unternehmen, zustimmen müssen – von steuerlichen Veränderungen zunächst abgesehen.

Reinhard Mohn weist den Weg, der in diese Richtung führt: „Wenn ich heute einem anderen Unternehmen einen Ratschlag geben sollte, wie man zu mehr Effizienz, Qualität, Identifizierung und damit Motivation kommen kann, dann würde ich sagen: Sorgt dafür, daß sich Eure Mitarbeiter auch tatsächlich mit dem Unternehmen identifizieren können. Sorgt dafür, daß sie die Ziele und das Verhalten des Unternehmens bejahen. Dabei spielt die Frage, ob Mitarbeiter an Kapital und Gewinn des Unternehmens teilnehmen oder nicht, eine entscheidende Rolle. Denn materielle Gerechtigkeit hat bekanntlich nicht nur für Belegschaften nach wie vor ausschlaggebende Bedeutung."

Ohne Bereitschaft zu teilen – kein optimaler Erfolg

Gespräch mit Christian Dräger
(Mitglied des Aufsichtsrats der Drägerwerk AG)

Wenn man Dr. Christian Dräger, den langjährigen Vorsitzenden der *Drägerwerk AG* in Lübeck – Produzent an der Weltmarktspitze für Entwicklung und Herstellung von Atmungsgeräten – danach fragt, wie er Vermögensbildung in Arbeitnehmerhand beurteilt und wie er überhaupt dazu kam, sein eigenes Unternehmen in die Phalanx der Firmen mit Mitarbeiterbeteiligung einzubringen, dann antwortet er schlicht, aber vielversprechend: „Das ist eine lange Geschichte."

Tatsächlich ist er selbst, wie er sagt, „im zarten Alter von 14 Jahren zum ersten Mal dem Gedanken begegnet, Mitarbeiter am Unternehmenserfolg zu beteiligen". Damals las er in den Lebenserinnerungen seines Urgroßvaters, der 1889 die *Drägerwerke* gründete. Schon der Urgroßvater hatte sich über die Beteiligung seiner Arbeitnehmer am Erfolg des Unternehmens Gedanken gemacht. Schließlich fand der Aufbau des Lübecker Unternehmens in genau dem Jahrzehnt statt, in dem Ernst Abbe in Jena seine berühmten Grundsätze zur Beteiligung der Mitarbeiter am Ertrag der *Zeiss*-Werke formulierte.

„Damals sprach man noch nicht von Kapitalbeteiligung", sagt Christian Dräger heute, „aber es war schon eine Idee in dieser Richtung, und die hat mich natürlich auch bewegt." Außerdem wußte Dräger, daß sein Vater bereits zu sehr früher Zeit in den *Drägerwerken* das Investmentsparen eingeführt hatte, und er meint, daß es deshalb kein Zufall gewesen sei, wenn er sich in den fünfziger Jahren als Student der Betriebswirtschaft an der Münchener Ludwig-Maximilians-Universität bei Prof. Guido Fischer einschrieb. Fischer war jahrzehntelang nicht nur unter den deutschen Hochschullehrern, sondern für die gesamte Nachkriegsentwicklung der deutschen Wirtschaft so etwas wie ein Bannerträger der Idee, Mitarbeiter am Unternehmensgewinn zu beteiligen und damit dazu beizutragen, daß das Unternehmen ein Optimum an Leistung und Erfolg erzielen konnte. Fischer ist es denn auch gewesen, der den jungen Studenten Christian Dräger mit der *Arbeitsgemeinschaft zur Förderung der Partnerschaft in der Wirtschaft* zusammenführte, gehörte der Professor doch zu den Gründern dieser Institution. Christian Dräger wurde nicht nur sein aufmerksamer Schüler, sondern übernahm schon Jahre, bevor er an die Spitze des väterlichen Unternehmens trat, die Führung dieser für die Entwicklung der Mitarbeiterbeteiligung in Deutschland entscheidenden Organisation. Er berichtet selbst darüber: „Ich habe mich zunächst in der *AGP* engagiert. In der eigenen Firma war das insofern etwas schwierig, über das hinauszugehen, was mein Vater bereits realisiert hatte, als wir ja noch bis 1970 eine offene Handelsgesellschaft geblieben sind, und in diesem Rahmen ist es nicht ganz so einfach, eine Mitarbeiterkapitalbeteiligung einzurichten. Aber als wir als Aktiengesellschaft an die Börse gingen, lag der Weg frei."

Das geschah im Jahr 1979, und damit war auch der Start für die Einführung der Kapitalbeteiligung von Arbeitnehmern bei der *Drägerwerk AG* gegeben. „Wir haben dann sehr bald den Weg gefunden, die Mitarbeiter über Genußscheine zu beteiligen." Dräger spricht heute von einem „nur scheinbaren Nachteil", wenn er auf das bei Genußscheinen nicht vorhandene Stimmrecht zu sprechen kommt. Er legt jedoch, wie viele Beteiligungsunternehmer, auch Wert darauf, daß die Teilnahme der Mitarbeiterseite an den Unternehmensentscheidungen durch das Mitbestimmungsgesetz von 1976 gesichert werde. Er verweist sogar darauf, daß diese Teilnahme im mitbestimmten Aufsichtsrat sehr viel effizienter wahrgenommen werden könne, als wenn sie ihrerseits mit Aktienstimmrecht in der Hauptversammlung vertreten wären. Dräger: „Deshalb glauben wir, daß unser Weg über Genußscheine der richtige Weg ist, Mitarbeiter zu beteiligen. Außerdem kann man, wenn man genau hinsieht, feststellen, daß sie sich kaum von Vorzugsaktien unterscheiden, und immerhin gehören auf diese Weise mittlerweile 7 % des Kapitals der *Drägerwerke* den Mitarbeitern. Und obendrein gehen 6 % des Gesamtgewinns ebenfalls an die Genußscheininhaber aus der Belegschaft."

Als Gesamtüberblick kann der Beteiligungspionier Dräger die Anteilnahme seiner Mitarbeiter an dem Familienunternehmen in einer bis heute beispielhaften Zusammenfassung präsentieren: 6 % des Gewinns der *Drägerwerk AG* gehen über Genußscheine direkt an die Mitarbeiter, außerdem ist in einer Betriebsvereinbarung festgelegt worden, daß zusätzlich 10 – 20 % des Ergebnisses bei entsprechender Umsatzrendite an alle Belegschaftsmitglieder verteilt werden, und seit 1994 gibt es eine Vereinbarung für Führungskräfte, nach der ihre individuelle leistungsbezogene Erfolgsbeteiligung sich zu weiteren ca. 10 % des Gesamtgewinns addiert. Als man bei Dräger 1993 die Betriebsvereinbarung über die Aufteilung von 10 – 20 % des Jahresergebnisses abschloß, sind dafür das Weihnachtsgeld mit weiteren früheren Sozialleistungen abgeschafft worden. Christian Dräger erläutert: „Dafür kann der einzelne allerdings, wenn die Firma im Aufwind ist, sogar einen weitaus größeren Betrag gutgeschrieben erhalten, als er mit dem Weihnachtsgeld auf seinem Konto hatte, und wenn man alles zusammenzählt, dann zahlen wir ein Viertel unseres Gesamtgewinns an unsere Mitarbeiter aus."

Dabei kommt man, wie Christian Dräger ausdrücklich betont, in seinem Haus auch ohne Partnerschaftsausschuß zurecht. Nach der Erfahrung des Lübecker Unternehmers ist der Partnerschaftsausschuß in erster Linie eine Einrichtung für die mittelständische Industrie, die weniger durch das Mitbestimmungsgesetz geprägt wird als die Großindustrie. „In unserem mitbestimmten Aufsichtsrat überschneidet sich ja *de facto* auch bereits manche Mitgliedschaft, denn mehrere Betriebsratsmitglieder sind auch im Aufsichtsrat vertreten, und schließlich haben wir noch einen Wirtschaftsausschuß, so daß es in diesen drei unterschiedlichen betriebsinternen Organisationseinheiten so viel Kommunikation zwischen Geschäftsleitung und Belegschaft gibt, wie man es sich nur wünschen kann. Meiner Meinung nach ist es dann nicht mehr notwendig, noch einen vierten Ausschuß zu kreieren, denn manche Vielschichtigkeit kann sich dann auch verwirrend auswirken."

Vor dem Hintergrund einer so ausgeprägten Beteiligung der Mitarbeiter und einer transparenten Organisation der dafür notwendigen Kommunikationsvorgänge hat Christian Dräger über viele Jahre unmittelbar Erfahrungen in Sachen *Vermögensbildung in Arbeitneh-merhand* sammeln können. Seine Worte stehen deshalb für die des erfolgreichen Unternehmers, der in einer Mitarbeiterbeteiligung einen handfesten Wirtschaftsfaktor kennengelernt hat, so daß seine Aussage für eine Weiterentwicklung der Anteilnahme von Beleg-schaftsmitgliedern am Unternehmenskapital wie Gewinn eine be-sonders breite Basis für jeden bilden kann, der sich als *Newcomer* mit diesem Medium befaßt.

Dräger formuliert: „Wir sind zutiefst davon überzeugt, daß unsere Mitarbeiter die Stärke Nr. 1 unseres Unternehmens sind, und wir ste-hen und fallen mit ihnen und damit, ob wir gute oder schlechte Mit-arbeiter haben. Und der zweite entscheidende Erfolgsfaktor liegt darin, daß diese guten Mitarbeiter auch gewillt sind, ihr Bestes für unser Unternehmen zu geben. Das nennt man gewöhnlich, etwas ab-gehoben, Motivation. Aber damit steht und fällt das ganze Unter-nehmen, und dafür ist es von ausschlaggebender Bedeutung, daß der Mitarbeiter weiß, man hört auf mich, meine Arbeit trägt tatsächlich zum Gesamterfolg bei, und deshalb muß man intensiv daran arbei-ten, den Mitarbeiter in vielfältiger Weise teilhaben zu lassen; das aber läuft unmittelbar auf die Beteiligung nicht allein an Entschei-dungen in seinem Arbeitsleben, sondern auch am Ergebnis der eige-nen wie der gemeinsamen Arbeit hinaus. Wenn wir das vernachläs-sigen, dann dürfen wir sicher sein, daß wir entscheidende Faktoren zur Erhaltung der Wettbewerbsfähigkeit vernachlässigen. Das ist ein ganz nüchternes ökonomisches Erfordernis."

Dabei weiß Dräger wie Mohn und mancher andere Praktiker erfolg-reicher Modelle betrieblicher Vermögensbildung, daß Mitarbeiter-beteiligung eine jener wichtigen Schnittstellen zwischen ökonomi-schem Kalkül und ethischem Grundsatz bildet. Denn, wie Dräger sagt: „Ohne Erfolg läßt sich nichts verteilen, aber ohne Verteilungs-bereitschaft auch kein optimaler Erfolg erringen."

Der Mann der *Drägerwerke* unterstützt deshalb nachhaltig die Be-mühungen, die Vermögensbildung in Arbeitnehmerhand systema-tisch weiter zu verbreiten. Er beklagt die Zurückhaltung, die bisher alle deutschen Regierungen gegenüber einer Mitarbeiterbeteiligung im Betrieb an den Tag gelegt haben, und macht darauf aufmerksam, daß in der Praxis Fördergelder oder Subventionen weniger wirksam seien als zum Beispiel echte Steuernachlässe, mit denen ein weitblickendes Vorgehen obendrein das Steueraufkommen der Zukunft durch die verbesserte Effizienz der Betriebe erhöhen würde. Aber dafür, so läßt auch Christian Dräger erkennen, muß man zunächst den Unternehmen klarmachen, daß hier eine der Quellen für ihre zukünftige Finanzierung liegt. Und das wird in Unternehmenskreisen um so eher realisiert, je deutlicher zu erkennen ist, daß diese Finanzierungsquelle auch vom Staat begünstigt wird.

Als besonders interessant zur Unterstützung einer flächendeckenden Ausdehnung erachtet der Beteiligungspraktiker Dräger deshalb auch die noch ganz neue Variante, Mitarbeiterkapital zu bilden: nämlich Anteile von Arbeitszeitkonten in Beteiligungskapital umzuwandeln. Der Unternehmer denkt dabei sofort weiter: „Möglicherweise läßt sich ja dann unmittelbar sagen: Ein auf dem Zeitkonto gutgeschriebener Wert von etwa einem Monat, das sind zum Beispiel von vornherein drei Aktien des arbeitgebenden Unternehmens." Aber dafür bedarf es natürlich noch mancher vorbereitenden Regelung, nicht zuletzt auf dem Steuersektor.

Deshalb konzentriert sich Christian Dräger mit Vorrang auf einen Appell an die Staatsorgane, die bis heute von der Vermögensbildung in Arbeitnehmerhand trotz vereinzelter Förderungen allzu viele Hürden aufgebaut haben. Er betont: „Diese staatliche Zurückhaltung der Mitarbeiterbeteiligung gegenüber, die behandelt wird wie ein ungeliebtes Kind, die muß aufgegeben werden. Man müßte nur die Zuwendungen, die die Unternehmen in diesem Rahmen an ihre Mitarbeiter zur Vermögens- und Kapitalbildung im eigenen Unternehmen praktizieren, steuerlich anderen Grundsätzen unterwerfen als Lohn- und Einkommen – und schon ist der Weg frei, und die vom Staat bisher viel zu wenig unterstützte Bereitschaft der Unternehmer, ihre Mitarbeiter am Kapital zu beteiligen, wird nicht mehr künstlich behindert."

Die Verantwortung
des einzelnen stärken

Gespräch mit Heinz Fischer
(Bereichsvorstand Personal, Deutsche Bank AG)

„Ich habe mich schon immer für die Beteiligung von Mitarbeitern am Vermögen der Unternehmen, die sie beschäftigen, eingesetzt, wenn dadurch der Mitarbeiter tatsächlich als Mitbesitzer behandelt wird. Das heißt, wenn er nicht allein intern im Unternehmen für seine Arbeit und Leistung ein Entgelt erhält, sondern wenn dieser Einsatz auch durch die von der Umwelt akzeptierte und honorierte Wertsteigerung des Unternehmens deutlich werden kann."

Heinz Fischer, seit Ende 1996 Personalbereichsvorstand der *Deutschen Bank*, hat sich mit seiner ideenreichen Personalarbeit schon bei der *Hewlett Packard GmbH* in Böblingen einen Namen gemacht. Daß er anschließend im größten deutschen Geldinstitut die Umsetzung tatsächlich revolutionärer Ideen tatkräftig begleitet, paßt ins Bild. Dabei baut Fischer auf die Unternehmenskultur, diesem Rückgrat auch großer und größter Firmenorganisationen. Bei der Bank ist darauf, in anderer Form als bei *Bertelsmann*, einer Keimzelle dieser Entwicklung, ebenfalls besonderer Wert gelegt worden, und genau das erweist sich nach Fischer als unterstützender Faktor für Neuerungen auch über den Umgang mit Geld hinaus.

Der Personalfachmann meint damit nicht allein materiellen Gewinn durch Belegschaftsaktien, die bis zu 70 % der *Deutsche-Bank*-Mitarbeiter beziehen. Er betont das auf diesem Weg vermittelte Bewußtsein. Fischer: „Ich halte es für außerordentlich wichtig, daß Mitarbeiter über den Aktienbesitz hinaus auch Mitbesitz und vor allem Mitverantwortung realisieren können." Schließlich gibt es Belegschaftsaktionäre, die im Lauf von 25 Jahren und unter Ausnutzung sämtlicher Bezugsrechte ein Privatvermögen von 150 000 DM und mehr aufstellen konnten.

42

Auch als Mann der *Deutschen Bank* hat Heinz Fischer dabei erfahren, daß der schwierigste Teil einer Einführung von vermögensbildenden Maßnahmen auf breiterer Ebene die Überzeugungsarbeit ist. „Es kommt darauf an, dem Mitarbeiter die Vorteile einer solchen Maßnahme klarzumachen in dem Sinne, daß es ihm damit auch selbst in die Hand gegeben wird, etwas für seine Kinder und deren Erziehung ebenso wie für seine eigene Qualifizierung zu tun, und ihm zu sagen: Du kannst sogar Deinen Ruhestand absichern und Dir auch sonst für kritische Lebensphasen mehr Sicherheit verschaffen." Um dieses Bewußtsein zunehmend mehr Mitgliedern seines Hauses zugänglich zu machen, hat sich der Personalbereichsvorstand auch aktiv dafür eingesetzt, die Zeit der Anwartschaft für die Teilnahme an Mitarbeiterbeteiligungsmodellen der Bank spürbar zu verkürzen.

Dagegen betrachtet Fischer die Reduzierung von Sperrfristen für Kapitaleinlagen eher skeptisch, will er doch die Maßnahmen von Vermögensbildung nicht in erster Linie als Verbrauchsförderung oder zusätzliche Gehaltsbestandteile verstanden wissen, sondern als Substanzerweiterung. Zwei bis drei Jahre hält er für die Festlegung hauseigener Papiere für ein Minimum. „Für mich handelt es sich dabei um eine Art selbstwirksames System", erläutert Heinz Fischer. „Es kommt dabei darauf an, erkennen zu lassen, wie reagiert der Aktionär, was empfindet er, und dem Mitarbeiter deutlich zu machen, daß er derjenige ist, der letztendlich den Wert des Unternehmens steigert und im selben Sinne Leistung bringt, womit er wiederum dazu beitragen kann, daß der Aktienwert des Unternehmens steigt."

Eine Vielzahl dieser Überlegungen fließt auch in die Informationsarbeit des Hauses ein, in dem nach Aussagen seines Personalbereichsvorstandes das „*Business-tv*" von Anfang an intensiv genutzt worden ist. Wichtige Informationen und Interviews, oft unterstützt von graphischen Darstellungen, werden über dieses Medium mehrmals täglich ausgestrahlt, so daß sich jeder Mitarbeiter in seinem Bereich zu einer ihm passenden Sendezeit einschalten kann – ein Informationskanal, der auch in die Vermögensbildungsprogramme einführt, für die darüber hinaus persönliche Gespräche und Broschüren bereitgestellt werden.

Eine besonders motivierende Wirkung hat Fischer vor allem durch die leistungsorientierte Vergütung festgestellt, die seit Anfang 1998 nach dem Prinzip „Führen durch Zielvereinbarung" praktiziert wird. Danach erhalten zunächst die etwa 10 000 außertariflichen Angestellten des Hauses einen flexiblen Bonus, der sich sowohl am Geschäftsergebnis als auch daran orientiert, ob der jeweils Beurteilte sein Ziel erreicht hat. Dabei wurde von Anfang an über die Möglichkeit diskutiert, diese Entgeltform auch auf die übrigen 39 000 Deutsch-Banker der AG auszudehnen, wobei der Betriebsrat als Gesprächspartner stets einbezogen war. Mit dieser Entgeltlösung auch die Möglichkeit zu verbinden, einen Teil des Gehalts in Aktien anzulegen, erschien Heinz Fischer von Anfang an als vielversprechender Weg: „Modelle, die in diese Richtung zielen, werden es dem Unternehmen ermöglichen, anpassungsfähiger zu sein, und darin sehe ich eine große Chance." Fischer verbindet damit eine weitere Hoffnung, die im Chemiebereich bereits erste Ansätze gefunden hat. Er sagt: „Ich hoffe, daß moderne Tarifabschlüsse in diese Richtung weisen und die historische Starrheit ablösen. Das kann die Anpassungsfähigkeit und die daraus entstehenden flexibleren Formen erleichtern. Themen wie Gewinnbeteiligung und Aktienbesitz sind dafür wichtige Elemente, die sich gewiß auch mit Sicherheit und Beschäftigungsfähigkeiten kombinieren lassen."

An diese Entwicklung knüpft der Personalfachmann noch eine weitere Vorstellung der Beteiligung und Verselbständigung des einzelnen Mitarbeiters im Arbeitsprozeß. Er spricht von einem Menü, das dem Beschäftigten angeboten werden kann und aus dem er selbst zu wählen vermag, für welche Form von Zeit und Geld er sich entscheiden will: „Wir sprechen in diesem Zusammenhang von einem ‚Deutsche-Bank-Menü' und sagen: Lieber Mitarbeiter, Du kannst wählen zwischen Gehaltsbestandteilen und Sozialleistungsbestandteilen, zwischen Zeitelementen, der Position Deines Arbeitsplatzes im Unternehmen oder bei Dir zu Hause. Voraussetzung bleibt, daß der Kundennutzen und der Kostenfaktor berücksichtigt werden. Das ist für mich eine Grundidee von tatsächlich revolutionärem Charakter; deshalb wird sie bei uns auch von Anfang an unter Einbeziehung des Betriebsrats diskutiert." Dabei ist es für den Mann, der bei *Hewlett Packard* seinerzeit das die gesamte Arbeitsszene revolutionierende

Arbeitszeitkonto eingeführt hat, von entscheidender Bedeutung, mit einem solchen Menü nicht nur Gehalts- und Vermögensbildungsbestandteile abzudecken, sondern auch den Faktor *Zeit* und den Arbeitsplatz zu berücksichtigen. Fischer: „Der Kern des Menü-Gedankens liegt darin: Man kann Zeit in Geld, also auch in vermögensbildende Maßnahmen tauschen. Oder auch umgekehrt, es muß möglich werden, mit Arbeitsentgelt-Teilen auch Zeit zu erwerben, zum Beispiel für die Weiterbildung." Der *Deutsche-Bank*-Manager will damit auch sein persönliches Credo der Eigenverantwortlichkeit zum Ausdruck bringen, wie es der Idee der Mitarbeiterbeteiligung entspricht.

Fischer erinnert sich: „Das war übrigens eine der ersten Botschaften, die hier im Hause von mir formuliert wurden. Ich habe die Eigenverantwortung zu erklären versucht, denn für den persönlichen Lebensweg, die eigene Entwicklung, bleibt der einzelne ganz allein verantwortlich. Der Vorgesetzte hat die Verantwortung, ihn zu fordern und zu fördern, und die Personalabteilung ist dafür verantwortlich, daß die entsprechenden Prozesse und Werkzeuge, daß Beratung und Betreuung zur Verfügung stehen. Diese Klarstellung der Eigenverantwortlichkeit der Mitarbeiter haben wir, glaube ich, während der Hochphase unserer Mitbestimmungsentwicklung vernachlässigt." Das Aufeinanderabstimmen von Zeit und Geld ist für Fischer die zentrale Aufgabe künftiger Personalentwicklung, und er hat dafür viele Varianten anzubieten, die sich dem System entsprechend mit vermögensbildenden Maßnahmen kombinieren lassen. Deshalb legt er auf die Feststellung Wert, daß nicht nur ein Modell, sondern viele Lösungen gesucht werden müssen, um ein Optimum zu erreichen. Das „*Deutsche-Bank*-Mosaik für Beschäftigung", wie es ihm vorschwebt, enthält zum Beispiel auch eine Variante zur Umdisposition von Abfindungen. Das dafür benötigte Unternehmenskapital könnte nach Meinung Fischers als Investition in eine Qualifizierungsmaßnahme für den gekündigten Mitarbeiter sehr viel besser eingesetzt werden. Es würde dem Betroffenen unter Umständen ein ganz anderes Tätigkeitsfeld erschließen, in dem er bei dritten Arbeitgebern oder sogar beim bisherigen Arbeitgeber eine neue Beschäftigung findet, und auch dafür könnten Vermögensbildungsergebnisse eingesetzt werden.

Diesen Gedanken von Qualifizierung setzt Fischer mit Vorstellungen einer eigenen hausinternen Beschäftigungsgesellschaft um. Ehemalige *Deutsche-Bank*-Mitarbeiter sollen bei dieser Gesellschaft ein unbefristetes Arbeitsverhältnis für Zeitarbeit eingehen können. Durch gezielte Weiterqualifikation und die Möglichkeit, im Rahmen dieses „Zeitunternehmens" bei anderen Firmen neue Tätigkeiten aufzunehmen, erhöhen sich die Chancen einer späteren Übernahme durch Unternehmen außerhalb des *Deutsche-Bank*-Konzerns.

Außerdem denkt Heinz Fischer daran, die Beschäftigungsfähigkeit jüngerer wie älterer Mitarbeiter zu erweitern, indem den jüngeren zur Umsetzung innovativer Ideen Qualifizierungs- wie Existenzgründungsmöglichkeiten geboten werden; andererseits könnten Vorruheständler beratende Tätigkeiten im eigenen Betrieb wie auch außerhalb übernehmen, so daß die verkürzten Vorruhestandsbezüge (in der Regel erhält der Mitarbeiter dann 80 % des Normalentgelts bei verkürzter Arbeitszeit) durch eigene Tätigkeit das alte Niveau oft noch überträfen. In jedem dieser Fälle können Gelder aus der Mitarbeiterbeteiligung einkalkuliert werden.

Damit wird ein neues Terrain für Personalarbeit erschlossen, auf dessen Basis mit der intensivierten Betreuung der Mitarbeiter, zu der jeder einzelne auch seinen eigenen Beitrag leisten muß, gleichzeitig Vorteile für das Unternehmen verbunden sind. Dadurch lassen derartige Einrichtungen auch keine neuen Sozialmaßnahmen entstehen, sondern wirken sich als echte unternehmensbezogene Investitionen aus, die dennoch in erster Linie Mitarbeitern zugute kommen – nach dem Motto: Ein moderner Staatsbürger muß zunehmend für sich selbst sorgen. Denn auch Heinz Fischer betont: „Die Unterstützung der Vermögensbildung ist in Deutschland sehr restriktiv. Deshalb vertrete ich die Meinung, daß alles, was Mitarbeiter in ihre eigene Vorsorge investieren, dann vom Staat auch steuerlich anders behandelt werden sollte als ein normales Einkommen."

Erfolg und damit Wettbewerbsfähigkeit der Personalarbeit basieren aber letztlich nicht auf einer einzelnen Maßnahme – und sei sie noch so fortschrittlich. Erst das Zusammenwirken von leistungs- und ergebnisorientierter Vergütung, Vermögensbildung, Stärkung der Eigenverantwortung, Flexibilität und Förderung der Beschäftigungssicherheit und -fähigkeit bringt den entscheidenden Unterschied. Heinz Fischer: „Einzelne smarte Systeme zu entwickeln ist nicht die eigentliche Kunst – erst die intelligente Kombination vielfältiger Ansätze bringt uns wirklich nach vorne."

Mit Mut zum Risiko
wachsen die Chancen

Gespräch mit Kajo Schommer
(Staatsminister für Wirtschaft und Arbeit des Freistaates Sachsen)

„Bei allen Formen der Mitarbeiterbeteiligung geht es darum, durch Partizipation am Erfolg des Unternehmens die Motivation der Mitarbeiter und auch ihr unternehmerisches Denken zu stärken", betont Dr. Kajo Schommer, Minister für Wirtschaft und Arbeit im Freistaat Sachsen. Daß der Begriff *Arbeit* in dieser Form und mit diesem Rang gleichzeitig Anwendung findet, wird vor allem auch vom Ministerpräsidenten des Landes, Prof. Dr. Biedenkopf, gern hervorgehoben. Er wie sein Wirtschaftsminister wollen damit zum Ausdruck bringen, daß beide Begriffe zusammengehören und der eine ohne den anderen Faktor nichts bewirken kann.

Deshalb haben es viele auch nicht nur als naheliegend, sondern beinahe schon als selbstverständlich empfunden, daß sich Sachsen als erstes Bundesland auf Regierungsebene der Frage der Mitarbeiterbeteiligung gewidmet hat. Das geschah nicht allein unter finanziellem Aspekt, sondern, wie es der Minister mit seinen Worten zum Ausdruck bringt, in der Absicht, die Einbeziehung von Mitarbeitern in die Wirtschaftspolitik im Interesse der betriebswirtschaftlichen Entwicklung der Unternehmen zu verdeutlichen.

Schommer: „Mich haben die großen Sprüche mancher Sozialpolitiker seit langem geärgert, die sich vorwiegend in der Rhetorik erschöpften. Das hat dazu beigetragen, daß Mitarbeiterbeteiligung nicht selten zu einer sozialpolitischen Maßnahme verkommen ist, anstatt als Unternehmensmaßnahme und betriebswirtschaftliche Entscheidung deutlich zu werden. In Zukunft wird für viele Bürger die Erwerbsarbeit kaum noch den gesamten Lebensunterhalt abdecken können. Deshalb müssen wir grundsätzlich nicht allein für Altersversorgung, sondern auch für das tägliche Leben zusätzliche

Möglichkeiten für Kapitalbildung erschließen." In seinem Bundesland hat der sächsische Wirtschaftsminister deshalb bereits 1996 die sogenannte „*GA*-Förderung" (Gemeinschafts-Aufgabe Verbesserung der regionalen Infrastruktur) mit der Mitarbeiterbeteiligung verknüpft. Das heißt, er hat die „Bundes-Förderrichtlinien für die einzelgewerbliche Wirtschaft" mit der Bedingung versehen: „Die Förderhöchstsätze werden nur dann bewilligt, wenn im Einzelfall besondere Struktureffekte vorliegen. Der maximal mögliche Subventionswert wird für Firmen mit mehr als 250 Mitarbeitern nur dann gewährt, wenn das antragstellende Unternehmen seine Arbeitnehmer am Unternehmen, am Unternehmenskapital oder am Unternehmensgewinn beteiligt. Andernfalls wird die Höchstfördersumme um 3 % gesenkt. In begründeten Ausnahmefällen kann der Staatsminister für Wirtschaft und Arbeit eine Ausnahmegenehmigung erteilen."

Dennoch hält Schommer diese Sonderbehandlung von kleinen und mittleren Unternehmen für unbefriedigend, „denn wir wollen die Mitarbeiterbeteiligung nicht nur in großen Unternehmen, sondern auch und gerade in den sogenannten *KMU*, den kleinen und mittleren Unternehmen, ankurbeln." Damit diese Zielsetzung aber nicht wieder nur auf dem Papier vermerkt wird, hat Kajo Schommer für das Bundesland Sachsen eine Sonderkommission und ein Pilotprojekt ins Leben gerufen: Gemeinsam von Mitarbeitern der international versierten Beratungsgesellschaft *McKinsey and Company*, einschließlich ihres Geschäftsführers, Prof. Dr. Henzler, sowie 6 Mitarbeitern des Wirtschaftsministeriums und begleitet von der Technischen Universität Dresden sind zunächst 12 Firmen ausgewählt worden. Die Firmen dieser Projektgruppe sind mit verschiedensten Formen der Mitarbeiterbeteiligung vom Darlehen über stille Gesellschaften bis zu Belegschaftsaktien bekanntgemacht worden und konnten, fachmännisch beraten, die für sie optimalen Modelle erarbeiten.

An drei aufeinander abgestimmten *Workshops* wurden während eines Vierteljahres Vertreter der Geschäftsführung sowie der Arbeitnehmerseite mit Fragen der Vermögensbildung in Arbeitnehmerhand vertraut gemacht. Zur Vorbereitung war ein Handbuch für unternehmensspezifische Modelle der Mitarbeiterbeteiligung entwickelt worden, und zum Abschluß hatten die *Workshop*-Teilnehmer die Möglichkeit, in bereits funktionierende Mitarbeiterbeteiligungsmodelle bei verschiedenen Firmen Einblick zu nehmen.

Dabei legt Schommer Wert auf die Feststellung: „Wir haben von Anfang an die Gewerkschaften mit einbezogen, weil wir glauben, daß die Tarifparteien dabei eine wichtige Rolle spielen." Bereits zu Anfang des Jahres 1998 hat der sächsische Wirtschaftsminister den Gewerkschaften Mitwirkung im Lenkungsausschuß des Projektteams angeboten und die gewerkschaftlichen Mindestforderungen zur Kenntnis genommen. Sie lauteten für das Gebiet des Freistaates Sachsen:

Mindestforderungen der Gewerkschaften beim sächsischen Pilotprojekt:

1. Grundsatz der Freiwilligkeit der Teilnahme an Mitarbeiterbeteiligung;
2. Verlustbeteiligung in keinem Fall über Einlage hinaus, ggf. weiter begrenzt;
3. Mitarbeiterbeteiligung nur in Unternehmen mit Zukunftsperspektive;
4. vollkommene Transparenz des Einführungsprozesses für Belegschaft und Betriebsrat;
5. Recht für Belegschaft auf Beratung durch unabhängige Dritte (Steuerberater, Wirtschaftsprüfer etc.) über Vertragsbedingungen; Kostenübernahme durch Unternehmen oder Freistaat;
6. kein genereller Ausschluß von Landesbürgschaften für Risikoabsicherung.

Dabei standen für Schommers Zielvorstellung einer mit der Mitarbeiterbeteiligung angestrebten Zukunftssicherung auch die Erfahrungen mit der Sächsisch-Bayerischen Zukunftskommission Pate. Deren Mitglieder waren sich von Anfang an darüber im klaren, daß die Bedeutung von Erwerbsarbeit am Wertschöpfungsprozeß für die Volkswirtschaft ständig abnimmt. Daß diese Entwicklung aber bereits für die Gegenwart von entscheidender Bedeutung ist, belegt der Minister mit dem Hinweis, daß damit eine Vielzahl vor allem für den Betrieb positiver Effekte verbunden ist – zum Beispiel der Ausbau der Alterssicherung, die finanzielle Stärkung des Unternehmens, die Flexibilisierung der Personalkosten, die Erhöhung der Produktivität, ein verbessertes Betriebsklima durch höhere Arbeitszufriedenheit und schließlich auch die dadurch verbesserte Sicherung des Arbeitsplatzes.

Schommer: „Die eigentlich motivatorische Wirkung der Vermögensbildung in Arbeitnehmerhand wird durch Kapitalbeteiligung erzielt – dadurch, daß der Mitarbeiter direkt am Unternehmen und nicht allein an dessen Gewinn beteiligt ist. Kombinationsmodelle, bei denen eine Erfolgsbeteiligung dazu dient, ganz oder teilweise die Mittel für eine Kapitalbeteiligung aufzubringen, sind in mehrfacher Hinsicht zukunftsweisend: Mitarbeiter werden motiviert, es erfolgt eine Lohnflexibilisierung, da Teile von Gehaltskomponenten an die wirtschaftliche Lage des Unternehmens gekoppelt werden, und gleichzeitig erfolgt eine Kapitalbildung bei Arbeitnehmern. Die dafür möglichen Ausgestaltungsvarianten werden in Zukunft sicher noch zunehmen."

Und dann das Risiko: Dazu steuert Sachsens Minister für Wirtschaft und Arbeit eine Basisbemerkung bei: „Ich halte nicht sehr viel davon, daß der Staat erklärt, für Arbeitnehmer decke ich alle Risiken ab. Das ist genausowenig logisch, als wenn ich das Kapital-Risiko für die Unternehmen abdecken sollte." Die Projektgruppe hat dennoch unterschiedliche Möglichkeiten privatwirtschaftlicher Absicherung wie Kreditversicherungen oder Bankbürgschaften und ähnliches nicht von vornherein ausgeschlossen. Denn der Mitarbeiter soll durchaus geschützt werden, und Schommer hat von Anfang an auf ein Miteinander mit den Gewerkschaften gesetzt. Denn auch er weiß, daß tarifliche Freiräume notwendig sind, um unterschiedliche maßgeschneiderte Möglichkeiten für einzelne Betriebe zu erarbeiten. Der sogenannten Fondslösung steht Schommer deshalb durchaus nicht von vornherein ablehnend gegenüber. Falls sich Mitarbeiter freiwillig dafür entscheiden sollten, sieht er darin eine weitere Möglichkeit – vorausgesetzt, daß es sich dabei nicht um einseitig gewerkschaftsbestimmte Lösungen handeln sollte.

Als Auftaktsinitiative sind in Sachsen jedoch zunächst ausschließlich direkte Beteiligungen am eigenen Unternehmen erarbeitet worden. Dabei hat der Minister schon zu Beginn der Aktion nicht ausgeschlossen, daß vor allem für kleinere Unternehmen gegebenenfalls auch eine Art von Genossenschaftspools genutzt werden könnte. Entscheidend blieb und bleibt für ihn, daß alle Formen von Vermögensbildung in Arbeitnehmerhand im freien Wettbewerb entwickelt werden.

Das gilt für ihn auch bei der Erörterung sogenannter Tariffonds. Schommer vermerkt: „Im Rahmen unseres Projekts werden Veränderungsansätze für Rahmenbedingungen geprüft, das heißt, die Auswirkung von direkter staatlicher Einflußnahme sowie der gesamtwirtschaftlichen Rahmenbedingungen auf die Verbreitung von Mitarbeiterbeteiligungsmodellen werden analysiert und Ansatzpunkte für erforderliche Gesetzesänderungen erarbeitet."

Dabei zeigt sich der Minister auch über die europäische Gesamtentwicklung besorgt, in deren Rahmen Deutschland mit einer Verbreitung oder gar Förderung von Vermögensbildung in Arbeitnehmerhand ja weit zurückliegt. Weiß er doch als Mann der Administration, daß gerade darin bereits in naher Zukunft eine ausgesprochene Benachteiligung für die deutsche Wirtschaft liegen kann.

Schommer: „In Deutschland waren 1996 knapp 6 % aller abhängig Beschäftigten an dem Unternehmen, für das sie arbeiten, auch beteiligt. Deshalb ist es so wichtig, daß man diesen Anteil rasch so weit wie möglich erhöht. Vorbilder in puncto Mitarbeiterbeteiligung könnten für uns zum Beispiel die Niederlande oder Großbritannien sein. Gerade in Großbritannien gibt es diesbezüglich eine große Tradition. Außer der Gewährung von Steuervorteilen hat es dort eine Reihe staatlich gestützter Initiativen gegeben – zum Beispiel eine Kampagne für kleine und mittlere Unternehmen. Ein entsprechendes Netzwerk sollten wir auch in Deutschland aufbauen."

Daß eine solche Entwicklung sowohl für den einzelnen als auch vom Unternehmen und letztlich sogar vom Staat eine gewisse Risikobereitschaft verlangt, wird von Sachsens Wirtschaftsminister immer wieder herausgestellt. „Viele noch heute diskutierten Vorschläge zur Mitarbeiterbeteiligung und deren Förderung sind aber zu reinen Mitnahmeeffekten degeneriert und bestenfalls dann eine sozialpolitische Leistung des Staates", sagt Schommer und betont weiter: „Das aber bringt niemanden zum Nachdenken über den Sinn eines gegenseitigen Engagements von Mitarbeiterschaft und Unternehmen, um gemeinsam Erfolge zu erwirtschaften, die dann beiden Seiten zugute kommen."

Teilhabe am Wertzuwachs

Gespräch mit Hubertus Schmoldt
(Vorsitzender der Industriegewerkschaft
Bergbau, Chemie, Energie (IG BCE))

„Es ist ja eine alte gewerkschaftliche Forderung, daß man die Beschäftigten neben ihrem Arbeitsentgelt auch am Wertzuwachs des Unternehmens beteiligt, der auf ihre Arbeit zurückzuführen ist und der letztendlich auch für die Gesellschaft relevant wird. Die Beteiligung am Produktivkapital ist aber nie ganz unumstritten gewesen; auch die Frage, ob der Mitarbeiter seinen Anteil persönlich gutgeschrieben erhalten solle oder ob er besser in einem Fonds zu verwalten sei, hat jahrelang ideologische Auseinandersetzungen heraufbeschworen." So Hubertus Schmoldt. Er verweist darauf, daß bis in die siebziger Jahre hinein in der Gewerkschaftsbewegung die Sorge vorherrschte, daß eine individuelle Beteiligung am Produktivkapital unmittelbar zu einer Entfernung vom Solidaritätsgedanken führen müsse.

„Die *IG BCE* und ihre Vorläuferorganisationen haben eigentlich nicht sonderlich unter dieser Befürchtung gelitten, aber sie hat eine Vermögensbildung in Arbeitnehmerhand auf breiter Basis doch stark behindert", betont Schmoldt und schildert weiter: „Der erste Schritt, der dann in die richtige Richtung getan wurde, war das *Leber*-Modell, das die Entwicklung der vielzitierten ‚vermögenswirksamen Leistungen' zunächst mit den steuerfrei einsetzbaren 312 DM in Gang gesetzt hat." Die Sorge, damit in die Nähe von Kleinkapitalisten zu geraten, sei allerdings nur schwer zu beschwichtigen gewesen. Manche Gewerkschaften hätten damals auf Investitionslenkung gesetzt, um ein Gegengewicht zu der vermeintlichen Entsolidarisierung zu erhalten, aber das war natürlich schon vom Ansatz her eine unrealistische Vorstellung. Wollte man jedoch einer Ausweitung der vermögenswirksamen Leistungen zustimmen, konnte das nach damaliger gewerkschaftlicher Ansicht nur durch Fonds geschehen, die

54

auf tarifvertraglicher Ebene oder auf Branchen-Ebene aufgebaut werden sollten.

Heute erkennt Hubertus Schmoldt deshalb ganz klar, daß mit dieser Diskussion die Entwicklung der Beteiligung am Produktivkapital *de facto* erschwert worden ist, denn es ging ja nicht zuletzt darum, daß die Beteiligungsfonds auch Anteile an Unternehmen und dadurch Stimmrechte erwerben könnten. Dagegen brachten die Arbeitgeber erhebliche Bedenken zum Ausdruck. Sie fürchteten, dabei in eine Art Zangenbewegung der Gewerkschaften zu geraten, zumal sich damals fast zeitgleich die Realisierung der Mitbestimmung entwickelte, die 1976 dann als Gesetz verkündet worden ist. Schmoldt wörtlich: „Grundsätzlich dürften die durchaus harten Differenzen zu jener Zeit ja auch daraus entstanden sein, daß es vielen Arbeitgebern einfach unmöglich war, sich vorzustellen, daß man sich als Beschäftigter – aber auch als Gewerkschafter – durchaus für die Gesamtentwicklung eines Unternehmens verantwortlich fühlen kann. Arbeitnehmern sind damals prinzipiell stets nur kurzfristige, allein auf die Einkommensseite ausgerichtete Interessen zugetraut worden." Der Gewerkschaftsführer bedauert diese Fehlinterpretation grundsätzlich; er beklagt vor allem, „daß wir nun fast 30 Jahre gebraucht haben, um diesen schwierigen Punkt zu überwinden." Die Tatsache, daß den Gewerkschaften nie zugetraut wurde, überhaupt längerfristige Interessen an Unternehmen zu haben, hält er für eine Basis auch anderer Fehleinschätzungen und setzt dagegen: „Inzwischen haben wir, so glaube ich, doch bewiesen, daß auch die Tarifpolitik Langfristaspekte wie zum Beispiel Rentabilität oder Wettbewerbsfähigkeit berücksichtigt."

Der Mann aus den Reihen der früheren *IG Chemie* glaubt heute wie zur Zeit seines Studiums, daß der evolutionäre Weg zu einer breiteren Vermögensbildung dem revolutionären Weg nicht aufgrund von Besänftigungsüberlegungen, sondern vor allem ob seiner Effizienz vorzuziehen sei. Er zeigt sich davon überzeugt, daß „es kein Widerspruch ist, sich dem Allgemeinwohl, also dem Solidaritätsgedanken, verpflichtet zu fühlen und gleichzeitig dem einzelnen seine ganz persönliche Entwicklung zu ermöglichen". Seine Devise lautet: „Solidarität ist erst die Voraussetzung dafür, daß der einzelne sich individuell entwickeln kann. Dies schließt eine kreative Einkommensentwicklung ein."

Auf dieser gedanklichen Grundlage sind auch die Unternehmensmodelle einer Arbeitnehmerbeteiligung entstanden, die von der *IG BCE* in Haustarifverträgen vereinbart worden sind. Für den Gewerkschafter ergeben sich dabei aber auch Bedenken, daß nicht ausnahmslos jedes Unternehmen gleichermaßen in der Lage sei, Modelle anzubieten, die den Beschäftigten echte persönliche Chancen und neue Einnahmequellen erschließen. „Andererseits hat uns das unabdingbare Beharren auf Branchen- oder Tariffonds aber auch nicht weitergebracht. Deshalb sagen wir heute", so Schmoldt, „wir müssen zunächst Lösungen anstreben, die unternehmensspezifisch sind. Das ist sicher nicht optimal. Ich bin allerdings fest davon überzeugt, wenn die Zahl der Unternehmen zunimmt, die ähnliche Vereinbarungen treffen, wird unseren tarifpolitischen Erfahrungen entsprechend der Druck auf die anderen wachsen, sich anzuschließen, auch wenn das zunächst nur mit kleineren Schritten möglich sein sollte."

Dabei verhält sich der Mann der *IG BCE* durchaus zurückhaltend, wenn es um die Form einzelner Modelle für eine Vermögens- oder Kapitalbeteiligung geht. Dort, wo er wachsam reagiert, handelt es sich um die Absicherung der verschiedenen Vermögensbildungsformen. Er vertritt die Meinung, daß es dafür sogar versicherungstechnische Lösungen geben müsse. Denn er will das, was der Arbeitnehmer über einen längeren Zeitraum als Beteiligung am Unternehmenskapital eingesetzt hat, nicht „durch Kursentwicklungen oder Managementfehler" vom einen auf den anderen Tag gefährdet sehen. Er meint, wenn sich der Anteil des einzelnen schon nicht in die Tarifverträge einbauen läßt, weil Unternehmensgewinne ja eine variable Größenordnung sind, dann sollte zumindest der Einsatz im Prinzip abgesichert sein.

Schmoldt hebt in diesem Zusammenhang auf die Flexibilisierung von Arbeitszeit und die in diesem Rahmen angesammelten Zeitguthaben ab. Er verweist darauf, daß bei einer Verlängerung der Altersteilzeit durch Zeitkonten von 5 auf 10 Jahre diese Zeitguthaben ebenfalls abgesichert werden müssen. Ein solches Instrument stellt er sich – auch wenn es dabei nicht um geleistete lohnpflichtige Arbeit, sondern um einen durch deren Ertrag erzielten Mehrgewinn geht – ebenfalls für die Mitarbeiterbeteiligung vor. Und auch für die Lösung zu deren Absicherung plädiert er wie bei der Altersteilzeitregelung für ein Übereinkommen der Tarifparteien. Das heißt: „Das Unternehmen und der Betriebsrat müssen verabreden, was passiert im Falle X." Denn auch Schmoldt weiß: Es geht um die Teilhabe am Wertzuwachs des Unternehmens.

Der Gewerkschaftsführer macht deshalb eigens auf das nicht immer klar erkannte Prinzip der *Stock-Option*-Papiere aufmerksam, die sich seit 1997 in vielen deutschen Konzernen rasch verbreitet haben. Dabei, so Schmoldt, handele es sich jedoch nicht, wie verschiedentlich irrtümlich angenommen, um eine Zusatzzahlung zum Einkommen oder zur Vermögensbildung, sondern darum, oft bis zu einem Drittel des verfügbaren Entgelts im Unternehmen fest anzulegen. Eine Anlage, die nach jeweils unterschiedlichen Festlegungsfristen besonders hohe Zinsgewinne verspricht, wobei eine Zinsgutschrift für die Optionsteilnehmer oft auch erst dann eintritt, wenn der Gewinn nach Steuern eine bestimmte Steigerungsrate erreicht hat, und das können 10 oder sogar mehr Prozent sein. Für Tarifmitarbeiter hält Schmoldt diese in mehreren Fällen durchaus lukrative Möglichkeit deshalb für kaum vertretbar. Es sei denn, so fügt er hinzu, es handele sich um eine Art Leistungshonorierung oberhalb des Tarifvertrags. Schmoldt erläutert: „Der individuelle Beitrag des einzelnen spiegelt sich ja auch nicht im Börsenzuwachs wider. Selbst wenn der Mitarbeiter höchste Leistungsbewertungen erhält, aber die Börse nicht mitspielt, geht er leer aus."

Die Erwartungshaltung der Börse bleibt unüberschaubar, sagt Schmoldt. Sie hängt von der ungeschickten Äußerung eines Vorstandsvorsitzenden ebenso ab wie von Neuankündigungen, die manchem großartig erscheinen, die die Börse aber trotzdem nicht honoriert. Deshalb sieht er in einer solchen Form nur eine sehr begrenzte Leistungsmotivation. Mittlere Unternehmen, so meint auch Schmoldt, erreichen eine besonders deutliche Motivation, wenn sie ihre Mitarbeiter unmittelbar am Ertrag teilhaben lassen – am Ertrag, der von ihrer Arbeit direkt abhängig ist. Deshalb sind nach Schmoldt Ergebnisbeteiligungen über Produktivkapital besonders in Form sogenannter stiller Gesellschaften als Mitarbeiterbeteiligungsform sehr beliebt. Um aber tatsächlich eine breitere Basis für die Realisierung von Vermögensbildung in Arbeitnehmerhand zu gewinnen, müßte die Bundesregierung, auch nach Meinung des Gewerkschaftsführers, die gesetzlichen Voraussetzungen verbessern. Dagegen ist die Arbeitnehmersparzulage für vermögenswirksames Sparen in Deutschland bekanntlich 1994 von 20 auf 10 % gesenkt worden, gibt Schmoldt zu bedenken und macht darauf aufmerksam, daß es ja auch möglich wäre, dabei einzelne Vermögensbildungsformen unterschiedlich zu besteuern – zum Beispiel Pensionsfonds oder Altersversorgungsanlagen höhere und einfachem vermögenswirksamem Sparen dann eben geringere steuerfreie Sparsätze zu ermöglichen. Wörtlich: „Daß aus allen guten Vorhaben bisher nie etwas geworden ist, hat ja auch mit einer gewissen politischen Blockadehaltung und mit ideologischen Verklemmtheiten zu tun. Aber ich hoffe doch, daß wir diese Dinge im großen und ganzen überwunden haben und nun an derartige Fragen etwas unverklemmter herangehen können."

Sicher ist für den *IG-BCE*-Vorsitzenden auf jeden Fall, daß wir mit dem sogenannten „Aufbau Ost" eine große Chance für die Vermögensbildung vertan haben. Die Bundesrepublik hat dort jährlich mindestens 150 Milliarden DM Steuergelder investiert, und die hätten seiner Meinung nach auch ohne weiteres an eine Mitarbeiterbeteiligung der Beschäftigten in den neuen Bundesländern geknüpft werden können. Die Erfahrung des Gewerkschaftsführers lautet: „Gegenwärtig fließt der gesamte Zuwachs allein den jeweiligen meist industriellen Anteilseignern zu. Die Beschäftigten haben so gut wie gar nichts davon, es sei denn, ihre Entgelte steigen spürbar an."

Mit anderen Worten: Hubertus Schmoldt gibt zu erkennen, daß sein Wirkungsbereich zu einer Branche mit stärkerer Sonneneinwirkung gehört, als sie vielen anderen zuteil wird, und er hebt bereits darauf ab, daß das künftige „Weltchemie-Zentrum Halle-Bitterfeld" schon heute prosperiert. Um so deutlicher ist sein Bemühen, die Arbeitnehmer dieser Branche an deren Erfolg zu beteiligen. Seine Schluß-folgerung: „Wenn man eine Veränderung der Vermögensverhält-nisse mit normaler Tarifpolitik nicht erreichen kann, dann muß man andere Wege suchen, und ein anderer Weg ist für mich die Beteili-gung der Mitarbeiter am Produktivkapital. Dabei haben wir uns aber bisher häufig selber blockiert, indem wir diese Beteiligung stets an bestimmte Voraussetzungen knüpfen, zum Beispiel an Branchen-oder Tariffonds; sie haben sich als nicht realisierbar erwiesen, erst recht nicht, wenn damit etwa zusätzliche Mitbestimmungsforderun-gen verbunden werden. Ich bin zwar für eine Ausweitung des Mit-bestimmungsgesetzes von 1976, um nicht nur Großbetriebe und Konzerne einbeziehen zu können. Aber ich wende mich grundsätz-lich gegen eine Verknüpfung von Vermögensbildung und Mitbestim-mungsrechten. Fondslösungen in dieser Form helfen nicht weiter. Wir müssen die Mitarbeiterbeteiligung auch betriebsbezogen lösen. Dabei darf auch nicht der Anspruch auf eine tarifvertragliche Fixie-rung aller Einzelheiten bestehen bleiben. Das ist den Unternehmen vorbehalten. Wir plädieren für einen tarifvertraglich gegebenen Ge-staltungsrahmen. Sollte dieser Weg allerdings nicht fortgesetzt wer-den, dürften wir uns auch weiterhin mit den traditionellen Vertei-lungskämpfen der alljährlichen Tarifrunden beschäftigen müssen. Dabei wird die Zukunft, auch die der Arbeitswelt, längst nicht mehr allein nur auf der Kapitalseite entschieden. Die Art des Einsatzes menschlicher Arbeitskraft und ihre Bewertung als Teil des Ganzen bilden, wie es das Wort bereits vorgibt, die Grundlage unseres Ver-mögens."

Das investive Menü-Paket

Gespräch mit Prof. Dr. Walter A. Oechsler
(Lehrstuhlinhaber für Allgemeine Betriebswirtschaftslehre,
Personalwesen und Arbeitswissenschaft der Universität Mannheim)

„Wenn ich mich an der Substanz eines Unternehmens als Anteilseigner beteiligen will, dann muß ich auch das Risiko eingehen, wenn ich die Chance haben möchte, bei meiner Firma anteilige Gewinne einzufahren. Wenn ich kein Risiko tragen will, muß ich andere Formen einer indirekten Unternehmensbeteiligung wählen, deren Wirkung bei Risiko wie Ertrag erheblich eingeschränkt sind."

Das meint Prof. Dr. Walter A. Oechsler, seit 1996 Inhaber des Lehrstuhls für Personalwesen an der betriebswirtschaftlichen Fakultät der Universität Mannheim und auf diesem Sektor Nachfolger von Prof. Dr. Eduard Gaugler, der als engagierter Verfechter einer Vermögensbildung in Arbeitnehmerhand ein ermutigendes Kapitel zur deutschen Wirtschaftsgeschichte der zweiten Hälfte des 20. Jahrhunderts beigesteuert hat. Walter Oechsler weist in seinem eigenen Konzept der Personalentwicklung der Mitarbeitermotivation im Unternehmen durch die Beteiligung von Mitarbeitern eine tragende Rolle zu. Er setzt sie ebenbürtig neben Entgelt, Arbeitszeit und Qualifizierung. Dabei hebt er hervor, daß jeder dieser Bereiche als Investivfaktor der Unternehmenspolitik behandelt werden sollte. Er macht auch auf die unterschiedlichen Gründe zur Einführung vermögensbildender Maßnahmen aufmerksam, unter anderem darauf, daß beispielsweise Guski und Schneider schon in den siebziger Jahren die Möglichkeit der Kapitalbeschaffung durch Vermögensbildung als deren besonderen Anreiz dokumentiert haben. Dieser Anreiz ist natürlich auch heute noch legitim und wird häufig zum Anlaß für Mitarbeiterkapitalbeteiligungen genommen. Dieselben Autoren haben dann, wie Oechsler ebenfalls betont, ein Jahrzehnt später die Bindung der Mitarbeiter an ihr Unternehmen als meistgenannte Begründung für Beteiligungsaktivitäten ermittelt. Der Professor selbst fügt als neuere Überlegung für langfristige Beteiligungsmodelle hinzu, daß sie die Möglichkeit bieten, die immer stärker rückläufige Erwerbsarbeit zu flankieren oder zu ergänzen.

Oechsler wörtlich: „Die Beschäftigungsproblematik läßt sich langfristig bei zunehmender Beschäftigungsarmut nicht mehr über traditionelle Erwerbsarbeit auffangen. Während die Reallohnerhöhungen immer geringer wurden, hat die Kapitalverzinsung extreme Zuwachsraten." Deshalb plädiert der Mannheimer Wissenschaftler für eine Veränderung der Tarifvertragspraxis, und zwar nicht allein bezogen auf den Flächentarifvertrag und dessen Detailgenauigkeit, sondern auch im Hinblick auf dessen Struktur. „Wir haben einen Arbeitszeittarifvertrag, einen Lohntarifvertrag, einen Urlaubstarifvertrag. Wie wäre es denn, wenn wir jetzt alles einmal in einen Topf gäben? Außerdem könnte auf Tarifvertragsebene nur noch der Gesamtkomplex angesprochen werden, den man dann den Betrieben zu individueller Verteilung überläßt. Das heißt, ich delegiere auf das Unternehmen, wie es die zu verteilende Masse in ein Paket schnürt." Oechsler erläutert sein Paketbeispiel: „Das bedeutet, daß auf der Tarifvertragsebene Regelungsinhalte definiert werden, die in bestimmten – von den Tarifvertragsparteien zu bestimmenden – Bandbreiten in Pakete geschnürt werden können. Regelungsinhalte eines solchen Pakets können sein: Entgelterhöhung, Arbeitszeit, Arbeitnehmerbeteiligung, Qualifizierungsmaßnahmen etc. Die Bandbreiten regeln, inwieweit die einzelnen Bestandteile untereinander substituierbar sein können. Innerhalb dieser tarifvertraglich festgelegten Korridore können dann auf betrieblicher Ebene Paketlösungen ausgehandelt werden, die Flexibilitätsspielräume für betriebsspezifische Regelungen bieten. So kann zum Beispiel in einem krisengeschüttelten Unternehmen auf Entgelterhöhung zugunsten von Arbeitszeitverkürzung und Qualifizierungsmaßnahmen verzichtet werden. Dadurch läßt sich betriebliche Flexibilität (Paketlösung) bei tariflichem Arbeitnehmerschutz (Festlegung der Verteilungsmasse, Paketinhalte und Bandbreiten) erreichen. Die aktuellen Probleme um die 4-Tage-Woche bei *VW* oder der Wegfall des Schlechtwettergeldes im Baugewerbe erzwingen geradezu Paketlösungen, in denen Arbeitszeit (z. B. Jahresarbeitszeit im Baugewerbe) im Einklang mit Arbeitsentgelt und anderen Komponenten (Urlaub, Beteiligung, Qualifizierung etc.) geregelt werden muß." Hinzu kommt, daß der Professor dabei nicht nur an Barausschüttungen, sondern vor allem an Investivregelungen denkt. Dann könnte eine 5%ige Lohnerhöhung zum Beispiel als Mitarbeiteranteil, sozusagen als Neuanlage, im Unternehmenskapital eingebracht werden. Auch Oechsler weiß, daß derartige Überlegungen zunächst rein theoretische Erwägungen sind, denen die Entwicklung jedoch eines Tages überraschend schnell eine Praxisrelevanz verleihen könnte.

Zur Lockerung vieler starrer Vereinbarungen, die sich in manchem Unternehmensalltag schon erstickend ausgewirkt haben, empfiehlt der Professor deshalb ein „Cafeteria-Menü-Modell", mit dem neben den bekannten betrieblichen Sozialleistungen auch die von ihm favorisierten Eckwerte wie Entgelt, Arbeitszeit, Beteiligung und Qualifizierung angeboten werden können. Dabei ist durchaus daran zu denken, daß der Mitarbeiter wahlweise auch Eigenleistungen beispielsweise bei der Qualifizierung, aber natürlich auch bei der Vermögensbildung einbringen könnte. Das heißt, daß Entgelte von vornherein zu den von den Arbeitnehmern gewählten Zusatzleistungen in Beziehung gesetzt und gegebenenfalls um den Anteil, den der Mitarbeiter selbst wählt (Beteiligung, Qualifizierung etc.), gekürzt würden. Dabei übersieht Oechsler keineswegs, daß dadurch auch ein neues Bewertungsproblem geschaffen wird. Aber der Mutige scheut keine Hürde. Für Bewertungsprobleme, so meint er, finden sich immer Konventionen. Grundsätzlich empfiehlt Walter Oechsler, zur Sondierung des Terrains sowohl für das Cafeteria-Menü als auch speziell für die Einführung von Beteiligungsmodellen eine Mitarbeiterbefragung durchzuführen. Sie soll sich jedoch nicht nur einfach danach erkundigen: „Sind Sie für oder gegen eine Vermögensbeteiligung", sondern sie könnte nach Oechsler als eine Art Sonde für die Befindlichkeiten einer Belegschaft gestaltet werden. Dabei ließe sich manche grundsätzliche Bereitschaft analysieren – zum Beispiel auch jene, ein gewisses Risiko zu übernehmen. Oechsler betont dabei, daß derartige Bemühungen sorgfältig von Informationsveranstaltungen und Betriebsversammlungen begleitet werden müßten, um von vornherein alle Beteiligten in einem Boot zu haben. Vor allem aber legt er Wert auf die Feststellung, daß im Hinblick auf eine ausreichende Unterrichtung, geschweige denn für eine Animierung zur Vermögensbildung, die bisherigen Anstrengungen bei den meisten Unternehmen keineswegs ausreichen. Sie haben sich nach seinen Erfahrungen im Gegenteil als äußerst lückenhaft erwiesen und bereits von Anfang an Keime von Mißverständnissen gelegt.

Aber wenn die inzwischen äußerst vielgestalte Modellszene für vermögensbildende Maßnahmen dem Unternehmen Vorteile bringen soll, muß das natürlich erarbeitet und erläutert werden. Dabei bietet sich jedoch gleichzeitig die Möglichkeit, eine maßgeschneiderte Form für jeden Betrieb zu entwickeln. Oechsler: „Wer diese Problematik nicht erkennt, läuft Gefahr, daß sich die Mitarbeiter sagen, warum sollen wir eigentlich nicht zu unserer Bank oder Sparkasse gehen, dort können wir doch genau dasselbe haben. Eine Mitarbeiterbefragung macht zunächst einmal überhaupt auf neue Möglichkeiten aufmerksam und kann der Unternehmensleitung auch anzeigen, welche Fragestellung bei einer Einführung oder auch nur Vorstellung einer solchen Maßnahme im Falle der eigenen Belegschaft ganz besonders beachtet werden müßte."

Nach den Erfahrungen des Mannheimer Wissenschaftlers bildet die präzise Bearbeitung dieses anspruchsvollen Vorfeldes überhaupt erst die Voraussetzung, um zu einer nützlichen Betriebsvereinbarung über ein unternehmensspezifisches Modell zur Beteiligung von Mitarbeitern an ihrer Firma zu gelangen. Dabei hält er es für unverzichtbar, und die Ergebnisse großer Häuser können ihn darin bestätigen, von Anfang an den Betriebsrat in alle Gespräche einzubeziehen. Dann kann er als Vertretung der Arbeitnehmer auch unmittelbarer zum Überzeugungsinstrument für deren Beteiligung werden.

Daß mit einer Kapitalbeteiligung der Mitarbeiter auch eine Gewinnbeteiligung realisiert wird, hält Oechsler für eine zusätzliche Steuerungsmöglichkeit, die man zum Beispiel auch mit Hilfe des hier zuvor geschilderten *Cafeteria*-Modells aufbauen kann. Das heißt, wenn ein Mitarbeiter in einem Jahr eine aufwendigere Qualifizierungsmaßnahme wählt, für die er bereit ist, einen größeren Eigenanteil einzubringen, verringern sich seine Ertragsprozente entsprechend. Das gleiche gilt, wenn er dafür weitere Anteile zeichnet. Aber natürlich ist es auch denkbar, daß er zusätzliche Arbeiten und Leistungen einbringt, für die er es vorzieht, über Beteiligungspapiere (ggf. auch in bar) honoriert zu werden. Walter Oechsler hält die dafür gegebenen Möglichkeiten für nahezu unbegrenzt, und nicht wenige erfahrene Beteiligungspraktiker wie zum Beispiel Personalbereichsvorstand Heinz Fischer (*Deutsche Bank*) stimmen ihm und einem solchen Prinzip durchaus zu.

Gewisse Schwierigkeiten könnten nach Oechsler vereinzelt bei Verkaufsverhandlungen von Firmen auftreten, die über eine ausgedehnte Mitarbeiterbeteiligung verfügen. Denn vor allem ausländische Investoren sind, so meint er, häufig wenig geneigt, sich mit Mitarbeiterminoritäten auseinanderzusetzen. Dabei, so betont der Professor ebenfalls, ist der Prozentsatz von Mitarbeiterkapitalbesitz meist unter 5 % und nur in Ausnahmefällen, wie etwa lange Zeit bei *PSI* (*AG für Produkte und Systeme der Informationstechnologie*) in Berlin, höher angesiedelt. Diese „Kapitalressource aus Mitarbeiterhand" beeinträchtigt dann gelegentlich auch die Banken als eine Quelle für Fremdkapital. Umgekehrt haben Kapitalbeteiligungen von Belegschaften mehrerer Firmen auch bereits geholfen, zu Kapital zu gelangen, als es die Kreditinstitute nicht mehr zur Verfügung stellen wollten. Und an zweiter Stelle der Zurückhaltungen gegenüber Mitarbeiterbeteiligungen steht, nach Erfahrungen des Professors, auf seiten der Arbeitgeber häufig die Mitsprachemöglichkeit. Aber das läßt sich durch die Wahl der Beteiligungsform und deren Umfang steuern, so daß keine Majorisierung durch das Beteiligungskapital auftritt. Als um so wichtiger erachtet es der Mannheimer Wissenschaftler, daß sich der Staat zu fördernden Rahmenbedingungen für eine Mitarbeiterbeteiligung am Betrieb bereithält. Oechsler vertritt allerdings auch die Meinung, daß die deutliche Zurückhaltung, die Vermögensbildung in Arbeitnehmerhand zu verzeichnen hat, vor allem als Mentalitätsproblem erklärt werden müsse. Denn ganz im Gegensatz zu den USA, die der Professor durch wiederholte Studienaufenthalte kennt, beharrt der einzelne auf der ihm sicheren Einnahmequelle, die in keinem Fall verändert werden darf, so daß eine Beteiligungsbereitschaft bisher gering war. Unter diesem Aspekt erwähnt Walter Oechsler auch den deutschen öffentlichen Dienst, für den im Sinne einer Gleichbehandlung andere Formen einer zusätzlichen Beteiligung gefunden werden müßten, aber auch könnten. Er erinnert in diesem Zusammenhang an das Prinzip der Genossenschaften, die man einerseits als eine Art Vorgängervariation von Mitarbeitervermögensbildung betrachten, andererseits aber auch als Basis für neue Modellentwicklungen nutzen kann.

Da Beteiligungsmodelle obendrein eine langfristig strategische Wirkung ausüben können, hält sie der Mannheimer Wissenschaftler auch im Interesse der Volkswirtschaft für wichtig; und das nicht zuletzt in Zeiten einer bedrohlichen Arbeitslosigkeit. Oechsler betont: „Den einzigen Ausweg aus dieser Beschäftigungskrise sehe ich seit geraumer Zeit vor allem in der Beteiligung von Mitarbeitern am Kapitalvermögen, um die rückläufige klassische Erwerbsarbeit durch Kapitalerträge wenigstens teilweise zu kompensieren."

Durch Mitarbeiterbeteiligung überleben

Gespräch mit Michael Lezius
(Geschäftsführer der Arbeitsgemeinschaft zur Förderung der
Partnerschaft in der Wirtschaft e. V., AGP)

„Es gab in der Wirtschaft schon immer Krisenzeiten, in denen man sich um neue Strukturen bemüht hat. Sie wurden, wie zum Beispiel Ende der sechziger bis Mitte der siebziger Jahre, von neuen Wachstumsphasen überdeckt, die einen grundlegenden Strukturwandel dann wieder hinausgeschoben haben." Das meint Michael Lezius, wenn er auf die Entwicklung der Vermögensbildung in Arbeitnehmerhand zurückblickt.

Dabei denkt er insbesondere an deren Anfänge, als sich Pioniere einer Vermögensbildung in Arbeitnehmerhand wie Carl Backhaus, Klaus Hoppmann, Reinhard Mohn oder Philip Rosenthal mit Energie und Risikobereitschaft in diesem weiten Feld einen Namen zu machen begannen. Er hat auch die Irrungen und Wirrungen des umstrittenen *Photo-Porst*-Modells miterlebt, und er weiß, daß die von Backhaus geleitete *Firma Behrens* in Ahrensburg bei Hamburg 1970 eines der Unternehmen gewesen ist, das sich mit dem Thema einer Beteiligung und Mitsprache ihrer Mitarbeiter befaßt hat. „Diese *Firma Behrens* hat damals in Deutschland wie ein Leuchtturm in Sachen *Partnerschaft* geleuchtet." Lezius' Grundsatz lautet: „Erst die Kombination der materiellen und der immateriellen Mitarbeiterbeteiligung ist der Garant für eine gute Partnerschaft." Ein Wort, das in dieser Pionierzeit der Mitarbeiterbeteiligung entstanden ist.

Heute ist sich der Mann, der für das Medium *Vermögensbeteiligung* in Deutschland eine Institution wurde, natürlich auch darüber im klaren: „In der Zwischenzeit hat sich mein Blickfeld selbstverständlich erweitert, ich kenne eine Vielzahl von Unternehmen, die eine Mitarbeiterbeteiligung praktizieren, ich kenne ihre Vorzüge wie ihre

Grenzen und verfüge naturgemäß über sehr viel mehr Erfahrung als damals, als ich mich vor 27 Jahren noch als Student der Vermögensbildung in Arbeitnehmerhand verschrieben habe." In der Zwischenzeit zählt die von ihm betreute *Arbeitsgemeinschaft zur Förderung der Partnerschaft in der Wirtschaft (AGP)* etwa 500 Mitglieder – Firmen, die ihre Mitarbeiter in verschiedenster Form an Gewinn oder Kapital beteiligen. Allein 100 davon haben ihren Sitz in den neuen Bundesländern.

Lezius konnte auch feststellen, daß etwa die Hälfte der deutschen Partnerschaftsmodelle „im Nachgang nach den 68er Studentenunruhen entstanden ist". Möglicherweise war das auch einer der Gründe dafür, daß Mitarbeiterbeteiligung in den Anfängen ihrer Entwicklung nach 1950 nicht selten unter „Sozialleistungen" abgelegt wurden. Michael Lezius faßt zusammen: „Die Diskussion um den gerechteren Lohn hatten wir ja schon in den fünfziger Jahren, in den Sechzigern kam dann das erste Vermögensbildungsgesetz, das vorsah, vermögenswirksame Leistungen mit einer Arbeitnehmer-Sparzulage zu versehen und den Investitionen zuzuschreiben. In den Siebzigern wurde wieder stärker gesellschaftspolitisch reagiert, und in den Achtzigern ging es um die wirtschaftspolitische Orientierung der Mitarbeiterbeteiligung. Jetzt in den neunziger Jahren hat das Überleben der Unternehmen Vorrang, und auf der anderen Seite hat sich ein völlig neues Verständnis von Co-Management ergeben, das sich bereits aus betriebswirtschaftlichen Erkenntnissen heraus einstellen mußte. Genau wie in den USA, die ja bereits etwa 10 000 Betriebe haben, in denen Besitz wie Leitung zu 51–100 % in den Händen der Mitarbeiter liegen. Das ist die Basis des berühmten amerikanischen Arbeitnehmer-Kapitalismus. Dort gilt es als ganz normal, daß Mitarbeiter mit 30 000 oder auch 50 000 Dollar an ihrem Unternehmen beteiligt sind und daß mancher am Ende seines Arbeitslebens sogar mehr als 200 000 Dollar in seinem Unternehmen stehen hat. Bei uns gilt das noch als Ausnahme. „Aber nur dann, wenn unsere Mitarbeiter auch Mitunternehmer werden, können wir global wettbewerbsfähig bleiben", so Lezius.

Der AGP-Geschäftsführer sieht in dem Jahr 1984, in dem das erste Vermögensbeteiligungsgesetz erlassen wurde, einen Höhepunkt für die Entstehung von Partnerschaftsmodellen. In den darauf folgenden Jahren konnten alljährlich bis zu 150 Firmen mit neuen Beteiligungsformen für Mitarbeiter verzeichnet werden. Zuvor hatten sich auf der Basis der Vermögensbildungsregelungen von 1961 und 1965 kaum mehr als 30–40 entsprechende neue Modelle ergeben. Später spielte dann die Wiedervereinigung eine große Rolle bei der Entwicklung von Partnerschaftsmodellen. In den neuen Bundesländern entstanden fast 3 000 Betriebe durch sogenannte *„Management-Buy-outs"* (*MBO*, Firmenübernahme durch die Führungskräfte), und 500 von ihnen praktizierten obendrein eine Beteiligung ihrer Mitarbeiter am Firmenkapital. Eine Entwicklung, die von der *AGP* nachhaltig unterstützt worden ist und ihr zahlreiche Mitglieder zugeführt hat. Doch mittlerweile sind in Ostdeutschland nur noch 2 500 *MBOs* mit 500 Mitarbeiterbeteiligungen übriggeblieben. „Wenn wir eine offensivere Politik betrieben hätten", meint Lezius heute, „dann wäre fast das Zehnfache an Partnerschaftsfirmen denkbar." Er bezeichnet Mitarbeiterbeteiligungsmodelle sogar als „Exportartikel Nr. 1" aus den neuen Bundesländern. Seine These: Mit der Wende ist die Wirtschaft von einem neuen Gedankengut berührt worden. Das beweist nicht zuletzt die in den neunziger Jahren neue Diskussion um Mitarbeiterbeteiligung und Investivlohn. Er erläutert: „Ich habe immer gesagt, daß im Falle einer Wiedervereinigung partnerschaftliches Denken die Grundlage eines neuen Wirtschaftssystems bilden sollte. Wir haben im Westen ja oft genug noch eine Art ideologischer Abneigung gegen die Mitarbeiterbeteiligung. Wenn uns aber die Ostdeutschen jetzt vormachen, daß man in der Not mit der Mitarbeiterkapitalbeteiligung besser überleben kann, dann dürften auch wir in Westdeutschland daraus lernen und noch vorhandene emotionale Hemmnisse beseitigen."

Michael Lezius hebt damit nicht zuletzt auf das Beispiel des Freistaates Sachsen ab, wo Firmen, die eine Mitarbeiterbeteiligung praktizieren, seit Juli 97 im Rahmen der „Gemeinschaftsabgabe Ost" gefördert werden. Trotzdem sieht der *AGP*-Vertreter die Funktion des Staates in Sachen *Vermögensbildung in Arbeitnehmerhand* durchaus nicht als vorrangiges, wohl aber als stützendes Element an: „Die Funktion des Staates sollte bei der Vermögensbildung in Arbeitnehmerhand nicht die des Steuernden, des Bestimmenden, sondern des

Ermöglichenden sein. Es ist wichtig, daß der Staat Rahmenbedingungen anbietet, die individuelle Gestaltungsmöglichkeiten erschließen. Das heißt, es ist auch wichtig, daß die Tarifvertragspartner entsprechende neue Rahmenbedingungen schaffen, daß die Betriebe Einzelmodelle kreieren, daß sich Kommunen, Wohlfahrtsorganisationen und Verbände mit der Mitarbeiterbeteiligung befassen und daß wir in Deutschland alle Kräfte bündeln, um dieses mitunternehmerische Denken auf breiter Basis zu entwickeln; dafür aber bedarf es eben investitionsfreundlicher Bedingungen."

Dabei genügen allerdings nicht nur vereinzelte, kleine Reformen, sondern es muß gleichzeitig bundesweite Reformansätze geben. In diesem Zusammenhang verweist Lezius auf Frankreich, wo 5 % der gesamten Entgeltbeträge steuerfrei im Unternehmen angelegt werden können, während eine solche Anlage in Deutschland auf 300 DM gesenkt wurde. Eine Tatsache, zu deren Erläuterung der *AGP*-Mann die hübsche Anekdote einstreut: „In Gesprächen mit Betriebsräten werde ich häufig gefragt: Ja, Herr Lezius, Sie meinen doch gewiß 300 DM Steuerfreiheit pro Monat. Wer dann vernimmt, daß es sich dabei um einen Jahresbetrag handelt, wird als potentieller Beteiligungsmodelleur natürlich nicht vom Hocker gerissen." Demgegenüber stehen 6 100 DM (12 200 DM für Verheiratete) als Freibetrag für Erträge aus Einkommen aus Kapitalvermögen zur Verfügung, die auch dem Mitarbeitergesellschafter zugute kommen. Es wäre gut, meint der AGP-Mann, auch für diejenigen, die dieses begünstigte Vermögen aufbringen, ähnliche Anreize zu schaffen. Mit den geplanten neuen Einkommensgrenzen von 35 000 bzw. 70 000 DM werden beim neuen Vermögensbildungsgesetz wieder enge Grenzen gezogen.

Lezius wörtlich: „Wir müssen bei den Einkommen aus unselbständiger Tätigkeit bessere Rahmenbedingungen haben. Wir schlagen vor, den Freibetrag nach § 19a EStG von 300 DM auf 3 000 DM zu erhöhen. Und wenn das zu anspruchsvoll sein sollte, plädieren wir für die Gleichbehandlung von Direktversicherungen mit der Mitarbeiterkapitalbeteiligung im Rahmen von § 40b EStG, so daß p.a. 3 408 DM mit 20 % Pauschalversteuerung durch Unternehmen und Mitarbeiter im Rahmen des Investivlohns genutzt werden könnten.

Dann würden die Tarifvertragsparteien gewiß mit einsteigen und die Mitarbeiterbeteiligung tariflich fixieren, denn dann könnte ein Mitarbeiter in 10 Jahren 40 000 DM im Betrieb anlegen, und das wäre ein Weg in die richtige Richtung. Daß es sich dabei trotzdem stets um eine freiwillige Entscheidung der einzelnen Betriebe handeln muß, ist selbstverständlich." Auch in diesem Zusammenhang verweist Lezius auf die Wirtschaftsförderung der Bundesländer, insonderheit wieder auf den Freistaat Sachsen und die ersten Ansätze zur Wirtschaftsförderung von Mitarbeiterkapital. Der *AGP*-Mann glaubt, damit die Anerkennung von Belegschaften als unternehmerische Funktionseinheiten bewirken zu können, weil auch Arbeitnehmer dadurch ein Anrecht auf Investitionszulagen erwerben würden, wie sie bisher nur Investoren erhalten.

Mit Blick auf die Zukunft zeigt sich Lezius zuversichtlich, daß durch die sogenannte „Neujustierung der Tarifpolitik" eine Verlagerung auf die Betriebe stattfindet, so daß die Unternehmen vor Ort größere Freiräume zugesprochen erhalten. Gleichzeitig bemerkt er, daß neben der Mitarbeiterbeteiligung und dem Investivlohn die Arbeitszeitflexibilisierungen einschließlich Weiterbildungs- und Vorruhestandskonten im Rahmen der betrieblichen Bündnisse für Arbeit einen breiteren Raum einnehmen müssen. Auf diesem Weg hofft er auf eine größere kreative Beteiligung des einzelnen an der Entwicklung der gesamten Szene.

Lezius sieht das so: „Jeder Betrieb, jede Organisation muß sich eine eigene unverwechselbare Unternehmenskultur schaffen; erstrebte Leistungen wird es nicht mehr zusätzlich, sondern stets nur ‚anstelle' oder alternativ geben, also im Sinne eines Lohnkorridors, der es ermöglicht, wie in den Verträgen der *IG BCE* zwischen 90 und 110 % eines Vertragswertes zu realisieren." Wichtigster Faktor der Mitarbeiterbeteiligung ist für den *AGP*-Geschäftsführer die erwiesenermaßen bessere, sprich sicherere Überlebensfähigkeit jener Betriebe, die Modelle für Vermögensbildung in Arbeitnehmerhand praktizieren. „Wenn Mitarbeiter auch unternehmerisch denken lernen, werden Produktivitätsreserven freigesetzt, die Arbeitsplätze können sowohl gesichert als auch neu geschaffen werden, das Eigenkapital wird verbessert, die Rentensituation kann sich günstiger

gestalten, eine neue Unternehmenskultur vermag auch neue lohn-
politische Initiativen zu erschließen. Die Mitarbeiterbeteiligung ist
aus meiner Sicht überhaupt ein Königsweg in die Zukunft."

Um diesen Weg auch erfolgversprechend zu beschreiten, empfiehlt
Lezius, Personal- und Organisationsentwicklungen einzuführen, die
auch die immateriellen Werte erfassen, auf deren Basis die materielle Beteiligung eine besonders erfolgversprechende Entwicklung
haben kann. Denn materielle Beteiligung entfaltet nur dann ihre
volle Wirkung, wenn sie von einer entsprechend kommunikativen
Organisationskultur getragen wird. Deshalb brauchen wir unterschiedliche Beteiligungsformen für unterschiedliche Unternehmen –
sowohl stille Beteiligungen als auch (wie neuerdings in der Bundesrepublik immer mehr verbreitet) sogenannte *Stock Options*, die
künftig sogar für den Mittelstand realisiert werden sollen. In
Deutschland könnten 600 000 Gesellschaften mit beschränkter Haftung und 3 500 Aktiengesellschaften ein neues flexibles Netz von
Mitarbeiterbeteiligungsformen bilden, das auch der Volkswirtschaft
zugute kommt.

Als Voraussetzung für eine raschere Verbreitung der Mitarbeiterbeteiligung in deutschen Betrieben sieht Lezius – und damit stimmt er
mit den Gewerkschaften überein – eine Absicherung des Risikos der
Mitarbeitereinsätze. Er setzt dabei auf Landesbürgschaften und die
Übernahme von Teilrisiken durch die Firmen (über Grundschulden
und Warenvorräte). „Weil die Renten ins Gerede gekommen sind",
so die Stimme der *AGP*, „wird auch das Mitarbeiterkapital von
vielen als Altersversorgung und als Absicherung für die Familie betrachtet." An dieser Stelle betont *AGP*-Mann Michael Lezius:

„Wir haben zur Zeit in Deutschland eine ganz besonders interessante und aufsehenerregende Entwicklung, nämlich die Arbeitszeitflexibilisierung, mit der Mitarbeiterkapitalbeteiligung in Verbindung
zu bringen. Neben dem *VW*-Modell des Arbeitszeit-Wertpapiers
gibt es bereits 5 Firmen, die beides miteinander verbinden (siehe
Einführung). Wenn Arbeitszeitguthaben von einem bestimmten
Geldwert, zum Beispiel von einem oder mehreren Jahreseinkommen, im Unternehmen stehen, kann man diese sozusagen kapitali-

sieren und als Mitarbeiterkapital dem Unternehmenskapital hinzu-
fügen. Das würde gleichzeitig bedeuten, daß sich der Mitarbeiter
durchaus bargeldlos und ausschließlich durch seiner Hände Arbeit
an der Firma zu beteiligen vermag. Eine ganz neue Entwicklung, die
auch von dem Tarifvertrag der *IG Metall* zur Altersteilzeit begünstigt
wird. Falsche Formen einer Fondsbildung für Mitarbeiterbeteiligungen, die einseitig von Gewerkschaftsseite dominiert werden, könnten dagegen der Gesamtentwicklung nur schaden."

Michael Lezius: „Ich bin optimistisch, daß unsere *AGP*-Arbeit in
den kommenden Jahren auf breiter Basis einen Niederschlag findet.
Bis zur Wende zum dritten Jahrtausend werden wir verstärkt Mit-
arbeiter-Kapitalbeteiligungsmodelle erhalten, und die Saat, die die
Arbeitsgemeinschaft Partnerschaft in der Wirtschaft vor einem halben
Jahrhundert ausgelegt hat, wird dann zur Ernte kommen können.
Ich bin sicher, daß im Jahr 2010 jeder zweite Arbeitnehmer in
Deutschland auch einen Kapitalbeteiligungsanteil an seinem arbeit-
gebenden Unternehmen haben wird."

Teil II

Innovative Mitarbeiterbeteiligung in der Unternehmenspraxis

Mitarbeiterkapital sichert Firmenexistenz

*AUCOTEAM – Ingenieurgesellschaft für Automatisierungs-
und Computertechnik mbH,* Berlin

Die Geschichte der Firma *AUCOTEAM GmbH* beginnt im April
1991. Damals übernahm ihr heutiger Mitgesellschafter und Geschäftsführer Dr. Peter Schmidt das Forschungszentrum des *Elektro-
Apparate-Werks Berlin* als selbständiges Unternehmen. Es gehörte
zu Beginn der neunziger Jahre zu jenen 2700 mittelständischen
Firmen, die sich als sogenannte *Buy-outs* aus alten, meist schwer an-
geschlagenen Unternehmen mit Hilfe einer Neufinanzierung durch
ihre Mitarbeiter gebildet hatten. Die Mitarbeiterbeteiligung war also
quasi bereits der Anfang der Firmengeschichte dieser *Newcomer.*
Daß von ihnen nur knapp die Hälfte überlebt hat, liegt jedoch nicht
an mangelndem Einsatz ihrer neuen Firmenleitungen, sondern zu
einem sehr großen Teil an den unvorstellbaren Schwierigkeiten, die
die *Treuhandanstalt,* die staatlich eingesetzte Privatisierungsinstitu-
tion für die ostdeutsche Wirtschaft, gerade diesen Betrieben bereitet
hat. Sie mußten Nachforderungen für zu günstig erworbene Grund-
stücke und Strafen für zu viele Mitarbeiterentlassungen zahlen. Daß
es sich in vielen Fällen um Überlebensfragen und nicht immer um
gewissenlose Unternehmensverkäufe handelte, hat die Beauftragten
der Privatisierungsbehörde in der Regel nicht beeindruckt. Peter
Schmidt gelang es, sein neues Unternehmensschiff auf Kurs zu bringen und in zähen Verhandlungen die strangulierenden Strafzahlun-
gen an die Treuhand zu verringern.

Über den Beginn berichtet die mitbeteiligte heutige Leiterin des
Personalwesens, Margrit Balschukat: „Konkret sah das so aus: An
den Ausgängen und in der Firmenwandzeitung wurden Informationen angebracht, die alle Mitarbeiter von der Neugründung unter-
richteten und dazu aufriefen, sich mit einer Mindestbeteiligung von
ca. 10 000,– DM als künftiger Gesellschafter einzubringen. Es waren
meist langjährige Mitarbeiter, die sich nach langen Gesprächen bereit
zeigten, in die neue Gesellschaft *AUCOTEAM* einzutreten. Mit 36
Gründungsgesellschaftern wurde am 30. April 1991 der Gesellschafts-

vertrag abgeschlossen, und die Eintragung ins Handelsregister erfolgte am 19.6.1991."

In den 5 Jahren seit ihrer Gründung ist aus der *AUCOTEAM* ein kapazitätsstarker Dienstleister geworden, der mit Automatisierungsanlagen, Software und Systemintegration für Umwelt, Industrie, Wohnungsbau sowie Behörden und Verwaltungen arbeitet. Mit einem seit der Gründung fast kontinuierlichen jährlichen Wachstum bis zu 25 % und von 1994 auf 1995 um 35 % wurde der Umsatz bereits 1995 fast verdoppelt. Die Wertschöpfung pro Mitarbeiter ist nach Angaben der Geschäftsleitung ebenfalls deutlich gewachsen, und ihre hohe Motivation wird heute als einer der entscheidenden Erfolgsfaktoren von *AUCOTEAM* bezeichnet.

Daß 79 % der 160 Mitarbeiter einen Hoch- oder Fachschulabschluß besitzen, trägt dazu bei, daß sich die Auftragsentwicklung zunehmend auf den Forschungs- und Entwicklungssektor konzentriert hat. Nur 20 % der Belegschaft sind Facharbeiter, und nur 1 % wird als „ohne Qualifikation" angegeben. Das inzwischen auf 1,6 Millionen DM fixierte Stammkapital wird zu 75 % von den 5 geschäftsführenden Gesellschaftern gehalten; die restlichen Anteile gehören 25 % der Belegschaftsmitglieder. Insgesamt zählt die Firma 45 Mitarbeiter-Gesellschafter. Die Mehrzahl der Teilhaber ist mit 1 000,– DM bis mehreren zehntausend Mark am Unternehmen beteiligt. Das Beteiligungsmodell selbst setzt sich aus 4 Komponenten zusammen: Die Mitarbeiter haben sich als Gesellschafter der Firma auch über ihre Stammeinlage hinaus in unterschiedlicher Höhe mit finanziellen Darlehen engagiert. Es gibt auch heute noch neue Anträge für neue Beteiligungsmöglichkeiten. Die Entscheidung darüber ist jedoch mehrheitlich von der Zustimmung der Gesellschafter abhängig, die zunächst keine weiteren Bewerber zugelassen haben, da eine weitere Erhöhung des Stammkapitals nicht ganz ausgeschlossen wird.

In der *AUCOTEAM*-Beteiligungsbroschüre wird erläutert: „Die Mitarbeiter haben dem Unternehmen zu unterschiedlichen Zeiten, in unterschiedlicher Höhe und mit unterschiedlicher Laufzeit Darlehen gewährt, die von *AUCOTEAM* entsprechend verzinst werden.

Eine Mindesthöhe für diese Darlehen war dabei nicht festgelegt und ist auch für die Zukunft nicht beabsichtigt."

Diese von 75 % der Belegschaft dem Unternehmen gewährten Mitarbeiterdarlehen haben dazu beigetragen, den Liquiditätsengpaß zu überwinden, der 1992 durch die Verzögerung der Vertragsverhandlungen durch die Treuhand über den Verkauf des Altgrundstücks entstanden war. Damals ist übrigens keine Bank bereit gewesen, vor Abschluß des Kaufvertrages mit *AUCOTEAM* zusammenzuarbeiten.

Außerdem ist in dem Unternehmen gemeinsam mit dem Betriebsrat 1995 ein erfolgsabhängiges Entgeltmodell eingeführt worden. Danach sind ausgehend von einem Grundgehalt für Mitarbeiter Steigerungen bis zu 15 % und für Führungskräfte bis zu 20 % möglich. Die Bemessungsgrundlage ist jeweils das kumulative Betriebsergebnis. Der Betriebsrat sieht darin auch eine Möglichkeit, die in dem offiziell nicht tarifgebundenen Unternehmen unter dem Branchentarif liegenden Entgelte auszugleichen. Darüber ist im Juli 96 eine Betriebsvereinbarung getroffen worden. Danach können zeitweise auch, je nachdem, ob der Mitarbeiter damit einverstanden ist, Lohnanteile intensivlohnähnlich einbehalten werden.

Die Mitarbeiterbeteiligungsbroschüre des Hauses hält ferner fest: „Mit der Stammkapitalerhöhung Ende 1995 wurde der Eigenfinanzierungsgrad von 1,7 % im Jahre 1994 auf 8,7 % erhöht. Gleichzeitig stieg der Anteil der nichtgeschäftsführenden Gesellschafter am stimmberechtigten Kapital auf 25 %. Es ist das Ziel des Unternehmens, den Kapitalanteil der nichtgeschäftsführenden Gesellschafter auf 40 % zu erhöhen."

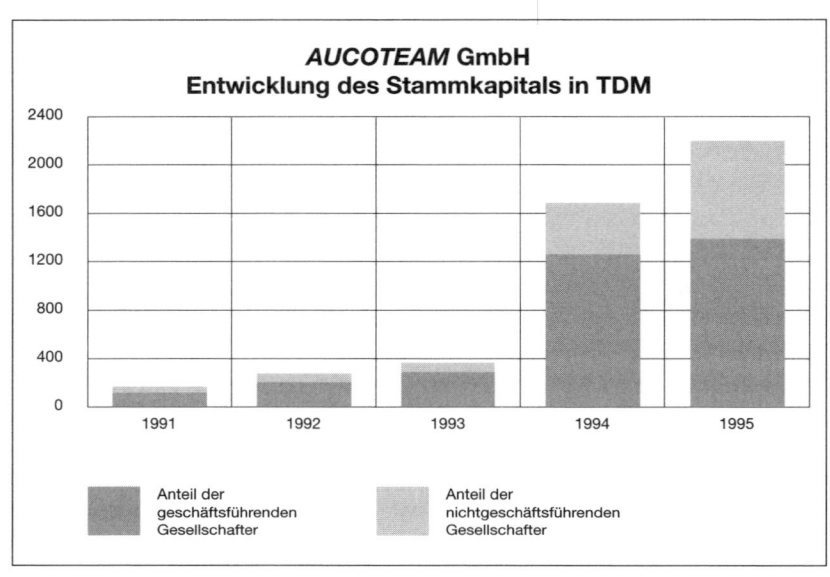

AUCOTEAM GmbH
Entwicklung des Stammkapitals in TDM

Anteil der geschäftsführenden Gesellschafter

Anteil der nichtgeschäftsführenden Gesellschafter

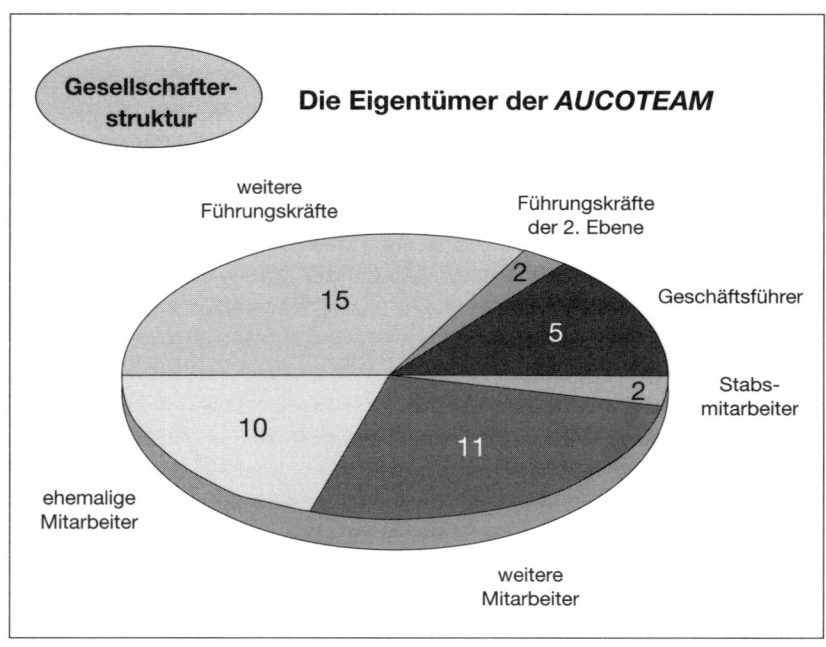

Gesellschafter-struktur

Die Eigentümer der AUCOTEAM

weitere Führungskräfte

Führungskräfte der 2. Ebene

Geschäftsführer

Stabs-mitarbeiter

ehemalige Mitarbeiter

weitere Mitarbeiter

Genußschein-Partner werden Erfolgsfaktoren

Bertelsmann AG, Gütersloh

„In der Bundesrepublik Deutschland hat der Staat mit der Einführung der sozialen Marktwirtschaft den politischen Rahmen für ein ordnungspolitisches Leitbild gesetzt. Dieser Rahmen sichert die Freiheit des einzelnen Menschen und schützt sein Eigentum. Eine Vermögensbildung der Arbeitnehmer wird als wichtiger Baustein der Verwirklichung der sozialen Marktwirtschaft angesehen. Über die Gewinn- und Kapitalbeteiligung werden die Arbeitnehmer verstärkt in diesen Ordnungsrahmen einbezogen. Ihre persönliche Interessenlage verbindet sich deutlicher mit dem Erfolg des Unternehmens."

So Reinhard Mohn, der Mann, der für die heutige Weltbedeutung Bertelsmanns als führendes internationales Medienhaus den Grundstein legte und der zu einem der führenden Anwälte für die Vermögensbildung in Arbeitnehmerhand geworden ist. Als er 1970 noch persönlich das erste Modell für die Gewinnbeteiligung seiner Mitarbeiter präsentierte, geschah das in einem besonders starken Wachstumsjahr für Bertelsmann, aber noch vor der Ausdehnung des ursprünglichen Verlages und auch seiner regionalen Gebäudekomplexe. Im historischen Verlagsgebäude in Bahnhofsnähe von Gütersloh, jener Westfalenstadt, die noch immer weniger bekannt ist als ihr größter Steuerzahler, empfing er als Hausherr die deutsche Presse, und Kritiker wie Befürworter seines von vielen als zu wagemutig bezeichneten Schrittes hielten sich die Waage. Mittlerweile hat sich die erste Form der Gewinnbeteiligung – sie bestand auch bei Bertelsmann aus dem nach einer Vorabverzinsung hälftig geteilten Gewinn, der entgeltbezogen aufgeteilt wurde – zu einer Genußscheinvergabe von bankähnlichen Ausmaßen entwickelt.

Zu dieser Entwicklung hat die Verfolgung des Prinzips „Erfolg durch Partnerschaft" entscheidend beigetragen. Seine Konzeption sieht vor: Das Ziel des Unternehmens ist es, Leistungsbeiträge für die Gesellschaft zu erbringen. Dazu gehören sowohl attraktive Produkte und Dienstleistungen als auch eine motivierende und gerechte

Arbeitswelt und natürlich eine angemessene Verzinsung des eingesetzten Kapitals. Als Grundverständnis wird bezeichnet: daß der Partner dann zu voller Entfaltung seiner Initiative motiviert wird, wenn er auch als Partner anerkannt ist; daß sich Mitarbeiter, Führung und Aktionäre als Arbeits- sprich Interessengemeinschaft verstehen, die den Unternehmenszielen entsprechen wollen; und die Überzeugung, daß Partnerschaft sowohl Effizienz als auch Menschlichkeit am Arbeitsplatz befördern kann. Dabei gelten als sog. „Leitideen":

1. das Konzept der unternehmerischen Führung und Organisation
2. die Philosophie der partnerschaftlichen Führung
3. die Gewinn- und Kapitalbeteiligung.

Bertelsmann hatte 10 Jahre nach der Modelleinführung seinen Mitarbeitern zusätzlich eine Zeichnung von Genußrechten angeboten, und zwar ohne Firmenzuschuß. Voraussetzung war die Zustimmung der Zeichner dieser stimmrechtslosen Kapitalanlage, daß die Bertelsmann Treuhand und Anlagegesellschaft BTA ihre Anteile verwaltete und deren Rechte vertritt. Schon bald nach Ausgabe der ersten Genußrechte ist Bertelsmann damit an die Börse gegangen. Auf Anhieb hatten ca. 4 000 Mitarbeiter, und zwar jetzt aus dem Inland wie aus dem Ausland, etwa 100 Millionen DM Genußkapital gezeichnet, das in den Folgejahren mit 15 % p.a. verzinst worden ist, und heute heißt es: Bis 1997 entstanden mehr als 900 Millionen DM Genußkapital, und inkl. einer Sonderzeichnung für Mitarbeiter und einer Kapitalmarktemission von 1989 bildet das gesamte Genußkapital inzwischen mit 1,3 Milliarden DM ca. 40 % des Konzerneigenkapitals.

Die Mitarbeiter sind also auch als Kapitalgeber zu einer festen Größe des Hauses Bertelsmann geworden und realisieren damit die Zielvorstellungen von Reinhard Mohn auf eindrucksvolle Weise. Denn für sie ist die Gewinnbeteiligung, so wie es regelmäßig durchgeführte Mitarbeiterbefragungen laufend erkennbar machen, eine der wichtigsten Zusatzleistungen des Unternehmens geworden. Zu den derzeitigen Genußscheinbedingungen gehören u.a. folgende Bestimmungen: Die Genußscheine lauten auf den Inhaber. Der

Grundbetrag der Genußscheine beträgt 100 DM. Die Genußscheine gewähren einen dem Gewinnanteil der Aktionäre vorgehenden Gewinnanspruch. Der Gewinn der Genußscheine richtet sich nach der Gesamtkapitalrendite der Gesellschaft und ihrer in- und ausländischen Konzernunternehmen. Bei einer Gesamtkapitalrendite zwischen 12 und 16 % beträgt der Gewinnanteil der Genußscheine 15 % des Grundbetrages. Im Falle einer negativen Gesamtkapitalrendite wird der Verlust bei den Genußscheinen durch den Prozentsatz bestimmt, den der Anteil der Kapitaleinbuße am Grundbetrag ausmacht. Ein Verlust, der auf das Genußkapital entfällt, ist gesondert auszuweisen und durch Gewinnanteile der Folgejahre auszugleichen. Neue Genußscheine mit den gleichen Bedingungen dürfen nicht für einen geringeren Betrag als den Grundbetrag ausgegeben werden. Die in diesen Genußscheinen verbrieften Rechte können nur mit Zustimmung einer Versammlung der Genußscheininhaber geändert werden.

Die Änderung von Genußscheinbedingungen ist angenommen, wenn 75 % der abgegebenen Stimmen ihr zustimmen. Je 100 DM Grundbetrag gewähren eine Stimme. Die Gesellschaft kann den Genußschein nicht kündigen. Der Inhaber kann den Genußschein kündigen, erstmals zum 30.6.2017, danach zum Ende jedes 5. Geschäftsjahres, Kündigungsfrist 2 Jahre. Ein Mitarbeiter mit mittlerem Einkommen, der seit 1970 bei der Gewinnbeteiligung mitgemacht und seine Anteile stehengelassen hat, besitzt inzwischen ein Genußscheindepot mit einem Nominalbetrag von 52 000 DM. Beim gegenwärtigen Kurs von ca. 200 % ergibt sich ein Wert von 104 000 DM plus der seit 1970 ausgeschütteten Zinsen von insgesamt 99 000 DM. Also ein Guthaben von mehr als 200 000 DM. Für das Unternehmen Bertelsmann entstanden auf diese Weise bereits bis 1995 mehr als 800 Millionen DM Genußkapital.

Im Hause Bertelsmann zieht man aus dieser Entwicklung das Fazit: „Unser Beteiligungsmodell hat einen wesentlichen Beitrag zu Stabilität, Leistungsfähigkeit und Kontinuität des Unternehmens erbracht. Gewinn- und Kapitalbeteiligung ist ein wichtiger Bestandteil der Unternehmenskultur bei Bertelsmann und eine entscheidende Voraussetzung für die Evolutionsfähigkeit des Unternehmens. In

einer Zeit, in der Flexibilität, Innovationsfähigkeit, Reaktionsge-
schwindigkeit sowie Kreativität aller im Unternehmen Tätigen und
damit die Kooperation von Kapital, Führung und Mitarbeitern zur
entscheidenden Voraussetzung für den Erfolg geworden ist, sollte
dieses Modell auch andere Unternehmen zum Nachdenken anregen."

*

Stellungnahme des Leiters der Abt. Gewinnbeteiligung und Vermögensbildung im Vorstandsstab Personal der Bertelsmann AG, Gerd
Mark:
„Unternehmen, die von ihren Mitarbeitern eine hohe Leistungsmotivation erwarten, die eine Identifikation mit den Unternehmenszielen erreichen wollen, und zu deren Führungsprinzipien die Delegation von Aufgaben, Kompetenz und Verantwortung gehört, müssen
die Mitarbeiter konsequenterweise am Erfolg teilhaben lassen. Dabei ist es wichtig, den Zusammenhang zwischen der erbrachten Leistung der Mitarbeiter, dem Unternehmensgewinn und der Erfolgsbeteiligung transparent zu machen. Die im Laufe der Jahre unver-
meidlichen Schwankungen in der Beteiligungshöhe – bei Bertelsmann immerhin zwischen 20 % und 200 % eines Monatseinkom-
mens – schärfen das Bewußtsein dafür, daß Gewinne erarbeitet werden müssen und dem Unternehmen nicht in den Schoß fallen. Über
die erfolgsabhängige Beteiligung wird eine gewisse Flexibilisierung
von Personalkosten erreicht, die sich im Personalsektor sonst kaum
erreichen läßt, ohne daß die Existenz von Arbeitsplätzen gefährdet
wird. Dem seit Jahren diskutierten tarifvertraglichen Investivlohn
fehlt diese nötige Komponente der Flexibilisierung von Arbeitsko-
sten. Wer als Unternehmer seine Mitarbeiter am Unternehmenserfolg und idealerweise auch am Unternehmenskapital beteiligt, kann
mit hochmotivierten und am Firmengeschehen stark interessierten
Mitarbeitern rechnen. Zunehmendes Verständnis für wirtschaftliche
Zusammenhänge führt auch zu höheren Anforderungen an das Management, laufende und geplante Geschäftsentwicklungen zu erläu-
tern und dazu Stellung zu beziehen. Der so ausgelöste kritisch-kon-
struktive Dialog zwischen Führung und Mitarbeitern bewirkt wiederum Motivation und Verantwortungsbewußtsein. Das kann den
Erfolg des Unternehmens nur verbessern."

82

Konzernbetriebsrat Erich Ruppik

„Für die einen ist Gewinnbeteiligung ein Anreiz zu mehr Leistung, sozusagen der Akkordlohn auf Unternehmensebene. Für andere ist sie ein Ausdruck von Gerechtigkeit: Was Kapital und Arbeit zusammen erwirtschaftet haben, wird am Ende geteilt. Für uns bei Bertelsmann sind die beiden Betrachtungsweisen kein Gegensatz. Partnerschaft ist Leistung und Menschlichkeit, ist Anreizsystem und materielle Gerechtigkeit. Zum partnerschaftlichen Gleichgewicht in der Gewinnbeteiligung gehört auch, daß sie als Solidargemeinschaft der einbezogenen Firmen konstruiert ist. Es zählt der gemeinsame Erfolg, nicht nur der des eigenen Profitcenters."

Sami Ates, Hauspost Verlagsgruppe, Betriebsratsmitglied:

„Toll, daß Bertelsmann den Gewinn mit uns teilt. Das stärkt das Gefühl, an einer gemeinsamen Sache zu arbeiten."

Jürgen Nienaber, BMG Ariola München:

„Die Gewinnbeteiligung ist viel mehr als ein bloßer Besitzstand. Ich freue mich auch nach 25 Jahren immer wieder darüber."

Mitarbeiter-Statements:

Herr Spilker, Mitglied des Geschäftsleitungskreises Medizin und Gesundheitswesen bei der Bertelsmann-Stiftung:

„Der Einstieg wird einem in diesem Gewinnbeteiligungsmodell von Bertelsmann relativ leicht gemacht, weil man ja einfach schon nach 2 Jahren in den Genuß kommt; man wächst quasi mit dem Gewinnbeteiligungsmodell auf, man wird kontinuierlich benachrichtigt, man hat auch gewisse Informationen über die Kursentwicklung, so daß man eigentlich immer auf dem laufenden ist."

Sabine Klemm, Verlagsleiterin in der Bertelsmann-Stiftung:

„Ich beurteile die Gewinnbeteiligung sehr positiv für Mitarbeiter, sie ist quasi ein zusätzliches Einkommen für den Mitarbeiter und kann natürlich in vielfältiger Weise genutzt werden."

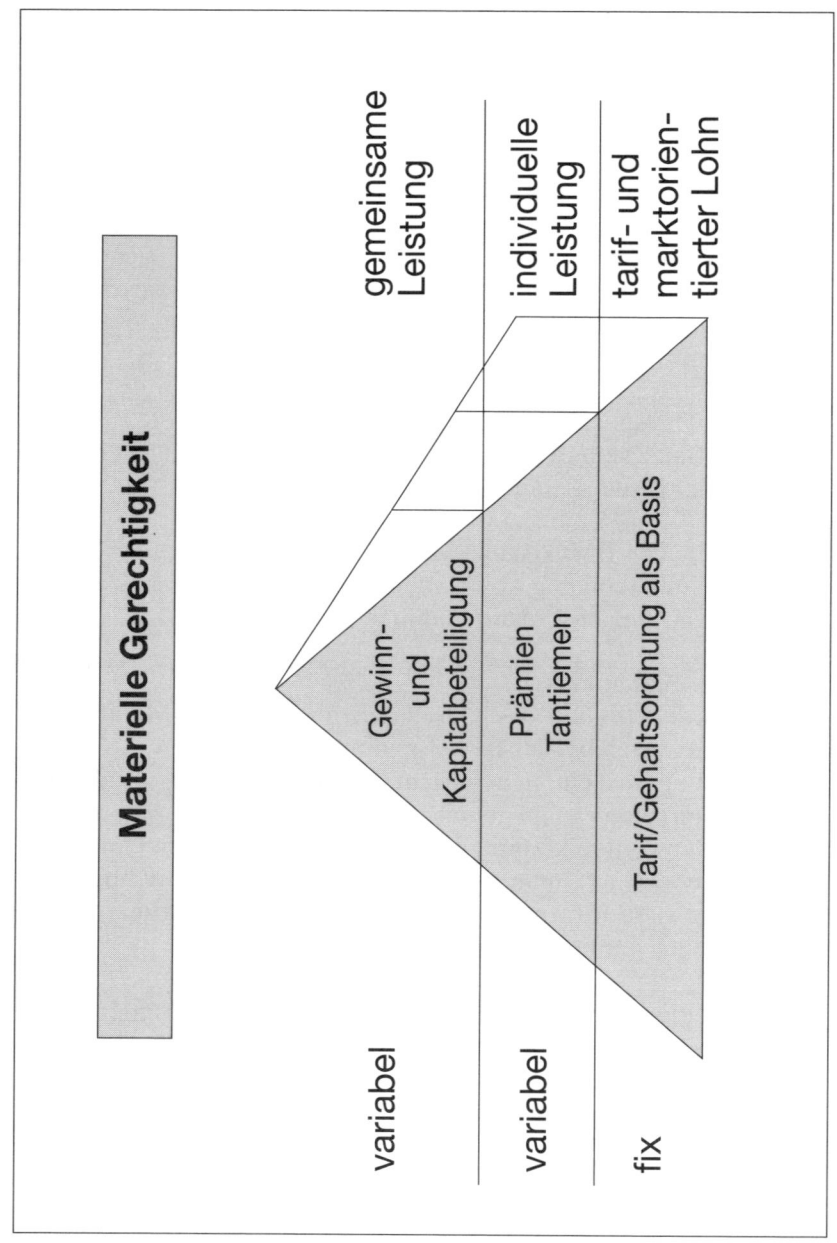

Materielle Gerechtigkeit

gemeinsame Leistung — variabel — Gewinn- und Kapitalbeteiligung

individuelle Leistung — variabel — Prämien Tantiemen

tarif- und marktorientierter Lohn — fix — Tarif/Gehaltsordnung als Basis

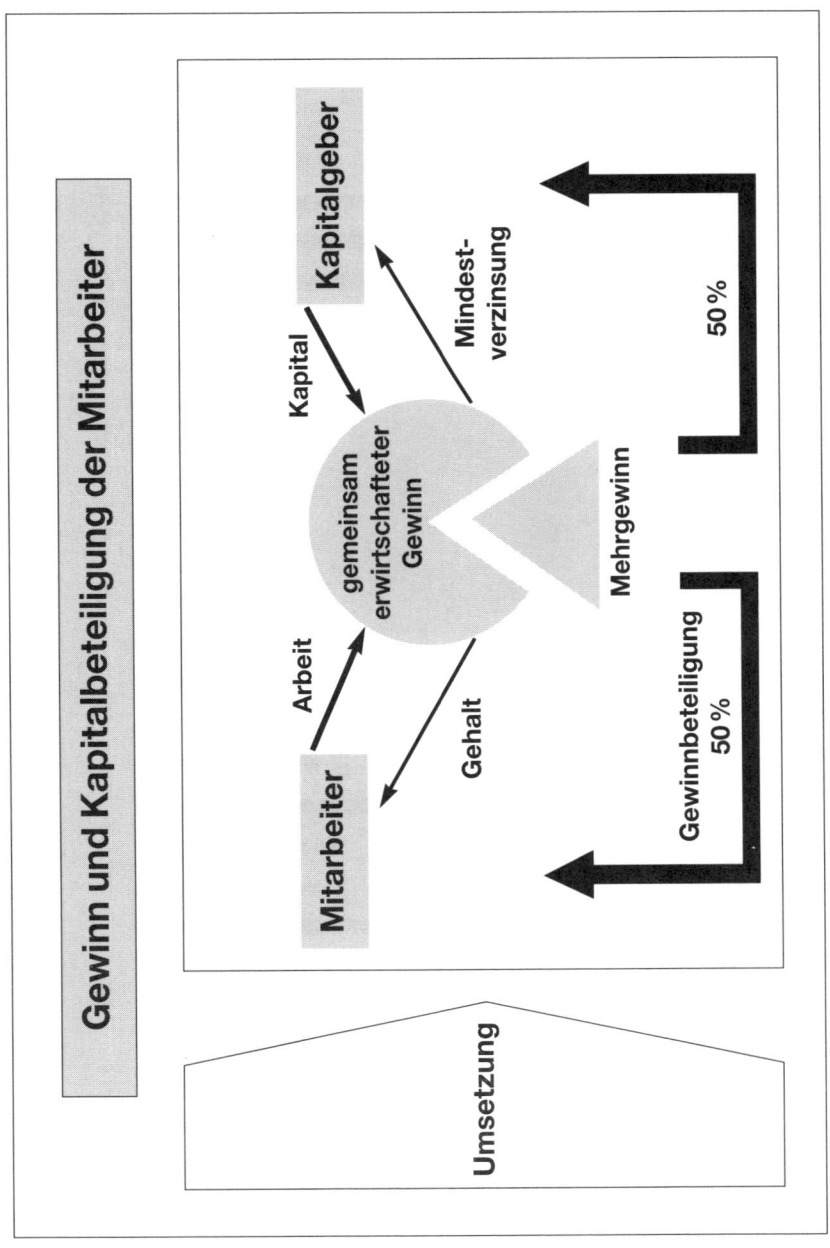

Gewinn und Kapitalbeteiligung der Mitarbeiter

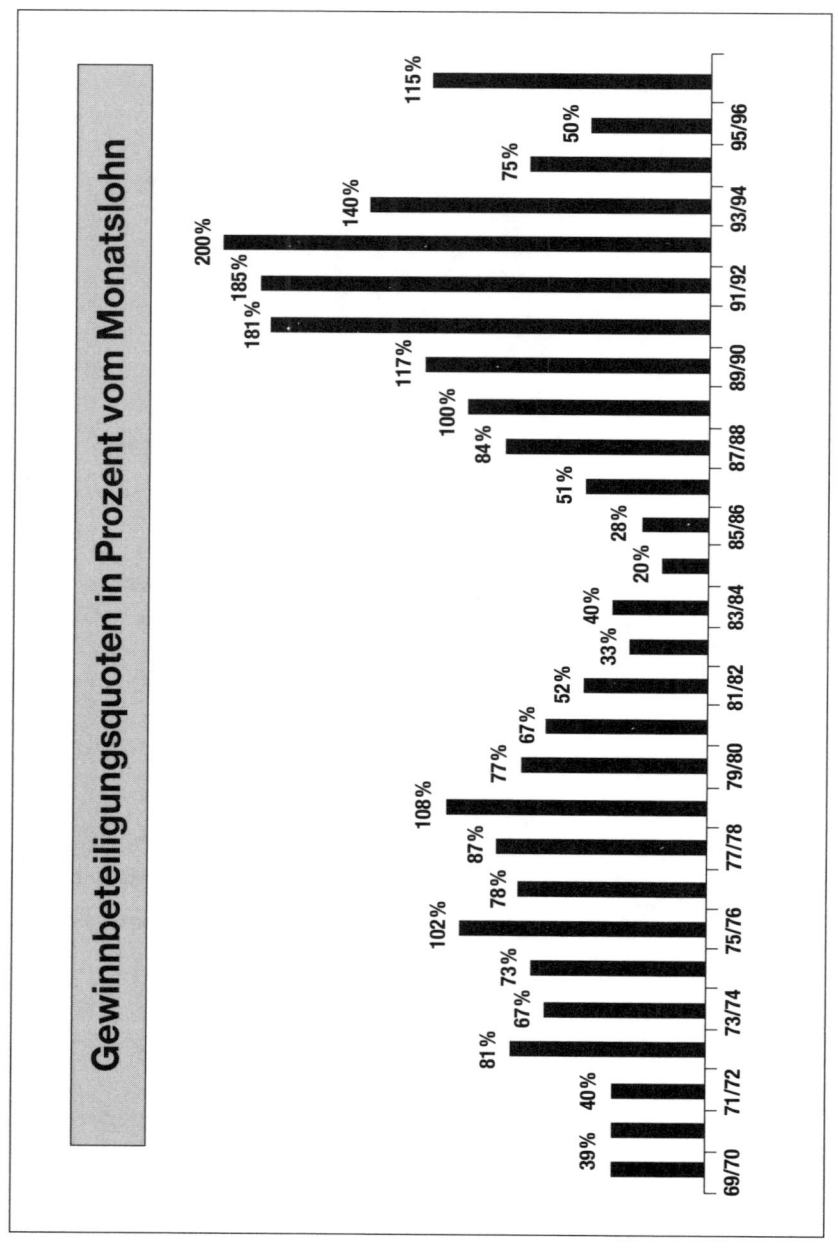

Gewinnbeteiligungsquoten in Prozent vom Monatslohn

69/70: 39%
71/72: 40%
73/74: 81%, 67%, 73%
75/76: 102%, 78%, 87%
77/78: 108%
79/80: 77%, 67%
81/82: 52%
83/84: 40%, 33%
85/86: 28%, 20%
87/88: 51%
89/90: 84%, 100%, 117%
91/92: 181%, 185%
93/94: 200%, 140%
95/96: 75%, 50%, 115%

86

Gewinnbeteiligung durch Genußkapital

Bedeutung für das Unternehmen

- **Eigenkapitalstrategie**

  „Zwei-Säulen-Konzept" liefert die Eigenkapitalbasis für das Wachstum

  Aktionärs-kapital   Genuß-kapital

  30 %

- ständiges Wachstum des Genußkapitals

  – in Mio. DM –

  Agio

  95 (1980)   330 (1986)   1.252 / 313 / 939 (1997)

Bedeutung für den Mitarbeiter

- **Vermögenszuwachs durch Gewinnbeteiligung**

  Genußscheindepot eines Mitarbeiters mit Durchschnittseinkommen, der von Beginn des Beteiligungsmodells an regelmäßig teilgenommen hat

  – in DM –

  Kurswert   112.000

  (Kurs = 215 %)

  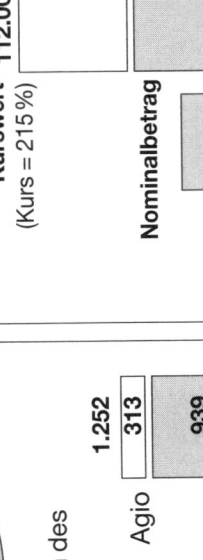

  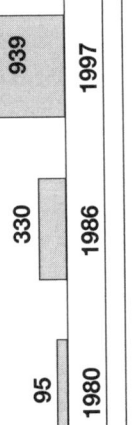

  Nominalbetrag

  561 (1970)   1986   1997

  plus Zinsen bis 1997   98.926

Offene Partnerschaft

Binder-Optik AG, Böblingen

„Auch wenn ein Unternehmen ungewöhnlich erfolgreich ist, läßt sich schnelles Wachstum ohne Fremdkapital nicht finanzieren. Dabei hat die Finanzierung durch Mitarbeiterbeteiligung eine zweiseitige Wirkung. Einmal können die Möglichkeiten des Vermögensbeteiligungsgesetzes zum Vorteil der Mitarbeiter genutzt werden. Zum anderen sind beteiligte Mitarbeiter stärker engagiert und eine wichtige Stütze in der Firmenfamilie. Uns geht es in erster Linie um den zufriedenen und engagierten Mitarbeiter. Dabei darf man nicht vergessen, erst durch eine auch immaterielle Mitarbeiterbeteiligung wird betriebliche Partnerschaft erst möglich." So Dr. Helmut Baur, Vorstandsvorsitzender der 1975 gegründeten *Binder-Optik AG*, die heute mit 50 Filialen und mehr als 300 Mitarbeitern zu den führenden Unternehmen ihrer Branche gehört.

Seit 1994 können *Binder*-Mitarbeiter Genußscheine erwerben. Die Papiere werden mit einem Wert von 100 DM angeboten, und jedes Belegschaftsmitglied ist nach einjähriger Firmenzugehörigkeit berechtigt, bis zu 15 Genußscheine mit einem Gesamtwert von 1 500 DM zu erwerben. 500 DM davon übernimmt die Firma, die verbleibenden 1 000 DM kann der Genußscheinerwerber mit den ihm zukommenden vermögenswirksamen Leistungen von 936 DM begleichen. Wer zum Kreis der Sparzulageberechtigten gehört, kann auch die staatliche Sparzulage mit einsetzen. Sie wird ihm nach Ablauf der 6jährigen Sperrfrist zurückerstattet. Außerdem werden die Genußrechtscheine bis zu 15 % gewinnabhängig verzinst. Zinsen können auf Wunsch zur Auszahlung gelangen. Das Unternehmen rechnet vor: Bei einem Einsatz von 1 500 DM kann der beteiligte Mitarbeiter bei guten Geschäftsergebnissen nach 6 Jahren einschließlich der Zinsbeträge 3 470 DM auf seinem Konto verbuchen. Sollte das Unternehmen keine Gewinne erzielen, erhält der Mitarbeiter nach 6 Jahren 1 500 DM zurück. An Verlusten ist er bis zur Höhe des Unternehmenseinsatzes, also mit den 500 DM des Firmenanteils an seinem Genußscheinerwerb, beteiligt.

Auf die Verlustgefahr wird in den Mitarbeiterinformationen zur Mitarbeiterbeteiligung des Hauses mit einem besonders bemerkenswerten Absatz hingewiesen: „Sprechen wir aber auch ganz offen über den schlimmsten Fall: Würde *Binder* während der sechs Jahre Laufzeit (der Sperrfrist der Genußscheine) in Konkurs gehen, dann verlieren Sie Ihren Einsatz und erhalten nichts zurück. Ist diese Sorge begründet? Nein. Wie jeder mitverfolgen konnte, ist *Binder* in den letzten Jahren überdurchschnittlich gewachsen. Das badenwürttembergische Wirtschaftsministerium hat uns als eines der führenden mittelständischen Unternehmen mit der Wirtschaftsmedaille in Gold ausgezeichnet. Ein Erfolg, den *Binder-Optik* weitgehend dem Einsatz seiner Mitarbeiter verdankt."

Zusätzlich wird detailliert darauf verwiesen, welchen Steuerpflichten die Genußscheinerträge der Mitarbeiter unterworfen sind; z. B. daß 15 % Jahreszinsen auf 1 500 DM Genußscheineinsatz mit 255 DM zu versteuern und in der Einkommens- oder Lohnsteuererklärung zu vermerken sind. Das heißt, daß die vom Unternehmen zunächst ausgelegte Kapitalertragssteuer in der Endabrechnung zu Lasten des einzelnen Genußscheininhabers geht. Der Unternehmerappell zur Beteiligung an der Genußscheinregelung ist bisher von mehr als 40 Mitarbeitern (über 15 % der Belegschaft der *Binder-Optik AG*) angenommen worden, die inzwischen mehr als 250 Genußscheine in den unterschiedlichsten Stückelungen halten.

In der Firma setzt man auf die Devise:
„Das Angebot zur Mitarbeiterbeteiligung ist ein weiterer Schritt zu guter Partnerschaft."

*

Die Stimmen einiger Mitarbeiter:
Margarete Hertner:
„Sofort, als sich diese Anlagemöglichkeit in unserem Betrieb bot, habe ich mich dafür entschieden. Dies ist nun schon einige Jahre her, und ich habe in dieser Zeit festgestellt, daß es für mich keine attraktivere Geldanlage gibt."

Frau Hettler (Buchhaltung):
„Ich habe mich gleich zu Beginn informiert und sehr schnell festgestellt, daß es eigentlich keine bessere Geldanlage gibt. Ich habe daher voll auf dieses Beteiligungsmodell gesetzt, und in den vergangenen Jahren ist dieses Vertrauen noch nicht enttäuscht worden. Im
Gegenteil."

Langfristige Aspekte

BMW AG, München

Die *BMW AG*, mit Sitz in München und deutschen Produktionsstätten in Berlin, Dingolfing, Landshut und Regensburg, bietet ihren Mitarbeitern zwei Möglichkeiten zur Vermögensbildung.

Seit 1989 können *BMW*-Belegschaftsmitglieder Vorzugsaktien erwerben, die das Unternehmen mit 40–50 % des Börsenkurses bezuschußt. Ein Kommentar des Hauses lautet: „Damit bietet der Zuschuß ein erhebliches Stück Sicherheit, so daß auch bei eventuell sinkenden Kursen noch Gewinne realisiert werden können. Ziel des Programms sind jedoch nicht kurzfristige Gewinne, sondern es kommt darauf an, auch Mitarbeitern zu ermöglichen, langfristig Vermögen aufzubauen. Jeder Mitarbeiter, der 1989 die angebotenen drei Vorzugsaktien erwarb, hat damit pro Jahr durchschnittlich 25 % Rendite erzielt. Zusätzlich zum Kursgewinn ergaben sich noch 470 DM Dividendenausschüttung. Wer von 1989 bis 1997 an allen Zeichnungsaktionen mit dem möglichen Maximaleinsatz teilgenommen hat, konnte insgesamt einen Gewinn von ca. 24 000 DM verbuchen. Da die *HV* die Dividende je Vorzugsaktie für das Geschäftsjahr 96 auf 16 DM festgelegt hatte, kann jeder Inhaber der maximalen Stückzahl von Vorzugsaktien für 1996 obendrein mehr als 500 DM Dividende auf seinem Konto gutschreiben. Das ist die Entwicklung eines erfolgreichen Unternehmens, dessen Zahlen eindeutiger als viele andere den Wert von Aktienkäufen beim arbeitgebenden Unternehmen dokumentieren können.

Außerdem gibt es bei *BMW* eine Erfolgsbeteiligung, die jedem Mitarbeiter in ungekündigter Stellung zukommt. Dafür wird der auf der Jahreshauptversammlung beschlossene Dividendensatz herangezogen. Danach konnten im Juni 97 für das 96er Geschäftsjahr 217 Millionen DM Erfolgsbeteiligung an die *BMW*-Mitarbeiter gezahlt werden. Bei einer wöchentlichen Arbeitszeit von 35 Stunden erhielten die Gehaltsempfänger im Schnitt 5 350 DM und die Lohnempfänger ca. 3 350 DM. Das entspricht etwa 75 % eines Monatsentgelts der

Mitarbeiter. Im Vergleich zum Vorjahr lag diese Beteiligung um 15 % höher als im Vorjahr.

*

Statement des Betriebsrats:
„Die Vorzugsaktien der *BMW AG* stellen eine lukrative Geldanlage dar. Der Betriebsrat wird sich dafür einsetzen, daß diese Form der Kapitalbeteiligung fortbesteht."

Gerechtigkeit und Kostenbewußtsein

Boltze-Gruppe, Ahrensburg

„Den Wert eines Unternehmens machen nicht Gebäude und Maschinen und auch nicht seine Bankkonten aus. Wertvoll an einem Unternehmen sind nur die Menschen, die dafür arbeiten, und der Geist, in dem sie es tun." Das hat vor vielen Jahrzehnten Heinrich Nordhoff, der erste Chef der heutigen *Volkswagen AG,* gesagt, der die Basis für den heute größten Autokonzern Europas geschaffen und auch schon damals auf seine Mitarbeiter gesetzt hat. Das alles ist inzwischen Wirtschaftsgeschichte. Daß aber ein mittelständisches Unternehmen ausgerechnet dieses Wort eines Großunternehmers im Rahmen der Grundsätze seiner Unternehmenskultur präsentiert, das läßt aufhorchen.

Die *Boltze-Gruppe,* hochmoderner Geschenkartikel-Großhandel vor den Toren Hamburgs, gehört zu denen, die den Ausspruch des historischen Autochefs ernst nehmen. Eine Äußerung, die er zu einer Zeit getan hat, als man Mitarbeiter auch theoretisch noch keineswegs überall in den Mittelpunkt rückte. Bei der 1964 gegründeten Kommanditgesellschaft *Boltze-Bazar Deutschland GmbH & Co.* wird das seit 1988 durch die Beteiligung der Mitarbeiter am Gewinn auf besondere Weise zum Ausdruck gebracht und seit 1990 noch durch eine Mitarbeiter-Kapitalbeteiligung ergänzt. In dem Ahrensburger Haus nennt man das *MAG* und *MAK.*

Die *MAG,* die Gewinnbeteiligung, sieht vor, daß ein 15%iger Gewinnanteil entgeltbezogen auf die Mitarbeiter verteilt und für 10 Jahre als Investivbeteiligung festgeschrieben wird. Die darauf entfallenden Zinsen werden jährlich ausgezahlt, und da von Jahr zu Jahr ein neuer verteilbarer Mitarbeiteranteil anfällt, kumulieren die Zinsbeträge erheblich. Bei einem durchschnittlichen Jahreszinsergebnis konnten die *Boltze*-Mitarbeiter wiederum durchschnittlich pro Jahr ca. 800 DM und seit 1989 insgesamt mehr als 6 000 DM an Zinsgutschriften verbuchen. Die gesamte Gewinnbeteiligung wirkt sich pro Mitarbeiter wiederum durchschnittlich wie ein zusätzliches Monats-

gehalt aus. Und in Einzelfällen, zum Beispiel bei einer Verkaufssach-
bearbeiterin, ergab sich aus der *MAG* von 89 bis 96 ein Guthaben
von 60 000 DM und eine Zinseinnahme von 11 600 DM. Ein Einkaufs-
sachbearbeiter lag mit 64 000 DM Guthaben und 13 000 DM Zinsein-
nahmen noch darüber. Teilnahmeberechtigt ist jedes ungekündigte
Belegschaftsmitglied nach einjähriger Betriebszugehörigkeit. Auch
Teilzeitkräfte mit 50 % Vollarbeitszeit sind teilnahmeberechtigt. Die
Gewinnanteile werden mit Hilfe eines Beurteilungsbogens ermittelt, der vier Merkmale berücksichtigt:

> Entgelt
> Firmenzugehörigkeit
> Beurteilung von Leistung und Verhalten
> Fehlzeiten.

Die Beurteilung nimmt der jeweilige Abteilungsleiter vor, wobei
Leistung und Verhalten ein besonders hoher Gewichtungswert zukommt. Kündigungen sind ausgeschlossen. Vorzeitige Auszahlungs-
gründe bilden lediglich Ausscheiden aus dem Arbeitsverhältnis, Be-
rufsunfähigkeit oder das Erreichen der Altersgrenze. Im Todesfall
werden die Guthaben den Erben ausgezahlt. Die Anteile selbst sind
nicht handelbar. Der Auszahlungszeitraum kann auf max. 4 Jahre
ausgedehnt werden, wenn das Gesamtvolumen der zur Auszahlung
gelangenden Guthaben der *Boltze*-Mitarbeiter 200 000 DM überschreitet. Ein Gesellschafterausschuß regelt spezifische Fragen. Er
unterliegt denselben Bestimmungen wie jener der stillen Gesellschafter, die sich seit 1990 als Mitarbeiter-Miteigentümer am Firmenkapital beteiligen können. Dieses Modell heißt bei *Boltze*
MAK = Mitarbeiter-Kapitalbeteiligung. Dafür gilt wie üblich die
erbrachte Einlage als Haftungskapital. Eine Nachschußpflicht besteht nicht.

Die Mitarbeiterkapitalanteile selbst bleiben für 10 Jahre gesperrt, so
daß sie die Liquidität des Unternehmens deutlich unterstützen können. Dem Vermögensbildungsgesetz entsprechend kann sich der
Mitarbeiter jährlich mit einer Eigenleistung von 312, 624 oder 936
DM einbringen, die das Unternehmen mit 100, 200 oder 300 DM in
der steuerfreien Förderung bezuschußt. Der Gewinnanteil lag bisher
zwischen 6 und 11 %, während der individuelle Mitarbeiterkapital-
anteil nach 10 Jahren auf 13 160 DM anwachsen soll. (Ende 1996 be-

lief sich das stille Gesellschaftskapital der 61 Teilnehmer – 97 % der Berechtigten – auf 356 000 DM).

Die vorzeitigen Kündigungsmöglichkeiten entsprechen den für stille Gesellschafter-Verträge gebräuchlichen Bedingungen. Ein für 3 Jahre gewählter Gesellschafterausschuß, dem laut Vertrag kein Betriebsratsmitglied angehören kann, regelt die Angelegenheit der Gesellschafter. Insgesamt haben den Firmenstatistiken zufolge *MAG* und *MAK* dazu beigetragen, daß Fluktuation und Krankenstand weit unterdurchschnittliche Prozentsätze ausweisen.

*

Stellungnahme des Firmengründers Werner Boltze:
„Ich halte es für durchaus berechtigt, daß die Personen, die den Gewinn mit schaffen, mit kreieren, auch mit an dem Gewinn beteiligt sind. Gewinne sollten verwendet werden, um die Firma zu stärken und nicht zum Konsumieren. Dies sollte in meinen Augen nicht nur für den Unternehmer, sondern auch für die Mitarbeiter gelten. Das haben wir durch die 10 Jahre Bindung mit dem Modell ins Leben gerufen."

Ingrid Ritschel, Buchhalterin und Betriebsratsvorsitzende:
„Unser Modell wird als gerecht empfunden, weil auch im Gespräch die Beurteilung miteinander mit dem Vorgesetzten ausgefüllt wird, wobei zum Beispiel die Verbesserungsvorschläge, Kostenbewußtsein und auch das Teamverhalten mit bewertet wird und nicht nur die Masse von Aufgaben."

Lagerleiter Wojciech Filipczak:
„Es gab zum Teil sehr große Skepsis oder Gleichgültigkeit. Aber jetzt wissen wir: Man wird ernst genommen, die Ideen werden unbürokratisch umgesetzt, und die Verbesserungen tragen dazu bei, daß wir natürlich mehr in unsere Gewinnbeteiligung bekommen."

Mut zur Neuerung

Continental AG, Hannover

Bei der *Continental AG* in Hannover hat man sich schon 1995 zu einem innovativen Aktienplan entschieden. Unter dem Namen „Conti 100" wurde zusammen mit der *Dresdner Bank* und *JP Morgan* das erste *Leveraged Employee Stock Ownership Programme* Deutschlands entwickelt und eingeführt, das sich von späteren Modellen dadurch abhebt, daß es den Mitarbeitern die vollen Aktionärsrechte gewährt, daß also Aktien ausgegeben werden, die – wie es in den Teilnahmebedingungen heißt – „den bisher ausgegebenen Aktien der *Continental AG* gleichstehen".

Das Mitarbeiterbeteiligungsprogramm „Conti 100" wird den rund 20 000 Mitarbeitern in Deutschland in jedem Jahr parallel zu dem seit 1992 jährlich aufgelegten traditionellen Belegschaftsaktienprogramm angeboten. Im ersten Programmjahr (1995) konnten sich die Mitarbeiter entscheiden, entweder im Rahmen des traditionellen Belegschaftsaktienprogramms 40 mit einer Sperrfrist von 6 Jahren versehene *Continental*-Aktien zum halben Börsenkurs zu erwerben (zu zahlender Betrag: 448 DM) oder im Rahmen des neuen Mitarbeiterbeteiligungsprogramms „Conti 100" mit einer Anzahlung in Höhe von 448 DM (ca. 20 % des damaligen Kurswerts) 100 Aktien mit einer Sperrfrist von nur 2 Jahren zum aktuellen Börsenkurs von 19,90 DM pro Stück (Gesamtkurswert also 1 990 DM) zu zeichnen.

Zur Finanzierung der verbleibenden rd. 80 % des Gesamtkurswerts wurde den „Conti 100"-Teilnehmern ein zinsloses Darlehen in Höhe von 1 542 DM gewährt, das wahlweise am Ende der zweijährigen Programmlaufzeit in einer Summe oder vorzeitig in 24 gleichen Raten zurückgezahlt werden konnte. Außerdem gehörte zum Leistungsumfang des Mitarbeiterbeteiligungsprogramms „Conti 100" eine Kurssicherung für zwei Jahre; die Depotverwaltung ist kostenfrei.

Der Umfang des Mitarbeiterbeteiligungsprogramms „Conti 100" richtet sich unter anderem nach den Grenzen für steuerfreie Sachzuwendungen. Da diese steuerlichen Freigrenzen auch bei zwei parallel laufenden Programmen aus zwei aufeinanderfolgenden Jahren nicht überschritten werden sollen, ist die Anzahl der Aktien im Rahmen von „Conti 100" von Jahr zu Jahr unterschiedlich und hängt vom Aktienkurs ab. Das Prinzip aber ist immer gleich.

Da der anfängliche Kapitaleinsatz nur etwa 20 % beträgt, ergibt sich bei diesem ersten *Leveraged Employee Stock Ownership Programme* für die Mitarbeiter sowohl für die Dividende als auch in bezug auf das Kurssteigerungspotential ein fünffacher Hebeleffekt. Das Kursrisiko ist durch eine PUT-Option (mit zweijähriger Laufzeit) abgesichert, die die *Continental AG* für ihre Mitarbeiter von der *Dresdner Bank AG* erwirbt. Dadurch kann der Mitarbeiter seine Aktien für den Fall, daß der Aktienkurs am Ende der zweijährigen Laufzeit unter dem Einstandskurs liegen sollte, an die Bank zurückgeben und erhält sein eingesetztes Kapital zurück. Damit ist das Risiko für den Mitarbeiter während der Laufzeit ausgeklammert worden. Das Programm „Conti 100" weist eine gewisse Verwandtschaft mit den Aktienoptionsplänen für obere Führungskräfte auf und kann zwischen *Stock Options* und traditionellen Belegschaftsaktienprogrammen angesiedelt werden. Zu seinen Vorzügen zählen eine von sechs auf zwei Jahre verkürzte Bindungsfrist (selbst der beste Manager ist kaum in der Lage, eine exakte Prognose für einen Zeitraum von 6 Jahren abzugeben), eine attraktive Verzinsung des Kapitals (fünffache Dividende), ein überproportionales Kurssteigerungspotential (Hebeleffekt) und die Sicherheit, das eingesetzte Kapital nicht verlieren zu können.

Allein der Kurswert der erworbenen Aktien hat sich von November 1995 (1 990 DM) bis November 1997 um 2 410 DM auf 4 400 DM erhöht. Das ergibt unter Berücksichtigung der Dividende von insgesamt 110 DM in zwei Jahren eine effektive Verzinsung des eingesetzten Kapitals von über 140 % pro Jahr. Mit diesem Programm hofft man bei *Continental*, die potentiellen Aktienkäufer in der Belegschaft aus ihrer Reserve zu locken. Die Begründung lautet bei *Conti*, ähnlich wie bei anderen Konzernunternehmen (z. B. *Hoechst*, z. B. *Bayer*), die Belegschaftsaktie habe an Attraktivität verloren, deshalb seien neue Formen der Vermögensbildung in Arbeitnehmerhand gefragt. Das jedem Außenstehenden verlockend erscheinende „Conti 100"-Angebot wurde jedoch nur von 9,5 % der dafür Berechtigten gezeichnet (Beteiligung in der Hauptverwaltung 66 %). Obwohl Dr. Peter Löschner, Leiter der Konzernfinanzierung, das von ihm entwickelte Modell als Möglichkeit zu einem doppelten Verdienst bezeichnet, weiß er auch, daß es kein leichtes Unterfangen ist, das erklärte Vorstandsziel einer weiteren kontinuierlichen Zunahme des Aktienanteils in Arbeitnehmerhand zu erreichen.

Löschner hat jedoch schon jetzt allen Grund, optimistisch zu bleiben. Immerhin, so kann er berichten, sind von den in 1995 im Rahmen des Mitarbeiterbeteiligungsprogramms „Conti 100" ausgegebenen 100 Aktien nach Ablauf von zwei Jahren mehr als 58 in den Depots der Mitarbeiter geblieben. Löschner: „Damit ist der Nachweis erbracht, daß „Conti 100" wesentlich stärker zur Beteiligung der Mitarbeiter am Produktivvermögen beigetragen hat als das traditionelle Beleg-schaftsaktienprogramm."

*

Eine Mitarbeiterin bringt die Chancen auf den Punkt: „Mit ‚Conti 100' bin ich wirklich waschechte Aktionärin. Ich beteilige mich an der *Continental AG*, nehme an Kurssteigerungen überproportional teil und erhalte den vollen Aktionärsstatus. Ich bin dividendenbe-rechtigt, und in der Hauptversammlung kann ich das volle Stimm-recht ausüben."

Beteiligung sichert Investitionen

Daimler-Benz AG, Stuttgart

1. Beteiligung am Unternehmenserfolg

„Unser Ziel ist es, die Mitarbeiter über die bereits bestehenden Ansätze hinaus noch stärker am Unternehmenserfolg zu beteiligen", betont Heiner Tropitzsch, Personalvorstand der *Daimler-Benz AG,* und der Vorsitzende des Gesamtbetriebsrats, Karl Feuerstein, ergänzt: „Grundsätzlich halte ich eine Mitarbeiterbeteiligung im gesamten *Daimler-Benz*-Konzern für begrüßenswert. Im übrigen sind wir uns mit dem Unternehmen einig, daß wir nach drei Jahren die Vereinbarung überprüfen und gegebenenfalls auch weiterentwickeln werden."

Zwei Männer – zwei Betrachtungsweisen – ein Ziel: nämlich die Beteiligung der Mitarbeiter am Unternehmenserfolg, um Motivation und Verantwortungsbereitschaft auf breiter Basis zu verstärken.

Deshalb wurde für die 137000 Beschäftigten im *Daimler-Benz*-Fahrzeugbereich und in der Konzernzentrale im Juli 1997 eine Ergebnisbeteiligung ganz neuer Form aus der Taufe gehoben, mit der die bisherigen Regelungen zu Weihnachtsgeld und Sondervergütung abgelöst werden. Mit dem neuen Modell wird zukünftig ein wesentlicher Teil betrieblicher Sonderzahlungen vom Geschäftsergebnis des Unternehmens abhängig gemacht. Damit werden die Mitarbeiter direkt am Unternehmenserfolg beteiligt. „Wir haben ein sehr modernes Konzept geschaffen, das die Identifikation mit dem Unternehmen steigert, den Leistungsgedanken stärkt und jedem einzelnen seinen Beitrag zum Unternehmensgewinn, genauer zum *Operating Profit,* bewußt macht" – so Heiner Tropitzsch. Das Weihnachtsgeld, einschließlich der Sondervergütungen, die bisher jeweils im November neu errechnet worden sind, ist jetzt auf der Basis der 96er Zahlung eingefahren und jedem Mitarbeiter garantiert worden.

Neu ist die Ergebnisbeteiligung, die nach Feststellung des Jahresabschlusses für das abgelaufene Geschäftsjahr im Frühjahr des jeweils nächsten Jahres ausgezahlt wird. Sie richtet sich nach dem weltweiten Ergebnis der Geschäftsfelder *Pkw* und *Nutzfahrzeuge.*

Bei einem Ertrag von 1,5 Milliarden DM beträgt die Beteiligung je Mitarbeiter 270 DM. Dieser Sockelbetrag gelangt bereits im November des jeweiligen Geschäftsjahres zur Auszahlung. Darüber hinausgehende Ergebnisse bringen jedem Mitarbeiter für je 100 Millionen über einem 1,5-Milliarden-Gewinn nach Steuern noch einmal rund 38 DM mehr ein. Damit wird die Ergebnisbeteiligung unmittelbar an den Unternehmenserfolg gekoppelt. Auch in der *Daimler-Benz-Aerospace* sowie bei der Dienstleistungstochter *debis* wurden für 1997 ähnliche Betriebsvereinbarungen abgeschlossen.

Ab 1998 haben alle Mitarbeiter der *Daimler-Benz AG* die Möglichkeit, den aus dieser Ergebnisbeteiligung resultierenden Anspruch auf Barlohn gegen eine Zusage auf eine wertgleiche betriebliche Altersversorgung zu wandeln. Das heißt, es entsteht keine steuerpflichtige Barvergütung; der Umwandlungsbetrag wird mit einem Zinssatz von 6 % verzinst und als Einmalzahlung im ersten Ruhestandsjahr ausgezahlt – sofern die Voraussetzungen der gesetzlichen Unverfallbarkeit gemäß des Gesetzes zur Verbesserung der betrieblichen Altersversorgung erfüllt sind. Hierdurch erhalten auch die Tarifmitarbeiter die Möglichkeit, durch Entgeltumwandlung finanzielle Eigenvorsorge für das Alter zu treffen.

2. Belegschaftsaktien

Bereits seit 1973 werden den Mitarbeitern des *Daimler-Benz*-Konzerns alljährlich Belegschaftsaktien angeboten. Insgesamt sind im Rahmen dieser Belegschaftsaktionen in den vergangenen 24 Jahren etwa 20 Millionen *Daimler-Benz*-Aktien von den Mitarbeitern erworben worden.

Bei der Ausgabe dieser Belegschaftsaktien wurde stets der Steuerfreibetrag des § 19a EStG genutzt. Alle im Rahmen der Aktionen angebotenen Aktien unterlagen deshalb bis 1996 der sechsjährigen Sperrfrist gemäß § 19a EStG. Die *Daimler-Benz AG* bietet ihren Mitarbeitern eine kostenlose zentrale Verwahrung der Belegschaftsaktien an. Da die Mitarbeiter die Aktien aber auch in ein Privatdepot überführen können, liegen keine Erkenntnisse über die Gesamtzahl der gehaltenen Aktien vor. Ein Mitarbeiter, der seit 1973 jeweils das Maximum der ihm zustehenden Belegschaftsaktien erworben hat, besitzt inzwischen 360 Aktien, für deren Erwerb er insgesamt 15 457 DM aufwenden mußte. Bei Zugrundelegung eines Kurses der *Daimler-Benz*-Aktie von 120 DM haben diese Papiere heute einen Wert von 43 200 DM. 1997 konnten die Mitarbeiter wahlweise 5, 10, 15, 20, 25 oder 30 Aktien kaufen. Der maximale Arbeitgeberzuschuß betrug bei 30 Aktien 450 DM. Der Abgabepreis für eine Aktie lag bei 132,20 DM abzüglich des jeweils zu gewährenden Arbeitgeberzuschusses.

Um nun den Mitarbeitern mehr Flexibilität beim Umgang mit den erworbenen Aktien zu ermöglichen, wurde 1997 die Sperrfrist für einen Teil der Aktien erstmals erheblich verkürzt. Das heißt: Ab der 11. Aktie entfällt die 6jährige Sperrfrist. Die Mitarbeiter können über diese Papiere nun bereits vom 1. Januar 1999 an verfügen. Auch Mitarbeiter können sich also nach Ablauf der kürzeren Sperrfrist frei entscheiden, ob sie die erworbenen Aktien – unter Mitnahme von Kursgewinnen – veräußern oder behalten wollen.

Stellungnahme von *Daimler*-Betriebsrat Günther Magura:
„Wir haben uns immer dafür eingesetzt, daß das Unternehmen allen Mitarbeitern des Konzerns die Möglichkeit gibt, das Aktienangebot auszuschöpfen. Aktien werden in Zukunft einen noch höheren Stellenwert haben, sowohl für die Eigenvorsorge als auch für kurzfristige Kapitalanlagen."

Ein langjähriger Mitarbeiter:
„Ich habe bisher alle angebotenen Belegschaftsaktien, einschließlich jener, die im Rahmen von Kapitalerhöhungen offeriert wurden, erwerben können, und dadurch hat sich unsere Familie ein schönes finanzielles Polster zulegen können."

3. Leistungsanreiz zur Unternehmenswertsteigerung

Als eines der ersten Großunternehmen in Deutschland hat *Daimler-Benz* 1996 einen *Stock-Option*-Plan aufgelegt. 1997 wurde eine zweite

Tranche ausgegeben und dabei der Kreis der Teilnahmeberechtigten auf die 2. Führungsebene unterhalb des Vorstands ausgedehnt. Ziel des *Stock-Option*-Plans ist es, den Führungskräften neben der erfolgsorientierten variablen Vergütung eine an der langfristigen Unternehmensentwicklung orientierte zusätzliche Einkommenschance anzubieten. Das heißt, als Inhaber von Wandelschuldverschreibungen sind sie berechtigt, eine bestimmte Anzahl von Aktien zu einem festgesetzten Preis zu erwerben. Durch die Einräumung von Bezugsrechten auf Aktien wird für die Führungskräfte ein besonderer Leistungsanreiz geschaffen. Sein Maßstab ist der gesteigerte Wert des Unternehmens, und an dieser Wertsteigerung soll das Management teilhaben.

Die Ausübung dieses Wandlungsrechts ist auf 10 Jahre befristet. Nach Ablauf einer 1997 eingeführten Wartefrist von 24 Monaten ab Ausgabe der Wandelanleihe können die Kurschancen der *Daimler-Benz*-Aktie dementsprechend genutzt werden. Die Voraussetzung für die Wandlungsfähigkeit für beide Tranchen im Rahmen des *Stock-Option*-Plans ist ein Kursanstieg um 15 % über den Wandlungspreis. Diese „Ausübungshürde" lag für die für 1997–2000 ausgegebene Tranche bei 152 DM. Die maximale Höhe des Angebots zur Zeichnung eines Anteils an der Wandelanleihe richtet sich nach der jeweiligen Führungsebene. Bei Annahme des Zeichnungsangebots müssen die Berechtigten den Zeichnungsbetrag in Höhe von mindestens 10 000 DM – gestaffelt nach den zeichnungsberechtigten Personengruppen – bis maximal 120 000 DM aus ihrem eigenen versteuerten Einkommen bereitstellen. Von dem Angebot zur Teilnahme am *Daimler-Benz-Stock-Option* Plan haben 1997 von den rund 1 400 Zeichnungsberechtigten mehr als 80 % Gebrauch gemacht.

*

Dazu *Daimler-Benz*-Personalvorstand Heiner Tropitzsch: „Hauptziel des *Daimler-Benz-Stock-Option*-Plans ist die Steigerung der Ertragskraft des Unternehmens. Eine wesentliche Voraussetzung dafür, daß wir in der Lage sind, langfristige Investitionen zu tätigen und Beschäftigung sicherzustellen."

Der Mitarbeiter-Anteil wächst

Deutsche Bank AG, Frankfurt

„Der regelmäßige Erwerb von *Deutsche-Bank*-Belegschaftsaktien liefert über die Jahre einen ansehnlichen Beitrag zur privaten Vermögensbildung. Sie ist mit der Beteiligung ihrer Mitarbeiter am Grundkapital des Unternehmens jedoch kein Einzelfall in der deutschen Unternehmenslandschaft, in der mehr als 300 *AG*s Belegschaftsaktien ausgeben", formuliert das größte deutsche Bankinstitut in einem Resümee seiner Belegschaftsaktien-Entwicklung seit 1974.

Wenn ein *Deutsche-Bank*-Mitarbeiter von 1974 bis 1997, also nach 24 Jahren, insgesamt 1 210 Aktien erwarb, davon 870 durch direkten Kauf und 340 unter Wahrnehmung seiner Bezugsrechte, dann errechnet sich daraus für einen Aufwand von 36 142,80 DM nach dem Tageswert vom 25. Februar 1997 ein Aktiendepot im Wert von 149 556 DM.

2,2 % des Grundkapitals der *Deutschen Bank* (2,7 Mrd. DM) lagen 1997 in den Händen der Mitarbeiter. Sie bilden mit 49 800 Belegschaftsaktionären 13 % der insgesamt 382 000 Anteilseigner. Prozentual allerdings ist der Mitarbeiteranteil am Unternehmenskapital bei *Mannesmann* mit 7,1 %, bei *Siemens* mit 5 % oder bei der *Bayer AG* mit 4 % noch deutlich höher als bei der Deutschen Bank.

1997 und 1998 ist das Angebot der Aktien zum Vorzugspreis im Hause *Deutsche Bank* erhöht worden. Die Zahl der pro Person „beziehbaren Aktien" wurde von 40 auf 60 aufgestockt und der Festlegungszeitraum für den größeren Teil der Aktien auf 3 Jahre verkürzt. Der Kursabschlag für Vorzugsaktien sank von 40 auf 30 % der normalen Aktie. Der Kreis der Erwerbsberechtigten von Belegschaftsaktien blieb weit gefächert. Er umschließt alle Belegschaftsmitglieder einschließlich der Teilzeitkräfte, die am Stichtag in einem ungekündigten Arbeitsverhältnis stehen, ebenso Auszubildende, Wehr- und Ersatzdienstleistende, Pensionäre, Vorruheständler, Witwen und Witwer von Mitarbeitern. Es gibt zwei sich ergänzende Angebote für Belegschaftsaktien.

1. Bei einem Aktienkaufangebot mit 6jähriger Sperrfrist bietet das Haus 1998 nunmehr 9 Aktien zum Nennbetrag von 5 DM und zum Vorzugspreis von 87,40 DM je Aktie an. Wenn die Kursvorteile die in § 19a EStG gewährte Freigrenze von 300 DM übersteigen, gehen die auf den übersteigenden Betrag anfallenden Steuern wie Lohnsteuer, Kirchensteuer, Soli-Zuschlag zu Lasten des Erwerbers.

Im Rahmen einer 2. Angebotsform wird eine nur 3jährige Sperrfrist offeriert. Danach können Mitarbeiter 51 Aktien im Nennwert von je 5 DM für 87,40 DM je Aktie erwerben. In diesem Fall wird § 19a EStG überhaupt nicht herangezogen. Der gesamte Kursvorteil bleibt steuerpflichtig, und alle Arbeitnehmeranteile (Sozialkosten, Solidaritätszuschlag) gehen zu Lasten des Belegschaftsaktien-Inhabers.

*

Statement des Vorstands der *Deutsche Bank AG* (Dr. Breuer – Dr. Weiss):
„Gerade in der heutigen Zeit halten wir es für wichtig, daß unsere Mitarbeiter die Möglichkeit erhalten, sich an ihrem Unternehmen und dessen Erfolg zu beteiligen. Der regelmäßige Bezug von Belegschaftsaktien trägt zudem zu ihrer langfristigen Vermögensbildung bei. Wir werden daher auch in Zukunft dem Gedanken der Unternehmensbeteiligung unserer Mitarbeiter auf der Basis von Aktien bei unserer Vergütungspolitik ein besonderes Gewicht beimessen."

Mitarbeiteraktien führen zu Mitunternehmern

Deutsche BP AG, Hamburg

„Haben Sie in den vergangenen Jahren Mitarbeiteraktien und damit ‚ein Stück BP' gekauft und sind daran interessiert, Ihren Anteil zu vergrößern? Beabsichtigen Sie in diesem Jahr erstmals Mitarbeiteraktien zu erwerben? Dann werden Sie sich sicherlich über das folgende Angebot freuen."

Mit dieser motivierenden Formulierung werden die Belegschaftsmitglieder der *Deutschen BP* Hamburg angesprochen, um sie zum Aktienkauf des eigenen Hauses zu ermuntern. Der Preis dieser Vorzugsaktie lag bei 50 % des Börsenkurses. Das heißt, für den Kurswert gab es im Rahmen des Belegschaftsaktien-Programms zwei Aktien, und die Höchstgrenze für den Aktienkauf des einzelnen Mitarbeiters ist bei *3 000 DM, für Auszubildende bei 1 000 DM* festgeschrieben worden. Zu den Voraussetzungen für den Erwerb dieser Papiere gehört ein seit April des Jahres, in dem die Aktien gekauft werden, ungekündigtes Beschäftigungsverhältnis. Nur geringfügig Teilzeitbeschäftigte oder Mitarbeiter im Erziehungsurlaub bleiben ausgeschlossen. Ehemalige „Sparplan-berechtigte" Mitarbeiter der *Mobil Oil AG,* mit der die *BP* seit 1.1.1997 ein Joint Venture verbindet, haben Erwerbsrecht für Vorzugsaktien. Ihre Vermögensbildung wird in dieser Form bei *BP* weitergeführt. Das einmal im Jahr ausgeschriebene Kaufangebot dieser Stammaktien erfolgt in 2 Stufen:

1. Stufe: Wenn ein Mitarbeiter oder Auszubildender 300 DM für einen Aktienkauf ausgibt, werden ihm *BP*-Aktien im Wert von 600 DM überschrieben, da nach § 19a EStG der damit vom Unternehmen übernommene Betrag steuer- und sozialabgabefrei bleibt.

In der 2. Stufe wird dem Mitarbeiter als weiteres Angebot anheimgestellt, einen zusätzlichen Aktienkauf von 450 oder 825 oder 1 200 DM zu tätigen, wofür er ebenfalls Papiere mit dem doppelten Kurswert des Mitarbeiterkaufpreises erhält.

Auszubildende können in dieses Programm bereits mit einem Zeichnungsbetrag von 200 DM einsteigen, für den ihnen das Unternehmen ebenfalls den doppelten Wert gutschreibt. Grundsätzlich können sich Mitarbeiter bis zu dem vorgesehenen Höchstwert an beiden Stufen dieses Aktienplans beteiligen.

Dafür hält die „Richtlinie zum Bezug von *BP*-Mitarbeiteraktien" fest: „Der Preis, zu dem den Mitarbeitern die Aktien angeboten werden, bemißt sich nach dem niedrigsten Kassakurs, zu dem die *BP*-Aktie an dem Tag, an dem der Vorstand der *Deutschen BP Holding-Aktiengesellschaft* jährlich formell das Angebot der Aktien beschließt, an den deutschen Börsen gehandelt wird. Danach eintretende Kursänderungen haben auf den Kaufpreis keine Auswirkungen."

Falls die in der Richtlinie aufgeführten Beträge, die der Mitarbeiter für Vorzugsaktien aufwenden kann, von dem zugrundeliegenden Tageskurs nicht zu 100 % gedeckt sind, ist es möglich, daß die genannten Beträge unterschritten werden.

Zum Beispiel:
Beispiele. Kurs DM 18,–

- 1. Stufe: Der Mitarbeiter erhält 33 Aktien im Wert von DM 600 zum Preis von DM 300
- 2. Stufe: Der Mitarbeiter erhält
  - 50 Aktien im Wert von DM 900 zum Preis von DM 450 oder
  - 91 Aktien im Wert von DM 1 650 zum Preis von DM 825 oder
  - 133 Aktien im Wert von DM 2 400 zum Preis von DM 1 200.

Alle auf diesem Weg erworbenen Aktien unterliegen auf jeden Fall bis zum 31.12. des Folgejahres einer Sperrfrist. Über die Aktien der ersten Stufe darf der Mitarbeiter außerdem nicht innerhalb der generell üblichen 6-Jahresfrist verfügen, wenn die steuerlichen Vorteile dabei genutzt werden sollen. Hinzu kommt, daß die *BP Oil Deutschland GmbH* und die *Mobil Schmierstoff GmbH* seit dem 1.7.97 mit der *IG CE* einen Tarifvertrag über vermögenswirksame Leistungen abgeschlossen haben. Darin heißt es: „Der Arbeitgeberzuschuß zu den vermögenswirksamen Leistungen beträgt für alle Arbeitnehmer 125 DM monatlich oder 1 500 DM im Jahr im Rahmen betrieblicher Anlagepläne, die in einer Betriebsvereinbarung geregelt sind."

Voraussetzung für einen Anspruch auf vermögenswirksame Leistungen ist nach diesem Tarifvertrag eine 6 monatige Betriebszugehörigkeit. Falls der Mitarbeiter jedoch vorher in einem Betrieb tätig gewesen sein sollte, dessen Vermögensbildung in Arbeitnehmerhand ebenfalls tarifvertraglich geregelt wurde, kann eine kürzere Karenzzeit vereinbart werden. Darüber hinaus garantiert der Tarif allen Mitarbeitern die freie Wählbarkeit der Anlageart, für die sie sich entscheiden wollen. Das gilt auch für andere frei wählbare Anlageformen oder Anlage-Institute. Außerdem soll es den Mitarbeitern ermöglicht werden, Aktien auch aus den sogenannten vermögenswirksamen Leistungen zu bezahlen. Für *Mobil*-Sparplan-Teilnehmer werden diese vermögenswirksamen Leistungen gegengerechnet. Auf jeden Fall haben sich beide vertragschließenden Parteien verpflichtet, im Fall einer Kündigung sofort in Verhandlungen über den Neuabschluß eines Vertrags zur Vermögensbildung einzutreten.

*

Winfried Vogler, Vorstandsvorsitzender der *Deutschen BP-Holding-AG*:
„Mitarbeiteraktien sind ein attraktives und bewährtes Modell der Vermögensbildung. Dies zeigt die hohe Beteiligung der Belegschaft an dem *BP*-Modell. Die Mitarbeiterinnen und Mitarbeiter werden dabei zu Miteigentümern des Unternehmens, an dessen Erfolg sie über die Ländergrenzen hinweg gemeinsam arbeiten."

Statement des Betriebsratsvorsitzenden der *BP Oil Deutschland GmbH*, Peter Kaiser:
„Für die Verwirklichung des heute vorliegenden Aktienmodells der *BP OD* hat sich der Betriebsrat in der Vergangenheit initiativ und massiv eingesetzt. Wir sind auf das attraktive Ergebnis zu Recht stolz und sehen dieses Modell darüber hinaus auch als zusätzliche Altersabsicherung."

Beteiligung im Tarif verankert

Deutsche Shell AG, Hamburg

„Die erste *Royal-Dutch*-Aktie wurde am 8. Mai 1890 im fernen Indien herausgegeben. Im Verlauf der mehr als 100 Jahre entwickelte sich diese Aktie zu einem der sichersten Papiere der Welt, parallel zum Unternehmen, das sich nach Umsatz und Gewinn an der Weltspitze etablierte. Seit 1996 sind im Rahmen der Vermögensbildung an dieser positiven Entwicklung auch die Mitarbeiter der *Deutschen Shell* beteiligt." Diese stolzen Worte stehen in einer Veröffentlichung des Hauses und gehören zu den seltenen Beispielen, in denen ein Unternehmen im Zusammenhang mit seiner Mitarbeiterbeteiligung auch auf deren historische Entwicklung Bezug nimmt. Dabei kann die *Deutsche Shell AG* obendrein noch einen weiteren Akzent setzen: Sie ist das erste Unternehmen, das die Ausgabe von Belegschaftsaktien tariflich verankert durchgeführt hat.

Im Auftaktabschluß vom 1.1.1996 heißt es im Tarifvertrag der *Deutschen Shell AG* mit der für sie zuständigen *IG BCE* (Industrie Gewerkschaft Chemie, Bergbau, Energie): „Wir verständigten uns darauf, den Tarifvertrag *Vermögenswirksame Leistungen* ab 1.1.96 in einen Tarifvertrag über Vermögensbildung in Form von Belegschaftsaktien umzuwandeln. Danach erhält jeder Beschäftigte der *Shell AG* jährlich 4 weitere Aktien." (1998 = 7 Aktien) Damit war die sogenannte „vermögenswirksame Leistung" von jährlich 636 DM zur steuerbegünstigten Verwendung als Vermögensanlage abgeschafft und für den gleichen Betrag die Übernahme von Aktien ermöglicht worden. Der Bezugsrahmen für die Mitarbeiter, das heißt die Anzahl der für sie möglichen Aktienkäufe, wird alljährlich dem Börsenkurs entsprechend neu festgelegt. Hausintern gilt dieses Modell als eine der drei Säulen der Mitarbeiterbeteiligung der *Deutschen Shell AG*.

Neben der betrieblichen Vermögensbildung können die Mitarbeiter jährlich eine bestimmte Anzahl von Aktien zum Vorzugspreis erwerben. Das heißt, im Rahmen des Haustarifvertrags wird den Parteien die Möglichkeit eingeräumt, neben linearen Tariferhöhungen auch zusätzliche Aktienausgaben einzubeziehen. Außerdem gibt es Belegschaftsaktien als Bonus für herausragende Leistungen, und des weiteren wird an die Belegschaftsmitglieder eine Dividende aus dem Jahresüberschuß in Form von Aktien ausgeschüttet. Grundsätzlich gilt dabei, daß alle diese Papiere in jeder Modellversion einer 6 jährigen Sperrfrist unterliegen.

Auf jeden Fall konnten zu Beginn des Jahres 1998 weltweit mehr als 2 Milliarden *Royal-Dutch*-Aktien gezeichnet werden, von denen fast 200 000 in den Händen von Mitarbeitern der *Deutschen Shell AG* liegen, die ihr Engagement auf der Erfahrung aufbauen können, daß die *Royal Dutch* als einzige Aktie der Welt bisher stets eine Dividende erhalten hat. Eine Erfahrung, die auch die Basis für die hohe Beteiligungsquote bildet; über 90 % der Mitarbeiter der *Deutschen Shell AG*, die zur Teilnahme an den verschiedenen Modellen berechtigt sind, haben danach Aktien ihres Arbeitgebers gezeichnet.

*

Statement *Deutsche Shell AG*:
„Belegschaftsaktien sind ein Stück Unternehmenskultur, von dem man sich nicht so leicht trennt: aus Vorsorgegründen, aber auch, weil man als Miteigentümer ein engeres Verhältnis zum Unternehmen hat."

Statement Hans Hahn, Personalabteilung:
„Für die Mitarbeiter ist die von *Shell* angebotene Vermögensbildung durch Aktien eine optimale Ergänzung zu Vorsorge und Aufbau eines entsprechenden Vermögens. Durch die jährlichen Dividendenzahlungen wird man darüber hinaus motiviert, an den Aktionen teilzunehmen."

Udo Liebert, Vorsitzender des Gesamtbetriebsrats der *Deutschen Shell AG*:
„Seit Anfang der achtziger Jahre ist von den Arbeitnehmervertretern in Anbetracht der guten Geschäftslage immer wieder ein Investivlohn, das heißt eine Beteiligung am Produktivvermögen, gefordert

worden. Deshalb konnte auch gerade die Arbeitnehmervertretung über den neuen Abschluß besonders froh sein, zumal sich die demographischen Zahlen für die Renten negativ zu entwickeln drohen, so daß wahrscheinlich die Sozialversicherungsrente reduziert wird. Insbesondere in Verbindung mit der *Shell*-Pensionsregelung ist damit auch bei uns die Diskussion angeheizt worden. Außerdem wurde dem Unternehmen unsere „Alt-Pensionsregelung" zu teuer. Man hat sie geschlossen. Für neu eingestellte Mitarbeiter gab es zwischenzeitlich zwei neuere – verschlechterte – Regelungen. Leider wird seit einiger Zeit bei *Shell* das Ziel verfolgt, mit einer Umschichtung der Personalkosten die pensionspflichtigen Gehaltsbestandteile der Gesamtvergütung durch immer kleinere Tarifabschlüsse zu reduzieren mit dem Ziel, die langfristigeren Pensionsverpflichtungen zu minimieren. Als Ausgleich werden Einmalzahlungen und Belegschaftsaktien forciert, die keine Pensionsverpflichtung nach sich ziehen. Die Arbeitnehmervertreter und die Tarifkommission haben es deshalb begrüßt, daß eine neue private Vorsorge für das Alter eingeleitet wurde. Bei der gesetzlichen Bindungsfrist von 6 Jahren, in der die Aktien nicht verkauft werden können, sehen unsere Kolleginnen und Kollegen bei ihren Depotauszügen ihr Aktienpaket anwachsen. Ich selbst bin mit dieser Entwicklung sehr zufrieden, auch wenn es für mich selbst als künftigen Frührentner etwas zu spät kommt."

Beteiligung senkt Fluktuation

Distelhäuser Brauerei, Distelhausen

Bei der *Distelhäuser Brauerei* in Tauberbischofsheim gibt es seit mehr als vier Jahrzehnten ein Beteiligungsmodell. Für die kleine historische Bilderbuchstadt ist das eine Repräsentation besonderer Art. Ihre schmalen mittelalterlichen Gassen, überragt von einem riesigen Kirchturm, gelten zwar auch heute noch als Touristenattraktion. Aber im Mittelpunkt des öffentlichen Interesses steht der Fechtsport, der so manche Medaille an die Tauber geholt hat und dessen Erfolge auch das Distelhäuser Bier nicht unberührt ließen. Den Wert seiner Mannschaft allerdings zeichnet ein wesentlich langfristigeres Konzept aus, als es der Sport bieten kann.

Als 1956 jeder Brauerei-Mitarbeiter auf ein sogenanntes „Betriebseinlagenkonto" einen Betrag von DM 200,– gutgeschrieben erhielt, konnte noch niemand wissen, daß das Distelhäuser Beteiligungsmodell einmal zu den erfolgreichsten deutschen Vermögensbildungsbeispielen gehören würde. Erst 15 Jahre später wurde diese Form einer Teilhabe in zeitgemäßere stille Beteiligungen über eine sogenannte „stille Gesellschaft" verwandelt. Aber auch nach 40 Jahren gelten noch die Grundsätze, die den Vater des heutigen geschäftsführenden Gesellschafters, Stefan Bauer, veranlaßt haben, seine Mitarbeiter am Ertrag des Unternehmens zu beteiligen. Bauer senior war schon in den fünfziger Jahren davon überzeugt, daß eine motivierte Mannschaft entscheidend zum Unternehmenserfolg beitragen kann, und das machte sich in dem seit eh und je hart umkämpften deutschen Biermarkt von Anfang an ganz besonders bemerkbar. Das, was später Sachbuchautoren in umfangreichen Veröffentlichungen wissenschaftlich nachwiesen, hatte der *Distelhäuser-Modell*-Gründer im Sinne Ludwig Ehrhards im Gespür: Die Stärkung des Verantwortungsbewußtseins des einzelnen Mitarbeiters schafft eine engere Verbindung zwischen Belegschaft und Betrieb. Die Zunahme an Produktivität und die dadurch erzielte Verbesserung betriebswirtschaftlicher Kennzahlen war nach Bauers Erfahrungen eine Folgeerscheinung entsprechenden Führungsverhaltens. Sohn Stefan konnte deshalb ohne Wenn und Aber anläßlich der Festveranstaltung zum 40jährigen Jubiläum des *Distelhäuser-Mitarbeiter-Modells* sagen: „Wir danken unserer Belegschaft für ihren Einsatz und für ihre Bereitschaft mitzuziehen, denn nur dadurch kann eine aktive Partnerschaft entstehen, die sich lohnt."

Seit inzwischen mehr als vierzig Jahren sind alle Distelhäuser Mitarbeiter in das Beteiligungsmodell ihrer Firma integriert, die mindestens ein Jahr lang bei ihr beschäftigt sind. Auch Halbtagskräften ist das Modell nicht verschlossen, und der durchschnittliche Beteiligungsbetrag erreichte 1996 ca. 27 000,– DM pro Kopf. Nach wie vor gilt die stille Teilhaberschaft als Form der Anteilsbeteiligung, deren Bedingungen in einer betrieblichen Vereinbarung in für alle verständliche Worte gefaßt wurden. Prinzipiell setzt sich das *Distelhäuser*-Vermögensbildungsmodell aus den beiden Komponenten a) einer Sonderzuwendung und b) der darauf entfallenden Dividende zusammen. Ein 6köpfiger paritätisch besetzter Kapitalbeteiligungsausschuß überwacht die Abläufe. Dazu gehört die Festlegung der alljährlichen Sonderzuwendung. Mit ihr ist der Mitarbeiter sowohl am Gewinn als auch am Verlust seines Unternehmens beteiligt. Eine Regelung, die die *Distelhäuser Brauerei* noch heute von vielen kapitalstarken Vermögensbildungsunternehmen unterscheidet. Aber gerade darin kommt der echte Charakter eines voll anerkannten Anteilinhabers zum Ausdruck, der auch als echte Motivationskraft wirkt. Denn auf diese Sonderzuwendung zahlt das Unternehmen seinen Mitarbeitern jährlich eine Dividende. Sie ist frei verfügbar, wenn die Kapitaleinlage 10 000,– DM übersteigt. Jeder Mitarbeiter kann im Alter von 55 Jahren Beträge, die länger als 5 Jahre auf der Haben-Seite seines Kontos stehen, davon abziehen. Wenn er 60 geworden ist, kann er auch über die einjährigen Gutschriften verfügen.

In der Unternehmensleitung wird betont: „Nach anfänglicher Skepsis in der Einführungsphase stehen die Mitarbeiter der *Distelhäuser Brauerei* dem Beteiligungsmodell sehr positiv gegenüber." Nicht nur die Führungsmannschaft, sondern auch externe Beobachter der Firma sind davon überzeugt, daß die weit unter dem Durchschnitt liegende Fluktuation, weniger als 1 Prozent, wesentlich auf das Beteiligungsmodell zurückgeführt werden kann; es hat sogar zu der

Möglichkeit beigetragen, Nachwuchsführungskräfte in den eigenen Reihen zu finden. Dabei wird der Produktivitätsbonus pro Mitarbeiter auf 2 100 hl beziffert, womit der Branchendurchschnitt um mehr als 300 hl übertroffen wird. Auch die Eigenkapitalquote der Brauerei dokumentiert einen seltenen Höchststand und rangiert bei 65 %, während der Branchendurchschnitt von den Brauern mit 35 % angegeben wird. Der Bundesdurchschnitt allgemein üblicher Kapitalausstattung liegt häufig unter 20 %.

Unter diesen hier skizzierten Voraussetzungen legt die Führung des Hauses noch besonderen Wert auf die Feststellung, daß es sich bei diesem Beteiligungsmodell um keine karitative oder soziale Einrichtung handele und daß es dementsprechend frei von jeglichen ideologischen Ansprüchen sei. Sozusagen „Marktwirtschaft in perfect". Ein Musterbeispiel im Kampf gegen Benachteiligung, den alle tragen, die dann davon auch profitieren.

*

Stefan Bauer, geschäftsführender Gesellschafter:
„Unser Mitarbeiterbeteiligungsmodell gehört sicherlich zu einem der erfolgreichsten in der Bundesrepublik Deutschland, und dies nicht nur aufgrund seiner 40jährigen Existenz, sondern vor allem in bezug auf seine Auswirkung sowohl für den einzelnen Mitarbeiter als auch für das Unternehmen. Dieses Modell der stillen Beteiligung – wie wir es praktizieren – kann nur eingebettet sein in ein ganzheitliches Miteinander in einem Betrieb. Wenn ich heute gefragt werden würde, ob ich dieses Modell wieder so einführen würde, käme ein klares JA dafür, wie wir es heute praktizieren, ohne Wenn und Aber."

Erika Kempf, Betriebsratsvorsitzende:
„40 Jahre Mitarbeiterbeteiligung" – diese Zahl spricht schon allein für sich. Sicherlich mußten manche Zweifel und Bedenken überwunden werden, deshalb freut es mich um so mehr, daß wir auf eine erfolgreiche Zeit zurückblicken können, wie es unsere Zahlen beweisen. Dank dieser Beteiligung entsteht ein starkes ‚Wir-Gefühl', das uns zusammen mit unserer Marke *DISTELHÄUSER*, unserer kooperativen Führungsmannschaft und nicht zuletzt unseren motivierten Mitarbeitern voll Zuversicht in die Zukunft blicken läßt."

Erfolg wird honoriert

Drägerwerk AG, Lübeck

„Menschen, die ihr Wissen und Können, ihre beruflichen und sozialen Fähigkeiten sowie ihre Persönlichkeit zur Erreichung der Unternehmensziele einsetzen, sollen auch die Möglichkeit haben, über ihr festes Einkommen hinaus einen Anteil am Erfolg des Unternehmens zu erhalten. Wer die Angebote zur Erfolgsbeteiligung regelmäßig nutzt, nimmt am langfristigen Wachstum des Unternehmens teil."

Mit diesen Worten wird in der *Drägerwerk AG* ein Grundsatz dokumentiert, der auch die Basis für die Mitarbeiterbeteiligung dieses Hauses bildet. *Dräger* gehört durch Dr. Heinrich Dräger sogar zu den Pionieren der staatlich geförderten Vermögensbildung in Arbeitnehmerhand. Bereits 1957 führte er in seinem Unternehmen als einer der ersten ein Investment-Sparprogramm als zusätzliche Altersversorgung ein; er war auch an der Entwicklung des sogenannten „*Leber*-Plans" beteiligt, der 1962 mit dem 312-Mark-Gesetz (dem steuerfreien Arbeitgeberanteil zur Arbeitnehmerspareinlage) den Grundstein für die spätere 936-DM-Verordnung bildete.

Heinrich Dräger konnte in diesem Zusammenhang schon damals darauf verweisen, daß seine 1889 gegründete Firma bereits um 1900 ihre Mitarbeiter am Jahresgewinn beteiligt hat. Daher rührt auch das historische Anteilsbeispiel, das uns heute nicht nur die Verbesserung der Arbeitsentlohnung, sondern auch die Entwicklung des Geldwertes deutlich vor Augen führt. 1904 gab es bei *Dräger* je Arbeitsstunde eine Gewinnprämie von 4,8–6,5 Pfennigen; das entsprach 25 % des Stundenlohnes, der seinerzeit zwischen 30 und 46 Pfennigen lag. Dafür mußte 60 Stunden in der Woche gearbeitet werden. Damals bekam man für einen „Groschen" auch fast ein Dutzend Eier, für die man heute häufig fast DM 4,– bezahlt. Der Groschen aber verlangte ca. eine Viertelstunde Arbeitszeit. Für DM 4,– geht es heute dagegen bei Fachkräften eher um Minuten. In der Firmengeschichte der *Dräger AG* heißt es: „Die Einführung unseres Prämiensystems bewirkte

1904 einen außerordentlichen Zuwachs des ‚produzierten Waren-wertes.'"

Noch heute unterscheidet sich das *Dräger*-Modell von vielen anderen dadurch, daß es betont auf Eigenbeteiligung setzt. Das heißt, die 5000 genußscheinberechtigten Mitarbeiter der Gesamtbelegschaft, die gegenwärtig 5600 zählt, müssen eine erhebliche Eigenleistung erbringen, auch wenn ihnen das Unternehmen einen weitgehend steuerfreien Zuschuß leistet. Dabei sind 3 Punkte für die *Dräger*-Vermögensbildung vorherrschend.
1. Das Ziel lautet: „Gewinn für die Mitarbeiter – Kapital für Dräger."
2. *Dräger*-Genußscheine sind wie alle Wertpapiere nicht ohne Risiko.
3. Die Rendite der Mitarbeiter übertrifft durch die entsprechenden Firmenzuschüsse jene des üblichen Kapitalmarktes.

Nach 15 Jahren haben die Mitarbeiter gut 10 % des gezeichneten Kapitals erworben, und das entspricht fast 182000 Genußscheinen, für die an die 11 Millionen DM Firmenzuschüsse eingesetzt wurden.

Das neueste der mehrfach variierten *Dräger*-Vermögensbildungs-modelle sieht vor, daß ab 2 % Netto-Umsatzrendite 20 % des Jahres-überschusses an die Mitarbeiter ausgezahlt werden. Erreicht die Rendite lediglich 1,5 %, werden nur 10 % des Gewinns verteilt. Diese Ausschüttung erfolgt in *Dräger*-Genußscheinen, die einer dreijährigen Sperrfrist unterliegen. Voraussetzung für die Beteiligung ist eine dreijährige Betriebszugehörigkeit und ein ungekündigtes Anstellungsverhältnis. Da *Dräger* die Ausschüttung ausdrücklich als Erfolgsbeteiligung betrachtet, sind vielleicht zwei Besonderheiten interessant: Erstens die Tatsache, daß Mitarbeiter mit einer vertraglichen Arbeitszeit von mehr als 35 Wochenstunden einen um 2,5 % erhöhten Stundenbetrag erhalten. Zweitens die Regelung, daß die Jahresbasis für die Erfolgsbeteiligung keine Einkommensbestandteile enthält, die für Krankheitszeiten gewährt worden sind.

Die renditeabhängige Ergebnisbeteiligung hat im Hause *Dräger* auch die jahrzehntelang übliche Tantiemenregelung für Führungs-

kräfte abgelöst. Sie setzt sich für diesen Personenkreis wie folgt zusammen: 20 % werden am Spartenergebnis gemessen;
10 % bestimmt der Konzernerfolg;
und 70 % beträgt die Gewinnbeteiligung in Abhängigkeit der vereinbarten Ziele.

Der *Dräger*-Kommentar lautet: „Dadurch, daß wir die Erfolgsbeteiligung für das Konzern-, das Sparten- und das Verantwortungsbereichsergebnis jeweils unabhängig voneinander gewähren, schaffen wir für jede einzelne Person einerseits Chancen und andererseits einen Risikoausgleich. Fehlender wirtschaftlicher Erfolg in einem der drei Teilbereiche führt aber nur zur Minderung der Beteiligung in dem betreffenden Bereich. 20 % von der Brutto-Erfolgsbeteiligung für Führungskräfte werden wie bei allen Mitarbeitern ausschließlich in Genußscheinen gewährt, die mit 10 % Rabatt und einer dreijährigen Sperrfrist versehen sind.

Personalvorstand Ingo Gensch erläutert: „Die neue Erfolgsbeteiligung und die vollständige beziehungsweise teilweise Gewährung in Form von Genußscheinen dient vier unternehmerischen Zielen, die für die langfristige Sicherung der *Drägerwerke* von entscheidender Bedeutung sind.
1. die Motivation aller Mitarbeiter
2. ein in drei Bereichen (Konzern, Sparte, persönlicher Verantwortungsbereich) möglicher Unternehmerlohn
3. die Bildung von Kapitalvermögen für alle *Dräger*-Beschäftigten
4. die Kapitalbildung für das Unternehmen durch Genußscheine."

Die Erreichung dieser Ziele wird dabei durch die für *Dräger* seit Beginn des Jahrhunderts geltenden Grundsätze ermöglicht: Nur der Erfolg, nicht der Fleiß allein, kann honoriert werden. Verteilt werden kann nur das, was zuvor auch erwirtschaftet worden ist. Der Erfolg aber wird mit den Mitarbeitern geteilt ...

*

Kordula Seebode (Abteilungssekretärin):
„Die Früchte der Mitarbeiterbeteiligung bei *Dräger* kommen mir auch jetzt bei der bevorstehenden Pensionierung zugute. Seit 1989 habe ich mich an den jährlich bezuschußten Genußscheinaktionen beteiligt, so daß die jährliche Genußscheindividende eine Abrundung meiner Rente sein wird."

Andreas Wehinger (Controllingbereich):
„Mit den Genußscheinen von *Dräger* gehört mir ja auch ein kleiner Teil meiner Firma. Das motiviert mich zusätzlich."

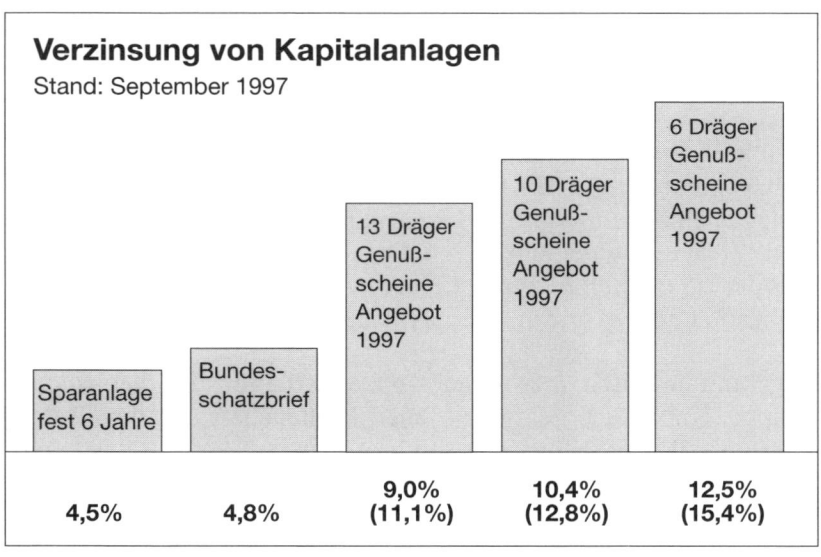

Gewinnbeteiligung monatlich

drilbox-Georg Knoblauch GmbH, Giengen

Die *drilbox-Georg Knoblauch GmbH* ist das Bilderbuchbeispiel eines deutschen Nachkriegsunternehmens. Die mittelständische Firma, die 1946 von Georg und Berta Knoblauch als mechanische Werkstätte gegründet wurde, hat sich inzwischen zum Marktführer auf dem Weltmarkt entwickelt. Sie produziert nach einer Idee ihres Gründers Kassetten für Spezialbohrer. Heute werden in Giengen bei Ulm täglich mehr als 10 000 Kassetten nach 2000 verschiedenen Modellen produziert. In einem 1980 in Michigan (USA) gegründeten Zweigwerk entstehen weitere 3 000 Kassetten per day. Außerdem gründete der heutige *drilbox*-Chef Dr. Jörg Knoblauch 1987 als zweites Standbein der mittelständischen Firmengruppe die Firma *tempus* als Verlag für Managementsysteme, die heute als drittgrößter Anbieter von Zeitmanagementsystemen gilt. 1991 kam als jüngster Geschäftsbereich die Firma *DISG-Training* hinzu. Eine Organisation, die Persönlichkeitstests der *US Carlson Learning Company* in Lizenz verkauft, für die es in über 50 Ländern und in mehr als 20 Sprachen einen Markt gibt.

Insgesamt arbeiten inzwischen 160 Mitarbeiter für die *drilbox*-Gruppe. Knoblauch gehört zu jenen Firmenchefs, die ihre Belegschaften nicht nur theoretisch, sondern auch praktisch als kostbarste Anlage behandeln, und Motivation, einschließlich der Mitarbeiterbeteiligung, steht ganz oben. Die Firmenphilosophie ist in diesem Fall nicht in Führungsgrundsätzen, sondern nach dem Prinzip *Mit-wissen, Mit-denken, Mit-lernen, Mit-verantworten, Mit-genießen, Mit-besitzen* zu einem Strauß von 33 „Rosen" geflochten. Ein Verfahren, das um seiner Originalität willen – und da man es im Hause als mitentscheidende Basis für die Mitarbeiterbeteiligung bezeichnet -- hier skizziert wird:

Das *Mit-wissen* sollen die folgenden 7 „Rosen" unterstützen:

1. eine Mitarbeiterbroschüre, die auch dem Management Orientierungshilfe gibt,

2. eine monatliche Mitarbeiterzeitschrift, die die Auszubildenden erstellen,
3. ein Kontaktabend für den unmittelbaren Kontakt zum Chef für jeden *Newcomer*, außerdem
4. flache Hierarchien, keine Statussymbole,
5. tägliche Umsatz- und Gewinninformation,
6. Belegschaftsversammlungen, wann immer erwünscht,
7. präzise geplante Informationsveranstaltung und Einführungs-ritus für neue Mitarbeiter.

Das *Mit-denken* wird gefördert:
8. das 1-Minuten-Lob für positiven Einsatz,
9. jeder Mitarbeiter soll alljährlich einen Verbesserungsvorschlag einbringen,
10. Querdenker-Stammtisch,
11. Gesprächsrunden mit Bereichsleiter am Arbeitsplatz,
12. Jahresarbeitszeit als Basis für flexible Einsätze.

Für das Prinzip des *Mit-lernens* sind vorgesehen:
13. Weiterbildung, die grundsätzlich der Betrieb bezahlt,
14. Anwendung des Firmenprodukts *DISG-Profil* als persönliche Analyse für jeden Mitarbeiter,
15. Zeitplansysteme für jeden Mitarbeiter, der es wünscht,
16. firmeninterne Bildung (z. B. Englisch, Erste Hilfe, Arztvorträge),
17. Coaching für Führungskräfte durch den Chef,
18. 2 x jährlich ein Strategiewochenende für Führungskräfte,
19. Einbeziehung des Betriebsrats in alle Aktivitäten.

Das *Mit-verantworten* soll wiederum durch die folgenden Punkte ge-fördert werden:
20. Lohn- und Gehaltsgerechtigkeit durch Mitarbeiter-Vorschläge,
21. Quartalsgespräche zur Zielvereinbarung,
22. Jeder Bereichsleiter sucht Mitarbeiter selbst aus (1–3 Tage Pro-bezeit),
23. Ein Jahresmotto unterstützt Orientierung und verbessert die Kommunikation.

Dem *Mit-genießen* werden gewidmet:
24. Gymnastik am Arbeitsplatz,
25. Vesperdienst (Besorgungshilfe),
26. Dankesbrief + 300 DM pro Halbjahr für jeden Mitarbeiter, der keine Fehlzeit aufweist,
27. Sonntagnachmittagsaktionen auf Wunsch,
28. Erfolgsfeier,
29. firmenunterstützte Fitneßpflege,
30. Weihnachtstombola,
31. Geburtstagsbrief,
32. monatliche Gewinnanteilsausschüttung.

Und Punkt 33 gilt ganz allein dem *Mit-besitzen* der Kapitalbeteiligung: „Mitarbeiter können sich jährlich nach dem 936-DM-Gesetz am Kapital der Firma beteiligen. Dadurch werden Mitarbeiter zu Mit-besitzern."

Die in diese 33 „Rosen" eingebundene monatliche (!) Gewinnbeteiligung erfolgt nach einem ebenso klaren wie interessanten Schlüssel:

1. 100 % Arbeitszeit (37 Stunden) = voller Anteil.
2. 75 % Arbeitszeit (27,7 Stunden und mehr) = 75 % Anteil.
3. 50 % Arbeitszeit (18,5 Stunden und mehr) = 50 % Anteil.
4. 25 % Arbeitszeit (9 Stunden und mehr) = 25 % Anteil.
5. Auszubildende im Betrieb: halber Anteil, sofern die Auszubildenden bei *drilbox* eingesetzt sind.
6. Studenten der Berufsakademie: halber Anteil, sofern die Studenten bei *drilbox* eingesetzt sind und nur während der Zeit im Betrieb.
7. Praktikanten und Umschüler im Betrieb: halber Anteil, sofern sie bei *drilbox* eingesetzt sind.
8. Ferienarbeiter: keine Gewinnbeteiligung.
9. Normaler Urlaub: Gewinnbeteiligung läuft weiter.
10. Unbezahlter Urlaub und Krankheit: keine Gewinnbeteiligung; die in einer Woche geleisteten Stunden werden, wie unter 1. – 4. erklärt, abgerechnet.
11. Neue Mitarbeiter: Gewinnbeteiligung läuft ab dem ersten vollen Kalendermonat.

12. Die Gewinnbeteiligung wird monatlich und in bar ausgezahlt.
13. Der Arbeitnehmer muß zum Zeitpunkt der Auszahlung noch im Betrieb arbeiten.
14. Die Auszahlung der Gewinnbeteiligung ist eine freiwillige Leistung des Arbeitgebers, deren Gewährung einen Rechtsanspruch in Zukunft nicht begründet.

In der Einleitung zur Broschüre der Mitarbeiter-Kapitalbeteiligung heißt es: „Die Mitarbeiter-Kapitalbeteiligung hat gegenüber den anderen Anlageformen den entscheidenden Vorteil, daß jeder selbst mit seinem Engagement die Höhe der Rendite beeinflussen kann."

Teilnahmeberechtigt ist jeder ungekündigte, mindestens 18 Jahre alte und seit einem Jahr im Unternehmen tätige Mitarbeiter, der sich auch bereit erklärt, stiller Gesellschafter zu werden. Hinzu kommt, daß der Einlagenanteil des Mitarbeiters bei *drilbox* mit dem Weihnachts- und Urlaubsgeld verrechnet wird, so daß er keinerlei Barzahlung zu leisten hat. Seine Einlage wird auch in Verlustjahren mit 4 % verzinst. Ein Gesellschafter- oder Partnerschaftsausschuß, der die Interessen der Beteiligten wahrnimmt, informiert und kontrolliert im Rahmen der Beteiligungsvorgänge. Ab dem 7. Jahr einer stillen Beteiligung, so verlangt es die gesetzliche Sperrfrist, kann sich der *drilbox*-Mitarbeiter sein Geld auszahlen lassen. Er kann alle Anteile stehen lassen und weiterhin neue erwerben, um über einen wachsenden Anteil am Unternehmen zu verfügen. Er kann sich dafür aber auch jedes Jahr neu entscheiden, ob er verkauft, zukauft oder beides vornehmen will.

Die Verzinsung der stillen Einlage erfolgt mit 4 % bei Unternehmensgewinnen bis 200 000,– DM und wächst auf maximal 8 % bei Unternehmensgewinnen von 1 Million DM und mehr. Voraussetzung ist ein Jahresumsatz von 10 Millionen DM bis 20 Millionen DM. Übersteigen die Umsatzzahlen diese Orientierungsmarke, muß der Mindestgewinn prozentual entsprechend angepaßt werden. Vorzeitige Kündigungen werden in Sonderfällen ermöglicht, zum Beispiel Krankheit oder Tod des Ehegatten, Heirat nach mindestens zweijähriger Teilhaberschaft, langfristiger, mindestens 1 Jahr während Arbeitslosigkeit, falls ein Beteiligter sich selbständig machen will, bei Umtausch in andere Wertpapiere, falls die Gesellschafterversammlung zustimmt, oder auch im Entwertungsfall des Beteiligungspapiers. Gegenwärtig werden bei *drilbox* pro Jahr ca. 40 % der Belegschaft als stille Gesellschafter aufgeführt. Sie halten 10 % des Firmenkapitals. Dieses Modell soll demnächst ausgebaut werden.

*

Inhaber und Firmenleiter Knoblauch: „Mitarbeiter sind das A und O im Unternehmen. Wir haben festgestellt, daß Mitarbeiter Verantwortung übernehmen wollen. Damit sie das tun können, müssen sie über betriebliche Dinge Bescheid wissen, das heißt, sie müssen mitwissen. Dann können sie mit-lernen und mit-verantworten. Und letztlich sollen so in das Unternehmen einbezogene Mitarbeiter auch mit-genießen und mit-besitzen. Motivation erwächst nämlich nicht nur dadurch, daß man Geld verteilt."

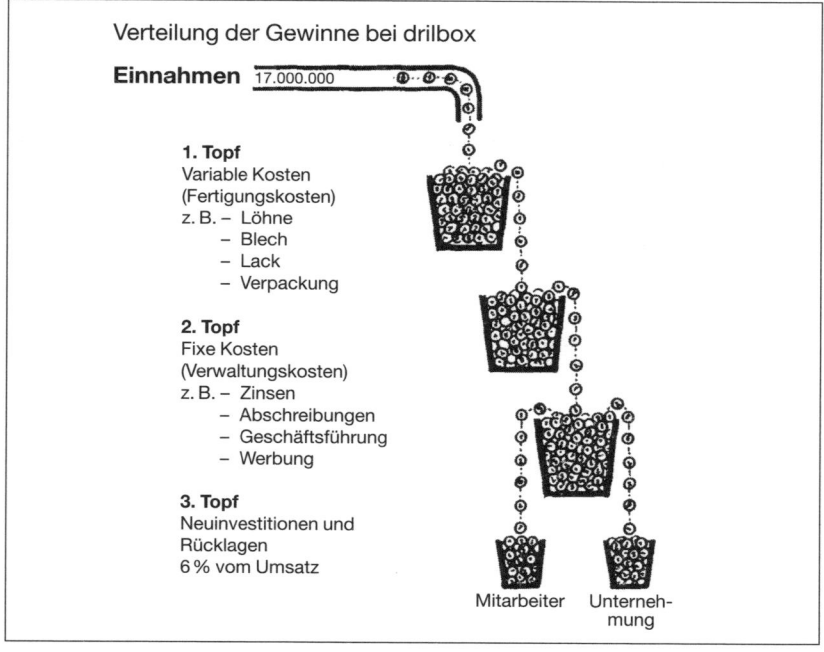

Lohn- und Gehaltsfindung
für drilbox-Mitarbeiter

Herrn/Frau

Eintritt:

Jahr	Stundenlohn/Gehalt	%-Zuwachs z. Vorjahr
31.12.91	16,14	
31.12.92	17,68	9,85 *
31.12.93	18,42	4,30 *
31.12.94	17,83	
31.12.95	18,42	3,40 *

*): Die Lohnerhöhung bezieht sich nicht auf die Schmutzzulage!

Ihr Stundenlohn/Gehalt beläuft sich nach der tariflichen Erhöhung von 2,2% zum 01.04.1996 auf

brutto: DM 18,81

Wenn Sie Ihr eigener Personalchef wären, welchen Stundenlohn bzw. welches Gehalt würden Sie, nach Ihrem heutigen Wissen und Können sowie Ihrer Leistungsbereitschaft (Fleiß), als angemessen betrachten?

brutto DM .... 20,50.

Sollten Sie über die am 01.04.1996 fällige tarifliche Erhöhung der Löhne und Gehälter hinaus den Wunsch nach einer weiteren Erhöhung Ihres Stundenlohn/Gehalts haben, so ist eine nachfolgende persönliche Begründung bis zum 02.05.1996, 9.30 Uhr erforderlich.

Bitte denken Sie daran, daß Lohnerhöhungen nur da in Frage kommen, wo im Aufgabenbereich oder der Qualifikation des Mitarbeiters (Weiterbildung) Änderungen eingetreten sind.

Da ich zusätzliche Arbeiten übernehme. Ich bringe Teile auf, ich arbeite selbstständig in der Naßkabine wo die Teile noch einmal nachgepulvert werden, ehe sie in den Ofen gehen. Ich habe mir Kenntnisse über die verschiedenen Pulvertechniken angeeignet.

Giengen, den 25.04.1996

....
Unterschrift des Mitarbeiters

123

Kapitalbeteiligung als Identifikationsfaktor

Ferdinand Bilstein jr. GmbH + Co. KG, Ennepetal

Als der metallverarbeitende Betrieb *Ferdinand Bilstein jr.* 1994 sein 150jähriges Firmenjubiläum beging, hat er seine Mitarbeiter eingeladen, sich bei ihm als stille Gesellschafter zu engagieren. Der 1844 gegründete und noch heute in Familienbesitz befindliche Hersteller von Automobilersatzteilen wurde in Ennepetal gegründet. Dort hat er auch heute seinen Firmensitz und kann auf Tochterfirmen in England, Frankreich, Italien und den USA verweisen. Inzwischen erarbeiten mehr als 300 Mitarbeiter eine Palette von 8000 Produkten, die von ca. 2000 Kunden im In- und Ausland geordert werden.

Anläßlich ihrer Jubiläumsfeierlichkeiten erhielten alle Mitarbeiter eine Bar-Zuwendung von 300 DM. Zusätzlich wurde ihnen angeboten, sich mit einem Betrag in Form einer Investiv-Jubiläumszuwendung, die sich an der Betriebszugehörigkeit orientierte, als stille Gesellschafter zu beteiligen. Wer das Angebot akzeptierte und bereits 1−5 Jahre für die Firma gearbeitet hatte, bekam insgesamt 500 DM in Form eines Anteilscheins. Mit einer 5−10jährigen Betriebszugehörigkeit wurden ihm oder ihr 750 DM in diesem Sinne verbrieft, und mit mehr als 10 Firmenjahren erreichte die Jubiläumszuwendung stiller Gesellschaftsanteile einen Wert von DM 1000. Diese Zuwendungen bewirkten eine Beteiligungsquote von 94% und ein Mitarbeiterkapital von 170100 DM.

Wie nicht anders zu erwarten, sanken Quote und Kapital, als die Mitarbeiter sich mit eigenem Geld einbringen mußten. Aber es entschied sich doch ein Viertel der Beteiligungsberechtigten, als stille Gesellschafter ihrem Betrieb beizutreten. Das derzeitige Beteiligungskapital beträgt 350000 DM. Vor allem aber, und das ist bemerkenswert, hält die Geschäftsführung an dem einmal gesteckten Ziel, ihre Mitarbeiter zu beteiligen, fest. „Wir wollen erreichen, daß sich *febi*-Mitarbeiter mit ihrem Unternehmen identifizieren und mit Einsatzbereitschaft ihre Aufgabe lösen. Die Beteiligungsquote von derzeit 25−30% werten wir als das Ergebnis einer Phase gegenseitiger

Erfahrungen und verfolgen in den kommenden Jahren das ehrgeizige Ziel einer Beteiligungsquote von mehr als 50 %. Dabei wollen wir die Beteiligungsbereitschaft nicht durch einseitige Vergünstigungen für unsere Mitarbeiter hochpuschen, sondern streben eine dauerhafte, faire Partnerschaft an. Die Freiwilligkeit und das Aufbringen einer Eigenleistung sind für uns wichtige Elemente." Dieses Prinzip wird nicht zuletzt dadurch gestützt, daß sich die Mitarbeiter als stille Gesellschafter auch bereit zeigen, Risiko einzugehen. Das bedeutet bei *febi*, daß bei Umsatzeinbußen auch Mitarbeiter-Gesellschafter haften, jedoch nur bis zu 3 % ihrer Einlagen.

Im Gesellschaftsvertrag ist weiter festgehalten, daß die Nennwerte der Anteilscheine auf DM 50 lauten und die Grundlage für gegenseitige Berechtigungen und Verpflichtungen bilden (wobei jeder ein Mehrfaches an Anteilscheinen erwerben kann). Die Ausgabe dieser Anteilscheine wird auch hier erst durch den von einem Registerführer gegengezeichneten Registereintrag wirksam und bildet die formale Beteiligungsgrundlage für den Mitarbeiter.

Mit dem Nennwert seiner Beteiligung ist der stille Gesellschafter sodann auch bei *febi* am Gewinn des Unternehmens beteiligt, wobei der Gewinnanteil des stillen Kapitals dem Prozentsatz der Umsatzrendite entspricht. Ferner ist eine 6jährige Sperrfrist für die Mitarbeiter-Gesellschaftsanteile vorgesehen. Vorzeitige Kündigungen werden bei Erreichen der Altersgrenze, Erwerbsunfähigkeit und in individuellen Notlagen ermöglicht. Das Unternehmen behält sich seinerseits vor, bei einem Unternehmensverkauf oder Zusammenschluß, im Fall der Verpfändung von Gesellschafteranteilen oder auch bei regulären Kündigungen des Arbeitsverhältnisses den Gesellschaftervertrag im Rahmen der gesetzlichen Vorschriften vorzeitig aufzulösen.

Diesen Vorschriften entsprechend findet einmal jährlich eine Gesellschafterversammlung statt, deren Aufgabe es unter anderem ist, einen dreiköpfigen Gesellschafterausschuß zu wählen, der 3 Jahre im Amt bleibt. Laut Beteiligungsangebot für 1998 bestimmt sich der Kaufpreis für die stillen Gesellschafteranteile wie folgt: Für einen Beteiligungswert von 400 DM zahlt der Mitarbeiter 300, das Unternehmen 100 DM, bei 800 DM bleiben 600 für den Mitarbeiter, und 200 DM übernimmt die Firma. Eine Beteiligung von 1 200 DM kostet den Mitarbeitergesellschafter danach 900 DM, und 300 entfallen auf das Unternehmen.

*

Stellungnahme der Geschäftsleitung:
„*febi* ist ein altes, erfolgreiches Unternehmen. Diesen Erfolg gilt es für die Zukunft zu sichern. Dazu sind heute schon Perspektiven aufzuzeigen, Strategien zu entwickeln und Maßnahmen zu treffen. Ein wichtiger Baustein dazu ist die *febi*-Mitarbeiter-Kapitalbeteiligung. Wir wollen erreichen, daß sich die *febi*-Mitarbeiter mit ihrem Unternehmen identifizieren und mit Einsatzbereitschaft ihre Aufgaben lösen. Dazu soll die *febi*-Mitarbeiter-Kapitalbeteiligung ein Stück beitragen. Mitarbeiter und Unternehmen sollen noch stärker verbunden werden. Und es soll ihnen die Möglichkeit eingeräumt werden, am wirtschaftlichen Erfolg von *febi* teilzuhaben. Wir sind zuversichtlich, daß durch diese Maßnahme der partnerschaftlichen Zusammenarbeit ein Grundstock für den zukünftigen Erfolg gelegt und das Fundament gegenseitigen Vertrauens weiter gefestigt wird.“

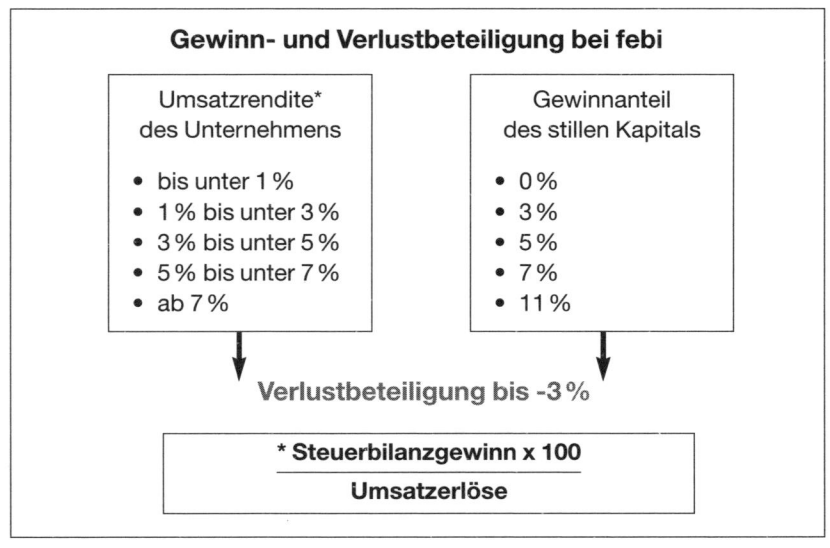

Gewinn- und Verlustbeteiligung bei febi

Umsatzrendite* des Unternehmens	Gewinnanteil des stillen Kapitals
• bis unter 1 %	• 0 %
• 1 % bis unter 3 %	• 3 %
• 3 % bis unter 5 %	• 5 %
• 5 % bis unter 7 %	• 7 %
• ab 7 %	• 11 %

Verlustbeteiligung bis -3 %

$$* \frac{\text{Steuerbilanzgewinn} \times 100}{\text{Umsatzerlöse}}$$

Mitarbeiter-Kapitalbeteiligung

ANTEILSCHEIN

Herr/Frau

_____

ist ab dem _____

als stiller Gesellschafter an der
Ferdinand Bilstein jr. GmbH + Co. KG
mit einem Anteil von

_____

in Worten _____

beteiligt.

Aufgrund der festgelegten Sperrfrist ist dieser Anteil erstmals zum
_____ kündbar.
Die detaillierten Bestimmungen sind im „Beteiligungsangebot" und im
„Stillen Gesellschaftsvertrag" vom November 1994 geregelt.

Datum: _____

Fa. Ferdinand Bilstein jr. GmbH + Co. KG

Register-Nr.

_____

Arbeitsplatzsicherung durch Beteiligung

FEN – Fahrzeugtechnik-Handel GmbH, Niederdorf

Die heutige *Fahrzeugtechnik-Handel GmbH* in Niederdorf bei Chemnitz in Sachsen besaß in der ehemaligen DDR das Monopol für den Vertrieb aller Fahrzeugelektrik im In- und Ausland. Von 100 verschiedenen Herstellern sind 480 Vertragswerkstätten beliefert und von 160 Mitarbeitern 250 Millionen Ostmark umgesetzt worden. Nachdem auch in diesem Fall die Privatisierungsbemühungen durch die Forderungen der Treuhandanstalt erheblich erschwert wurden, übernahmen 1990 vier Führungskräfte ihren eigenen Betrieb als *Management-Buy-out*. Die Gesellschaftsanteile gingen danach an 11 im Unternehmen beschäftigte Gesellschafter. Der Betrieb führte als einer der ersten in den neuen Bundesländern mit Hilfe der *Arbeitsgemeinschaft zur Förderung der Partnerschaft in der Wirtschaft (AGP)* eine Mitarbeiterbeteiligung ein und erhielt 1991 den Partnerschaftspreis der *AGP*. Von den heute 120 Beschäftigten sind 40 % inzwischen stille Gesellschafter ihrer Firma geworden – und das, obwohl ihre Ausgangslage besonderen Schwierigkeiten unterworfen war. Geschäftsführer Frank Heinze hat sie beschrieben: „Für die ostdeutschen Unternehmen ist es nicht nur problematisch, die Übereinstimmung zwischen Soll und Haben herbeizuführen, sondern auch die generelle Umkehrung des gescheiterten Wertesystems bis zur vorausschauenden Erziehung zur Selbständigkeit der Menschen zu erreichen."

Die gegenwärtige Beteiligungsform des Niederdorfer Betriebs basiert auf dem Genußschein-Prinzip und sieht unter anderem vor: Zum Erwerb von Genußscheinen sind alle Mitarbeiter in ungekündigtem Arbeitsverhältnis mit mindestens dreijähriger Betriebszugehörigkeit berechtigt. Sie können pro Jahr einen Genußschein im Wert von 1 236 DM erwerben. Jeder Genußschein gewährt eine jährliche gewinnabhängige Verzinsung. Die Höhe des Zinssatzes pro Nennbetrag ist von der Höhe des Jahresüberschusses abhängig. Sie beträgt bei weniger als 50 000 DM Jahresüberschuß 2 % und zwischen einem Plus von 150 000 und 2 000 000 DM 10 % des Nettoertrags. Einen Monat nach der offiziellen Feststellung der *FEN*-Bilanz hat der Genußscheininhaber Anspruch auf Auszahlung seines Zinsanteils. Die Genußscheine selbst unterliegen der üblichen 6 jährigen Sperrfrist. Eine Rückzahlung des Nennbetrags nach Ablauf der Sperrfrist erfolgt nach der Gesellschafterversammlung im Anschluß an das Geschäftsjahr. Im Verlustfall haftet der Genußscheininhaber bis zur Höhe seiner Einlage. Eine Nachschußpflicht ist damit nicht verbunden. Bei nachfolgenden Gewinnjahren aber zahlt die *FEN*-Fahrzeugtechnik den Differenzbetrag zum vollen Nennwert noch bis 5 Jahre nach dem eingetretenen Verlust an die Genußscheininhaber aus. Am Genußscheinbetrag beteiligt sich das Unternehmen mit 300 DM laut der gesetzlichen Vergünstigung für vermögenswirksam verwendete Leistungen. Stimmrechte sind mit dem Genußschein nicht verbunden. Ein Partnerschaftsausschuß regelt alle relevanten Beteiligungsfragen. Er wird gebildet aus 2 von der Belegschaft gewählten Genußscheininhabern, die keinem Betriebsrat angehören, aus einem Belegschaftsmitglied, das keine Genußscheine erworben hat, aus einem Repräsentanten des Partnerschaftsausschusses und aus 2 von der *FEN*-Geschäftsführung beauftragten Mitgliedern, deren eines zur Geschäftsführung gehören muß.

*

Ein Mitglied des Partnerschaftsausschusses:
„Bei Einführung des Beteiligungsmodells im Jahr 1991 spielten für mich andere Dinge eine Rolle als heute (Angst um den Arbeitsplatz, Demonstration der Verbundenheit zum Unternehmen). Außerdem war die Kenntnis über die Zusammenhänge ziemlich dürftig. Aus heutiger Sicht spielen hierbei andere Gründe eine entscheidende Rolle: Beteiligung wird als lukrative Form der Geldanlage (wenn auch in relativ bescheidenem Rahmen, was die Höhe der Beträge betrifft) gesehen. Dieser Aspekt ist von besonderer Bedeutung im Zusammenhang mit der Diskussion über Altersabsicherung, Rentenniveau der Zukunft etc. Selbstverständlich ist eine entsprechende Transparenz der Unternehmensführung beziehungsweise der wirtschaftlichen Situation des Unternehmens Grundlage der Entscheidung für das Genußscheinmodell, denn vorhandene Risiken sollten nicht ignoriert werden. Die Motivation, sich im Rahmen der eigenen

Tätigkeit für das Unternehmen zu engagieren, wird durch diese Beteiligungsform ebenfalls gefördert. Fazit: Für mich ist das Genußscheinmodell eine günstige Form der langfristigen Geldanlage in Form einer Unternehmensbeteiligung, wobei ich mir wünsche, daß Voraussetzungen geschaffen werden (sowohl von seiten der Politik als auch des Unternehmens), die diese Beteiligungsform in noch größerem Umfang ermöglichen."

Statement eines Genußscheininhabers:
„Als die Übernahme des volkseigenen Betriebs *Fahrzeugelektrik* durch Privatisierung in die Hand von einigen Mitarbeitern als Gesellschaftern erfolgte, wurde das Modell der Mitarbeiterbeteiligung durch die *AGP* vorgestellt. Durch die Umstrukturierung und die neuen Verhältnisse im ganzen Land war die Mitarbeiterbeteiligung eine gute Möglichkeit, die vermögenswirksamen Leistungen, die auch steuerlich mit damals 20 % gestützt wurden, im eigenen Betrieb anzulegen, damit die junge Firma mit diesen finanziellen Mitteln arbeiten konnte. Natürlich spielte es auch eine Rolle, seinen Arbeitsplatz zu festigen, und da ich seit der Lehrausbildung in dieser Firma arbeite, wollte ich meine Verbundenheit dokumentieren. Außerdem ist diese Geldanlage der Anlage bei Sparkassen und Banken vorzuziehen, da hier eine höhere Verzinsung möglich ist und durch die monatliche Abbuchung ein Sparzwang besteht."

Kapitalbeteiligung als Führungsprinzip

GLOBUS, St. Wendel

"Wir blicken auf eine lange Tradition zurück. Vor über 150 Jahren gründete Franz Bruch im saarländischen St. Wendel eine Lebensmittelhandlung, die sich im Laufe der Jahrzehnte zu einem bedeutsamen Großhandelsunternehmen entwickelt hat." So steht es in einem der Firmenprospekte der *GLOBUS*-Gruppe zu lesen, die inzwischen in 37 Baumärkten und 30 *SB*-Warenhäusern sowie zusätzlich einigen Elektro-Fachmärkten mehr als 17 000 Mitarbeiter beschäftigt und 1997 einen Umsatz von ca. 6 Milliarden DM erwirtschaftete.

Seit 1990 wird in diesem Haus das Medium *Mitarbeiterbeteiligung* genutzt und von der Geschäftsführung ganz bewußt nicht allein als Baustein für Vermögensbildung in Arbeitnehmerhand eingesetzt, sondern vor allem als Motivationsfaktor gewertet. Ein Führungsprinzip, das sich als besonders effizient erwiesen hat, da die *GLOBUS*-Organisation betont dezentral gesteuert wird. Die beiden Beteiligungsformen der Firma sind akkurat darauf zugeschnitten:

Am Anfang stand die Mitarbeiter-Kapitalbeteiligung, die unter dem Namen „Plus 1000" läuft. Der Strategie des Unternehmens entsprechend wird sie den Mitarbeitern mit den Worten offeriert: „Wir wollen, daß *GLOBUS* noch stärker zu IHREM Unternehmen wird. Nur wer für den gemeinsamen Erfolg arbeitet, soll von den Vorteilen an PLUS 1000 profitieren. Deshalb können nur *GLOBUS*-Mitarbeiter mit mindestens 3 Monaten Betriebszugehörigkeit Unternehmensanteile als stille Gesellschafter erwerben. Dabei sind Teilzeit- wie Vollzeitbeschäftigte gleichermaßen berechtigt." Jeder Mitarbeiter kann, den gesetzlich verankerten „vermögenswirksamen Leistungen" entsprechend, maximal 3 Anteile zu 1) 312, 2) 624 und 3) 936 DM als stiller Gesellschafter an seinem *GLOBUS*-Betrieb erwerben, bei dem er beschäftigt ist. Das Unternehmen bezuschußt diese Anteile jeweils mit für 1) 63, für 2) 126 und für 3) 189 DM. Sie unterliegen vom Erwerbstag an, ebenfalls dem Gesetz entsprechend, einer 6jährigen Sperrfrist. Vorgezogene Kündigungsmöglichkeiten ergeben sich bei

Heirat, Erwerbsunfähigkeit oder Tod. Die Unternehmensleitung rechnet vor: Nach 6 Jahren gleichbleibender Einzahlungen der genannten Beträge kann der Mitarbeiter über ein Beteiligungskapital von 6750 DM verfügen, wenn zusätzlich insgesamt 561,60 DM Arbeitnehmersparzulage (d.h. 10% auf den Sparbetrag nach Ablauf der Sperrfrist) einzukalkulieren sind. Außerdem erhielten die Beteiligten dafür in den letzten 6 Jahren pro Beteiligungsvertrag 1900 DM Zinsen ausgezahlt.

Mitarbeiter, die das Unternehmen verlassen oder aus anderen Gründen kündigen wollen, können das nach Ablauf der 6jährigen Sperrfrist mit einer Frist von 6 Monaten tun. Bei einer fristfreien Auflösung des Beteiligungskontos gehen der Jahreserfolgsbonus sowie die staatliche Förderung verloren. Die Haftung des einzelnen ist für die Mitarbeitergesellschafter auf ihre Einlagen beschränkt und gilt nur im Konkursfall. Die Gesellschafter-Belange nimmt ein Partnerschaftsausschuß wahr, der sich aus 2 für drei Jahre gewählten Mitgesellschaftern und einem Geschäftsleitungsmitglied zusammensetzt.

Für die Führungskräfte ist von der *GLOBUS*-Holding 1993 ein zweites Vermögensbildungsmodell mit dem Namen „PLUS 2000" eingeführt worden. Dafür gilt eine einjährige Betriebszugehörigkeit als Voraussetzung und eine Mindestanzahlung von 1000 DM in den *PLUS-2000*-Fond. Maximal können jährlich 10000 DM eingebracht werden. Auch dafür besteht eine 6jährige Sperrfrist und nach deren Ablauf eine mögliche Kündigung mit einer Frist von 6 Monaten zum Quartalsende. Bei Heirat, Erwerbsunfähigkeit und Tod kann eine sofortige Auszahlung erfolgen. Mit Ausscheiden aus dem Unternehmen endet der Gesellschaftervertrag. Auch dafür erfolgt nach Ablauf der Sperrfrist die Auszahlung der Kapitalbeteiligung, die auch vorzeitig oder auf 2 Jahre verteilt ausgezahlt werden kann. Aber wenn der Mitarbeiter den Betrieb verlassen hat, erhält er für seine Einlagen nur mehr den Basiszins, der der Kapitalmarktrendite entspricht. Der erfolgsabhängige Bonuszins des Unternehmens, der den festgeschriebenen Einlagen zugute kommt, wird dann nicht mehr ausgeschüttet.

Die Gewinnausschüttung dieses Modells sah seit 1993 folgendermaßen aus:

1993	7,8 % Basiszins,	9 % Bonuszins	=	16,8 % Gesamtzins
1994	5,7 % Basiszins,	6 % Bonuszins	=	11,7 % Gesamtzins
1995	7,5 % Basiszins,	6 % Bonuszins	=	13,5 % Gesamtzins
1996	5,5 % Basiszins,	3 % Bonuszins	=	8,5 % Gesamtzins

Die Investition in dieses Modell wird von vielen, die es wahrnehmen, auch als Altersvorsorge betrachtet. Zweimal jährlich (zum 30.6. und zum 31.12.) werden die Gesellschafter der Holding via Kontoauszug über ihren Einlagenstand informiert, und zum Jahresende wird ihnen mit dem Anteilschein der *GLOBUS*-Geschäftsbericht übersandt. Inzwischen sind ca. 56 % aller dazu berechtigten Mitarbeiter am *GLOBUS*-Modell „PLUS 1000" beteiligt.

In einer Verlautbarung des Schweizer *Prognos-Instituts* heißt es: „Diese zweigeteilte Ausgestaltung der Mitarbeiter-Kapitalbeteiligung kann ein Vorbild für alle Filialunternehmen – und nicht nur für die des Handels – sein. Die Beispielwirkung ist besonders hoch anzusetzen, und aufgrund der sorgfältigen Informationsunterlagen für die Mitarbeiter ist gerade dieses Modell geeignet, Hinweise für die Praxis zu geben."

*

Alfons Groß, Betriebsratsvorsitzender Koordination St. Wendel: „Ich kann nur jedem Mitarbeiter empfehlen, sich an *GLOBUS* zu beteiligen. In unserer Gruppe ist bereits jeder zweite stiller Gesellschafter durch PLUS 1000."

Petra Hammer, FBL-*Elektro-GLOBUS*, Gensingen: „Seit Jahren bin ich durch PLUS 1000 stille Gesellschafterin unseres Betriebs. Und jetzt können wir uns auch über Beteiligung an PLUS 2000 am Erfolg der ganzen Gruppe beteiligen – zu wirklich einmaligen Bedingungen."

Carmen Möbius, Mitarbeiterin Buchhaltung, Förderkreismitglied, *GLOBUS* Hoyerswerda: „Die Beteiligung an PLUS 1000 war eine leichte und schnelle Entscheidung für mich. Maßgebend dabei waren die geringe Eigenleistung, die Inanspruchnahme des Arbeitgeberzuschusses und des Jahreserfolgsbonus. Ideal finde ich die flexible Gestaltung der *GLOBUS*-Beteiligung. Ich kann die Anteilsanzahl selbst bestimmen und meine Zinserträge erhöhen, indem ich die gesamte Jahresleistung bereits im Januar erbringe."

Yvonne Ulbrich, Azubi im 3. Lehrjahr, Bereich Schuhe/Lederwaren, *GLOBUS* Hoyerswerda:
„Ich als Azubi bin in PLUS 1000, weil ich durch die Zahlung der Anteile eine Rücklage für das spätere Leben schaffen kann. Mit PLUS 1000 kann ich sparen, ohne ein Risiko einzugehen."

Dieter Schack, AL Verwaltung, *GLOBUS* Neustadt:
„Bei PLUS 1000 gefällt mir am besten die hohe Verzinsung. Außerdem erzielt PLUS 1000 bei den Mitarbeitern einen Motivationseffekt mit dem Ziel einer langfristigen Bindung an das Unternehmen."

Thomas Stoner, AL Lager, *GLOBUS* Neustadt:
„In der Abteilung *Lager* sind die Vorteile der Mitarbeiterbeteiligung bekannt, und wir sind zu 100 % an PLUS 1000 beteiligt. Als einzigen Nachteil von PLUS 1000 sehen viele der Beteiligten, daß nicht nach 6 oder 7 Jahren das Kapital in einer Summe ausgezahlt werden kann, sondern immer nur Jahr für Jahr. Es soll oft für eine größere Anschaffung Kapital angespart werden."

Bettina Schu, Personalsachbearbeiterin, Koordination St. Wendel:
„*GLOBUS* ist mein Unternehmen – durch die Mitarbeiterbeteiligung PLUS 1000. Dadurch, daß mir ein Teil von *GLOBUS* gehört, bin ich sehr motiviert. Außerdem – wo gibt es momentan eine bessere Verzinsung!"

Olaf Schomaker, Referent für Arbeitszeitsysteme, Koordination St. Wendel:
„Wenn ich meinen Bekannten erzähle, daß mir ein Teil von unserem Unternehmen gehört, gucken die ganz komisch. Aber es ist so, auch wenn es nur ein kleiner Teil ist. Aber darauf bin ich stolz!"

Pionier für Partnerschaft und Gewinnbeteiligung

Grünbeck-Wasseraufbereitung GmbH, Höchstädt/Donau

„Wir glauben, daß die soziale Partnerschaft im Unternehmen eine Alternative für freiwillige Vereinbarungen von beiden Seiten ist. Wir glauben, daß es ein Beitrag ist, das Gegeneinander in unserer Gesellschaft abzubauen und das Miteinander aufzubauen." So Josef Grünbeck, seines Zeichens Gründer und heute Mitinhaber der *Grünbeck-Wasseraufbereitung GmbH* in Höchstädt a.d. Donau.

Das von Grünbeck 1949 gegründete Unternehmen gehört heute zu den führenden Betrieben seiner Branche. Sowohl in Schwimmbädern als auch Heilbädern oder privaten Swimmingpools werden Einrichtungen seiner Produktion wie Filtertechnik, hydraulische Wasserbewegungsanlagen, Desinfektions-Installationen und manche andere eingesetzt. Für die 430 Mitarbeiter, mit denen die *Grünbeck GmbH* 1996 85 Millionen DM umsetzte, hat ihr Inhaber bereits seit Jahrzehnten eine erfolgreiche Politik der Mitarbeiterbeteiligung betrieben, so daß die Firma heute zu den Partnerschaftspionieren gezählt werden kann.

„Die Überlegungen des Firmengründers, eine soziale Partnerschaft anzustreben, um die Zukunftsaufgaben zu bewältigen, haben zu der konsequenten Entwicklung eines Partnerschafts- und Beteiligungsmodells geführt", heißt es in einer firmeneigenen Veröffentlichung. Dabei gilt die Gewinnbeteiligung als erste Stufe zum Partnerschaftsmodell. Es wurde bereits 1970 in Kraft gesetzt und 1980 zunächst von einer zweiten Stufe ersetzt, die die Möglichkeiten der Mitarbeiterbeteiligung erweitert hat. Das heißt auch, daß der ursprünglichen Erfolgsbeteiligung, für die 50 % des Bilanzgewinns ausgeschüttet wurden, eine weitere indirekte Kapitalbeteiligungsmöglichkeit durch Umwandlung der angesparten Gewinnbeteiligung hinzugefügt wurde.

Ein Partnerschaftsvertrag umgreift die Gesamtentwicklung, und in einer Präambel heißt es unter anderem: „Aufgabe dieses Vertrages ist es, das Verantwortungsbewußtsein und das Betriebszugehörigkeitsgefühl des Arbeitnehmers zu fördern. Ihm muß ein Vertrag vorgelegt werden, der die bisherigen Sozialleistungen in keiner Weise schmälert. Leistung und Betriebszugehörigkeit werden nach wie vor durch Löhne und Gehälter vergütet. Die Gewinnbeteiligung soll eine rein vermögensbildende Funktion übernehmen."

In diesem Partnerschaftsvertrag wird festgehalten, daß jeder Mitarbeiter nach einjähriger Betriebszugehörigkeit eine Gewinnbeteiligung erhält, daß er nach 5 jähriger Erfolgsbeteiligung stiller Gesellschafter werden kann und daß ein Partnerschaftsausschuß die Interessen der beteiligten Mitarbeiter vertritt. Dieser Ausschuß wird alle zwei Jahre neu gewählt, und ihm gehören 2 Mitglieder der Geschäftsleitung, 2 Mitglieder des Betriebsrats und je ein Delegierter der Hauptabteilungen an. Voraussetzung: 2 Jahre bei *Grünbeck* gearbeitet zu haben.

Die im Partnerschaftsvertrag ebenfalls geregelte Gewinnbeteiligung von 50 % des Bilanzgewinns ist dabei ausdrücklich an die Verfügung geknüpft: „Das Unternehmen darf durch eine Gewinnbeteiligung nicht gefährdet werden." Außerdem wird die an die Mitarbeiter zu verteilende Hälfte erneut geteilt. Sie gelangt zu 50 % in gleichen Teilen an die Berechtigten plus eines entgeltbezogenen Anteils aus der zweiten Anteilshälfte. Am Ende des Kalenderjahres werden die Gesamtanteile der Mitarbeiter mit 2 % über Diskont verzinst und bis spätestens zum 30. 5. des Folgejahres ausgezahlt. In Verlustjahren wird ein Verlust genau wie der Gewinn behandelt und als Soll auf den Kapitalkonten der Mitarbeiter eingetragen.

Auf dieser Basis ist eine Vermögensbildung in Arbeitnehmerhand bei *Grünbeck* kontinuierlich weiterentwickelt worden. 1986 konnte im Rahmen des 5. Vermögensbildungsgesetzes für alle Mitarbeiter eine stille Beteiligung angeboten werden, die sich an der damals gesetzlich geförderten 624-DM-Beteiligung orientierte und die inzwischen bei 936 DM (624 über die Firma, 312 DM Eigenleistung) liegt. Aus diesem Beteiligungsaufbau ergaben sich in der Grünbeck-Mannschaft 180 stille Teilhaber.

Um neben dem Mitverdienen auch das Mitverantworten und Mitentscheiden zu fördern, wurde 1988 die Mitarbeiterbeteiligungs-GmbH mit der *Grünbeck-Wasseraufbereitung GmbH* verschmolzen. Die Mitarbeiter wurden damit echte Gesellschafter mit allen Rechten und Pflichten. Seit diesem Zeitpunkt kann sich jede Mitarbeiterin und jeder Mitarbeiter durch Einlage an der *Grünbeck-Wasseraufbereitung GmbH* beteiligen. Schließlich verfügte der Inhaber, daß im Erbfall seine Geschäftsanteile voll auf die Mitarbeiter-Gesellschafter zu übertragen sind, einschließlich der stillen Anteilsinhaber, sofern sie bereit sind, ihre stille in eine endgültige Anteilsbeteiligung umzuwandeln.

„Die Konsequenzen, mit der unser Gründungsunternehmer gemeinsam mit seinen Mitarbeitern seine Vorstellungen realisiert hat, führte 1984 zur Verleihung des Partnerschaftspreises der *Stiftung Sozialer Wandel in der Partnerschaft*", berichtet *Grünbeck*-Geschäftsführer Walter Ernst.

Inzwischen hält die Belegschaft mehr als 40% des Firmenkapitals. Da Gesellschafterbeschlüsse mit $^3/_4$-Mehrheit zu fassen sind, läuft ohne die Mitarbeiterbestimmung nichts mehr, und 1996 betrug die Rendite ihres Kapitaleinsatzes 15%, bezogen auf das Nominal-Kapital.

*

Stellungnahme für den Betriebsrat: Thomas Schabel, stellvertretender Vorsitzender:
„Der Hauptgrund, warum sich Mitarbeiter unserer Firma für diese Anlageform entscheiden, liegt sicherlich darin, daß man mit einem geringen Aufwand an Eigenkapital und der hohen Zuzahlung und Rendite durch das Unternehmen sich mit einer beachtlichen Summe an einem stabilen mittelständischen Unternehmen beteiligen kann, das seit Jahren zu den führenden Anbietern in dieser Branche zählt.

Ein weiterer ganz wichtiger Aspekt, der gerade in den letzten Jahren immer mehr an Bedeutung gewinnt, ist auch die private Absicherung für die eigene Altersvorsorge. Des weiteren bietet dieses Beteiligungsmodell jedem einzelnen Mitarbeiter die Möglichkeit, damit selbst etwas für den Erhalt des Arbeitsplatzes und des unabhängigen Unternehmens beizutragen."

Abteilungsleiter Konstruktionsserie, Stoll:
„Die beteiligten Mitarbeiter können über die Gesellschafterversammlung ganz offiziell Einfluß nehmen und dadurch mitarbeiten. Über den von den Gesellschaftern gewählten Beirat kann über wichtige unternehmerische Entscheidungen mitbestimmt werden. Allen Gesellschaftern ist die Möglichkeit geboten, in die Bilanz einzusehen. Dadurch werden unternehmerische Entscheidungen und deren Auswirkungen auf das Geschäftsergebnis transparenter. Durch die Beteiligung als Gesellschafter bei *Grünbeck* macht sich jeder Gesellschafter – mehr oder weniger – Gedanken über mögliche Einsparungspotentiale bei vermeidbaren Kosten. Das ‚Wir-Gefühl‘ wird verstärkt, das unternehmerische Denken geschärft, da es ja die ‚eigene Firma‘ ist. Die derzeitige Dividende von real 7,5 % ist eine sehr interessante Kapitalanlage. Durch das Beteiligungsmodell ist die Unternehmensnachfolge geregelt, wodurch unsere Arbeitsplätze gesichert sind."

H. Fabian, Kalkulation-Werksnorm:
„Seit Oktober 1988 bin ich Mitarbeiter der Firma *Grünbeck*. Anfangs habe ich noch keine richtige Vorstellung von unserem Mitarbeitermodell gehabt. Auch die eigenen finanziellen Bedingungen waren noch nicht so gegeben, daß ein Einstieg in dieses Modell möglich war, aber immer wieder wurden dann im Laufe der Zeit seitens der Geschäftsführung Impulse gegeben, uns Mitarbeiter zu motivieren, daran teilzunehmen. Da habe auch ich mich entschlossen, meine stille Beteiligung in Gesellschafteranteile umzuwandeln; 1. aus Dankbarkeit der Geschäftsführung gegenüber, mir in einer damals persönlich schwierigen Zeit einen Arbeitsplatz zu erhalten; 2. in der Absicht, dazu beizutragen, daß die Firma weiterhin so stabil existieren kann wie bisher. Gleichzeitig ist es für mich auch eine Art der Motivation, immer das Beste zu geben bei der Lösung der täglich anstehenden Aufgaben und Probleme. Ich hoffe und wünsche, daß es noch viele Jahre so weitergeht."

138

Michael Steck, Gruppenleiter Qualitätskontrolle:
„Als Gesellschafter der Firma *Grünbeck* sehe ich Vorteile wie zum Beispiel Mitspracherecht, Kontrollfunktion, Einblick in die Bilanz sowie Verantwortung tragen. Nicht zu vergessen ist natürlich die relativ hohe Verzinsung der Einlage. Einen weiteren Vorteil der Beteiligung sehe ich für mich persönlich nach mehr als 20jähriger Betriebszugehörigkeit darin, daß es eine Art der zusätzlichen Altersversorgung darstellt. Nicht nur ich, sondern auch das Unternehmen hat Vorteile, indem es die Einlagen der Gesellschafter zur Verfügung hat und nicht vom teuren Geldmarkt beschaffen beziehungsweise leihen muß.“

Weltweite Gewinnbeteiligung

Hewlett-Packard GmbH, Böblingen

„In unseren Firmenzielsetzungen heißt es, daß jeder Mitarbeiter, der zum Firmenerfolg beigetragen hat, auch daran teilhaben soll. Daß es *Hewlett Packard* mit dieser Zielsetzung ernst meint, zeigt sich an der Summe aller Firmenleistungen. Es darf aber nicht nur an einer allein gemessen werden. Wir erwarten von unseren Mitarbeitern volles Engagement und höchste Leistungen, bieten dafür aber neben einer besonderen Firmenkultur und persönlichen Freiräumen auch ein deutlich über dem Standard liegendes Gesamtleistungspaket. Neben Gehalt und dem Ziel der Beschäftigungssicherheit zählt dazu ganz besonders die *HP*-Gewinnbeteiligung."

HP-Arbeitsdirektor und Geschäftsführer Personal- und Sozialwesen, Fritz Schuller, stellt diese Sätze einem Brief an alle Mitarbeiter des Hauses voran. Er spricht für ein Unternehmen, das sich seit Jahren nicht allein durch sein Produkt, sondern auch durch seine Personalführung im Rahmen der erwähnten Unternehmenskultur ausgezeichnet hat und das seinen Mitarbeitern tatsächlich als eines der ersten auf der Basis einer flexibilisierten Arbeitszeit mehr Freiräume geboten hat.

Die Gewinnbeteiligung gehört dabei zu jenen, die bei dem international aktiven Elektronik-Produzenten mit Sitz im kalifornischen Palo Alto weltweit zum Tragen kommt. Deshalb ist im Herbst 96 eine Änderung der Bemessungsgrundlage für den zu verteilenden Gewinn auch vom *HP*-Präsidenten höchstpersönlich für die Belegschaftmitglieder sämtlicher *HP*-Gesellschaften erläutert worden. Danach dient nicht mehr der Gewinn allein als Bezugsfaktor für die Erfolgsbeteiligung der Mitarbeiter, sondern der Nettogewinn wird in Verhältnis zum Anlagevermögen gesetzt, durch 2,5 geteilt und zum prozentualen Umsatzzuwachs, der wiederum durch 5 geteilt wird, hinzugezählt. Präsident Lew Platt nennt die Gründe:

„1. die Berücksichtigung unserer geänderten Geschäftssituation,

2. die Gewährleistung eines gesunden und wettbewerbsfähigen Unternehmens für die Zukunft,
3. eine schlüssige Bewertungsgrundlage."

Der Gewinnbeteiligungsplan selbst sieht dabei vor, daß jeder Mitarbeiter nach halbjähriger Betriebszugehörigkeit an der weltweiten Gewinnbeteiligung teilnimmt. Sie wird zweimal im Jahr ausgeschüttet. Die persönliche Berechnungsbasis wird von dem jeweils aktuellen Grundgehalt plus Schichtzulage, Urlaubsgeld und betrieblichen Sonderzahlungen gebildet. In den letzten 5 Jahren hat sich daraus jährlich eine zusätzliche Auszahlung von durchschnittlich 75 % eines Monatsgehaltes für jeden der beteiligten Mitarbeiter ergeben.

Besonders interessant erscheint der außerdem angebotene *HP*-Aktiensparplan. Er ist ebenfalls für alle *HP*-Mitarbeiter weltweit gültig. Darin heißt es: „Der *HP*-Aktiensparplan wurde entwickelt, um die Mitarbeiter am Unternehmen und somit am Unternehmenserfolg zu beteiligen. Die Teilnahme ist freiwillig. Teilnehmen sollten nur Mitarbeiter, die eine dauerhafte Beteiligung am eigenen Unternehmen anstreben."

Jeweils zum Monatsanfang eines Aktiensparquartals kann damit ohne Berücksichtigung der Betriebszugehörigkeit begonnen werden. Die Wahl der Spar-Rate ist begrenzt, aber sie kann variiert werden. Sie darf 10 % des Bruttogehaltes nicht überschreiten. Der Betrag wird monatlich vom Gehaltskonto abgezogen und bis zum Aktienkauf auf einem *HP*-Sonderkonto gesammelt. Kündigungen sind jeweils zum Vierteljahrestermin möglich. Je nachdem, wieviel der potentielle Aktienkäufer auf seinem Aktiensparkonto angespart hat und zu welchem Preis *HP*-Aktien gehandelt werden, wird die Anzahl der Papiere ermittelt, die dabei erworben werden können. Außerdem schießt das Unternehmen zu je zwei von Mitarbeitern gekauften Aktien eine Gratis-Aktie zu, wenn der Käufer einer zweijährigen Sperrfrist zustimmt.

Im *HP*-Aktiensparplan wird außerdem festgehalten: „Die Gratisaktien stellen zum Zeitpunkt der Gewährung einen sogenannten geldwerten Vorteil dar. Die Höhe dieses Vorteils wird durch den aktuellen Kurs zum Zeitpunkt der Gewährung der Gratisaktien bestimmt und bildet die Basis für die Versteuerung und die Ermittlung der Sozialversicherungsbeiträge. Für Schwankungen im Währungsverhältnis sind besondere Absicherungen eingebaut worden (z. B. gab es bei fallendem Dollar je nach Punktverlust die eine oder andere Aktie zusätzlich als Währungsausgleich).

Nach jedem Aktienkauf erhält der Mitarbeiter eine Aktienabrechnung. Zur Zeit beteiligen sich mehr als 65 % der Belegschaft am Aktienkaufprogramm.

*

Stellungnahme der Geschäftsleitung:
„Die Mitarbeiter von *HP* sollen am Firmenerfolg, der durch ihre Mitarbeit erzielt wird, beteiligt werden. Die Umsetzung dieses Ziels erfolgt zum einen durch den weltweiten Gewinnbeteiligungsplan, zum anderen auch durch den Aktiensparplan. Während die Mitarbeiter durch die Gewinnbeteiligung an dem im vergangenen Geschäftsjahr erzielten Erfolg teilhaben, können Mitarbeiter, die eine längerfristige Beteiligung am Unternehmen wünschen, am *HP*-Aktiensparplan teilnehmen. Beides führt zu einer verstärkten Identifikation und zu entsprechendem Interesse der Mitarbeiter an der wirtschaftlichen Situation des Unternehmens. Durch gezielte Informationspolitik, z.B. im Rahmen von Bereichsansprachen, wird dies unterstützt. Als Beispiel für die Attraktivität dieser Zusatzleistungen können zwei Kennzahlen dienen:

• In den letzten Jahren betrug die jährliche Gewinnbeteiligung ca. 80 % eines Monatsgehalts.
• Ca. 65 % aller berechtigten Mitarbeiter nehmen am *HP*-Aktiensparplan teil und konnten, über die vergangenen Jahre betrachtet, eine jährliche Nettorendite von ca. 53 % erzielen.

Beide Zusatzleistungen spielen somit eine wesentliche Rolle im *HP*-Gesamtvergütungspaket und werden von der Belegschaft sehr positiv gesehen."

Stellungnahme des Vorsitzenden des Gesamtbetriebsrats:
„Der Stellenwert, den die HP-Mitarbeiter der Gewinnbeteiligung und dem Aktiensparplan einräumen, wird aus der Sozialleistungsumfrage 1997 sehr deutlich:
Platz 1: Gewinnbeteiligung, Platz 4: Aktiensparplan.
Diese Ergebnisse sprechen für sich."

Beteiligung stützt Wertsteigerung

Hoechst AG, Frankfurt/Main

„Wer zur Wertsteigerung beiträgt, soll auch daran teilhaben", so der Grundsatz von *Hoechst-AG*-Vorstand Prof. Dr. Ernst Schadow für die Einführung einer in Europa zunächst noch weniger bekannten Form der Gewinnbeteiligung der Mitarbeiter. Dabei ist man in dem neu strukturierten *„Life-Sciences"*-Konzern der Überzeugung, auch für andere große Gesellschaften zu sprechen, wenn es heißt: Das Belegschaftsaktienmodell, das es bei *Hoechst* seit 1960 gibt, verliert an Überzeugung, die Beteiligungsquoten sinken, bei *Hoechst* zum Beispiel von 1990 mit einem 69 %-Anteil der Belegschaftsaktionäre an der Gesamtmitarbeiterzahl des Konzerns auf 26 %, die 1996 noch davon übriggeblieben waren.

Deshalb hat der Vorstand des internationalen, in Deutschland beheimateten Hauses nach neuen Wegen gesucht, um den Mitarbeitern der *Holding* wie der Konzerngesellschaften eine neue Beteiligungsform bieten zu können. 1997 wurde ein sogenanntes „Wertsteigerungsrechte-Programm" (*Stock Appreciation Rights* = *SAR*) für Führungskräfte eingeführt. 1998 ist der Start eines Wertsteigerungs-Beteiligungsprogramms für die Mitarbeiter der *Holding* geplant. Diese Programme können, wenn man sie konsequent weiter entwickelt, nach Schadow „einen Ausgleich bei künftigen Tariflohnsteigerungen bieten, sie können die Kapitalschwäche verringern und die Mitarbeiter motivieren."

1997 wurde erstmals in Deutschland für 100 vom Vorstand auf internationaler Basis ausgewählte Führungskräfte der *Hoechst*-Gruppe das *SAR*-Programm aufgelegt. Dazu verlautete bereits zu Beginn: „Grundsätzlich strebt der *Hoechst*-Vorstand ordnungspolitisch an, die Beteiligung der Mitarbeiter an der Wertsteigerung des Unternehmens im Sinne eines Investivlohns zu fördern." *Hoechst* berief sich damit auf die internationale Praxis, „die eine starke Verbindung zwischen Vergütung von Management und Belegschaft und der Werteentwicklung des Unternehmens zunehmend notwendig macht".

Vorstandsvorsitzender Jürgen Dormann nannte das bei der Einführung deshalb „ein international übliches, für deutsche Verhältnisse jedoch noch völlig neues anspruchsvolles Programm, mit dem überdurchschnittliche Leistungen honoriert werden sollen." Gleichzeitig will man natürlich auch bei der *Hoechst AG* wie bei allen Beteiligungsmodellen damit das Ziel erreichen, das Interesse der Mitarbeiter an einer Wertsteigerung des Unternehmens zu erhöhen und die Attraktion der *Hoechst*-Gruppe für Management-Talente auf dem internationalen Arbeitsmarkt zu steigern.

Das zunächst für 100 Führungskräfte ausgelegte Programm, das in den kommenden Jahren auf einen breiteren Teilnehmerkreis erweitert werden soll, sieht folgendes vor: Bemessungsgrundlage ist das jeweilige Jahreseinkommen, das heißt Festgehalt plus Bonus. Der Teilnehmer am *SAR*-Programm erhält ein Anrecht auf die Wertsteigerung eines Aktienpakets, das seinem Jahreseinkommen entspricht. Der darauf anfallende Zuwachs soll dem jeweils Begünstigten gutgeschrieben werden, vorausgesetzt, daß die Wertsteigerung um mindestens 25 % über dem Startkurs der *Hoechst*-Aktie von 73,80 DM liegt. Die Laufzeit des Programms beträgt 5 Jahre, die Sperrfrist für die Verfügbarkeit 2 Jahre. Das Unternehmen sichert sich über eine Bank Kaufoptionen auf den Wertzuwachs. Die *SAR*-Teilnehmer selbst konnten dagegen nach deutschem Aktienrecht zunächst keine eigenen Aktien erwerben.

Mit der Einräumung der Option des Aktienrückkaufs durch den deutschen Gesetzgeber (Gesetz zur Kontrolle und Transparenz im Unternehmensbereich, *KonTraG*) im Frühjahr 1998 kann das *SAR*-Programm jetzt an internationale Gepflogenheiten angepaßt werden. Ergänzend dazu ist das Wertsteigerungs-Beteiligungsprogramm konzipiert, dessen Investivlohncharakter Schadow wiederholt betont: „Wir wollen die Idee des Investivlohns fördern. Wir sehen darin auch eine Vorbildfunktion und einen Anstoß für die operativen Konzerngesellschaften. Das erklärte strategische Ziel des Vorstands der *Hoechst AG* ist es, daß die Konzerngesellschaften möglichst alle Mitarbeiter an der Wertsteigerung beteiligen." Die neue Konzeption dieses Wertsteigerungsmodells soll das bisherige zweistufige Entgeltsystem von Grundgehalt und Erfolgsbeteiligung um eine dritte

Stufe ergänzen. Das Programm soll den Charakter von „*Long Term Incentives*" haben, heißt es bei *Hoechst*, und es soll direkt und spürbar an die Entwicklung der Aktienkurse gebunden werden. Voraussetzung für eine Ausschüttung in Aktien oder Bargeld ist auch hier eine signifikante Steigerung der *Hoechst*-Aktie innerhalb einer bestimmten Laufzeit.

Schadow erläutert weiter: „Mit diesen Programmformen wollen wir unser Unternehmensziel, eine überdurchschnittliche Wertsteigerung zu erreichen, mit den Interessen der Mitarbeiter zusammenführen. Die Idee des *Shareholder Value* wird in weiten Teilen der Öffentlichkeit eher mit Fragezeichen versehen. Solange *Shareholder Value* nur mit einer kurzfristigen Gewinnmaximierung zu Lasten von Mitarbeitern und Gesellschaft gleichgesetzt wird, ist diese Kritik nachvollziehbar. Allerdings entspricht diese Gleichung nicht dem Verständnis von *Hoechst*. *Hoechst* versteht unter *Shareholder Value* eine langfristige Steigerung des Unternehmenswertes. Ein nachhaltiger Wertzuwachs ist nur durch motivierte, gut ausgebildete und engagierte Mitarbeiter zu erreichen. Es sind die Mitarbeiter, mit deren Einsatz eine bessere Qualität der Produkte, innovative Lösungen und damit auch ein höherer Börsenwert zu erreichen sind. Die langfristige Steigerung des Unternehmenswertes und die Beteiligung der Mitarbeiter am Produktivvermögen sind für uns zwei Seiten der einen Medaille. Wer zur Wertsteigerung beiträgt, soll auch daran teilhaben – und dies gilt für Management und Mitarbeiter. Deshalb betrachten wir das „*Stock Appreciation Rights Program*" für Führungskräfte und den „Wertzuwachsplan" für Mitarbeiter auch als Einheit. Und vor allem: Wir wollen, daß unsere Mitarbeiter zu Mitunternehmern, zu Mitbesitzern der *Hoechst AG* werden. Wir erwarten von dieser Teilhabe eine größere Identifikation mit dem Unternehmensziel der Wertsteigerung und damit auch eine stärkere Motivation der Mitarbeiter, an der Erreichung dieses Zieles mitzuwirken."

Für Kreativität und Selbständigkeit

Homag-Gruppe, Schopfloch

Die *Homag-Maschinenbau-AG* mit Sitz im Schwarzwälder Schopf-loch ist heute die Muttergesellschaft einer aus 11 Produktionsunternehmen und 7 weltweit ansässigen Service- und Vertriebsgesellschaften bestehenden Maschinenbaugruppe – ein hoch funktionsfähiger Mittelstandskonzern, der seinesgleichen sucht. Er ist weltweit der größte Produzent von Format- und Kanten-Bearbeitungsmaschinen, und er gehört zu jenen Unternehmen, die seit ihrer Gründung Personalpolitik und Gewinnmaximierung auf eine Stufe gestellt haben. Mit 2700 Beschäftigten setzt die Gruppe zur Zeit international mehr als 700 Millionen DM um, wovon fast die Hälfte auf das Stammwerk in Schopfloch und dessen 1 100 Belegschaftsmitglieder entfällt.

1960 gründeten Gerhard Schuler, heute Vorsitzender des Vorstands seiner Unternehmung, und Eugen Hornberger, jetzt Vorsitzender des Aufsichtsrats, im Schwarzwald eine kleine Firma, die zunächst Transport- und Preßvorrichtungen für Möbelhersteller produzierte. 1974 entwickelten beide gemeinsam für die Mitarbeiter eine Beteiligung am Unternehmen nach der Devise: „Wir wollen damit nicht zuletzt erreichen, daß die Kreativität, die Selbständigkeit im Denken und Handeln und das Verantwortungsbewußtsein des einzelnen zur Entfaltung kommen können." Außerdem dokumentieren sie ihre Überzeugung, daß sie damit für ihr Unternehmen den besten Weg gewählt hatten, mit den Worten: „Wir sind sicher, daß die Mitarbeiterbeteiligung, das heißt die partnerschaftliche Zusammenarbeit, eine besondere Unternehmenskultur verkörpert, die für unsere Unternehmen einen strategischen Erfolgsfaktor hohen Ranges darstellt." Gerhard Schuler ergänzt diese Überzeugung zusätzlich mit dem Hinweis: „Das alles geschieht nicht etwa, weil ich eine besonders soziale Ader hätte, sondern aus rein wirtschaftlichen Überlegungen." Inzwischen sind aus der Stammannschaft von 1 100 Mitarbeitern 840 stille Gesellschafter der *AG* geworden – wohl der einzigen Aktiengesellschaft, deren Mitarbeiter als stille Gesellschafter fungieren. Ihre Anteile bilden derzeit etwa 25 % des Gesamtgesellschaftskapitals, das heißt ca. 16,6 Millionen DM. Der Gewinnanteil, der diesen Anteilseignern zukam, lag 1996 bei 2,3 Millionen DM und betrug damit 13,8 Prozent.

Eine Betriebsvereinbarung sieht vor, daß jeder Mitarbeiter nach einem Jahr Betriebszugehörigkeit stiller Gesellschafter werden kann. Laut Gesellschaftervertrag ist das praktisch dann möglich, wenn er bereit ist, sich bis zum Sechsfachen eines Monatsentgelts an der eigenen Firma zu beteiligen. Diese Beteiligung wurde seither aus den Gewinnanteilen der Mitarbeiter finanziert. Aus versicherungstechnischen Gründen, die 2 Jahrzehnte lang keine Rolle spielten, muß jetzt jedes Belegschaftsmitglied seinen Beteiligungsanteil in bar aufbringen, da die Gutschriften für die stillen Teilhaber andernfalls als sozialversicherungspflichtig betrachtet werden. Wer diese Bareinlage jedoch nicht aufbringen kann, erhält von der Firma ein Darlehen, das allerdings mit 6 % zu verzinsen ist. Die Tilgung des Darlehens kann dann mit Hilfe der Gewinnausschüttung ohne eine Beanstandung der Versicherung vorgenommen werden. Der Mitarbeiterbeteiligungsvertrag sieht ferner vor, daß der stille Gesellschafter ein Kontroll- und Mitspracherecht besitzt, das er laut Betriebsvereinbarung durch den Verwaltungsrat ausüben läßt. Dazu sollte man wissen, daß die *Homag*-Mitarbeiter ohnedies in die Entscheidungsprozesse des Unternehmens eingebunden sind. Dementsprechend wurde ebenfalls durch Betriebsvereinbarung festgelegt, daß bei den Konferenzen der oberen Führungskräfte in der Regel der Betriebsrat, wenn möglich mit Vertretung, anwesend sein soll.

Ein Papier, den häufig genutzten Führungsrichtlinien vergleichbar, gibt den Vorgesetzten Orientierungspunkte, zu denen auch die Notwendigkeit der Motivation durch Anerkennung gehört. Außerdem verstärkt die Einführung von Gruppenarbeit und Teamorganisation den partnerschaftlichen Aufbau des Unternehmens. In der Firmenphilosophie steht der zufriedene Kunde an erster, der Mitarbeiter an zweiter und die Zufriedenheit der Kapitalgeber an dritter Stelle. Im Beteiligungsvertrag heißt es, daß zur Ermittlung des Gewinnanteils der Gesamtheit der stillen Gesellschafter ein Jahresüberschußanteil vor Steuern von 25 % ausgewiesen wird. Dieser Verteilungsbetrag wird den Mitarbeiter-Gesellschaftern, entsprechend ihrem zu Jahresbeginn bestehenden Nominalkapital, gutgeschrieben. Im Verlustfall erfolgt eine Aufteilung, die ebenfalls dem Nominalkapital der Mitarbeiter-Gesellschafter entspricht. Dazu wird erläutert: „Ein Verlustsonderkonto nimmt sämtliche Verlustanteile des stillen Gesellschafters, auch soweit diese über das Nennkapital hinausgehen, auf. Es besteht jedoch in der Höhe einer Negativdifferenz keine Nachschußpflicht; diese Negativdifferenz ist vielmehr ausschließlich mit späteren Gewinnanteilen wieder auszugleichen. Das stille Beteiligungsverhältnis wird auch bei Verlust der Einlage weitergeführt." Jeweils zum Jahresende erhält der beteiligte Mitarbeiter Auszüge seines Kontenstandes. Die Firma führt für jeden Beteiligten ein Nennkapitalkonto, ein Darlehenskonto und ein Verlustsonderkonto.

Für die Verwendung der Gewinnanteile hält der Gesellschaftervertrag fest: „1.) 50 % des Gewinnanteils vor Abzug der Kapitalertragssteuer sind zur Rückführung eines etwaigen Verlustsonderkontos und eines etwaigen Darlehenskontos zu verwenden. Hierbei werden, wenn beide Konten gleichzeitig bestehen, das Verlustsonderkonto und das Darlehenskonto zu gleichen Teilen bedient. 2.) Der verbleibende Gewinnanteil gelangt nach Abzug der für den gesamten Gewinnanteil entstehenden Kapitalertragssteuer zur Auszahlung. Sie erfolgt frühestens nach Feststellung des Jahresabschlusses der Firma." Inzwischen ist die Mitarbeiterbeteiligung in Form von stillen Gesellschaftern auch in 5 weiteren Firmen der *Homag*-Gruppe eingeführt worden. Bei ihnen halten die Belegschaftsmitglieder sogar 33 % des Firmenkapitals.

Um den Mitarbeiter zunehmend zum „Mit-Unternehmer" zu qualifizieren, wird bei *Homag* auch intensive Weiterbildung betrieben, wofür in letzter Zeit alljährlich bis zu 600 000,– DM investiert worden sind. Das jährliche Mitarbeitergespräch dient in erster Linie dem Weiterbildungseinsatz. Zur Steigerung der Betriebsleistung wird die metalltariflich vorgeschriebene 35-Stunden-Woche um 2,5 Stunden überschritten, die mit einem Lohnaufschlag von jeweils 2 % ausgeglichen werden.

*

Die Geschäftsleitung bekräftigt: „Wir meinen, daß man ohne eine materielle Mitarbeiterbeteiligung nicht von einer wirklichen Partnerschaft im Unternehmen reden kann. Eine solche Beteiligung stärkt auch das Selbstbewußtsein der Mitarbeiter und ihr Verständnis für wirtschaftliche wie gesellschaftliche Zusammenhänge. In einer Zeit, in der diese Zusammenhänge immer komplizierter und die wechselseitigen Verflechtungen immer abstrakter werden, ist das besonders wichtig."

Stellungnahme der Unternehmensleitung, Gerhard Schuler, Vorsitzender des Vorstands:
„Die deutsche Industrie und damit auch wir stehen vor großen Herausforderungen. Um international mitreden zu können, müssen in der Kostensenkung Quantensprünge erreicht werden. Die Kompensierung der Struktur- und Standortnachteile der BRD und die Bewältigung des Globalisierungsprozesses gelingt uns nur mit motivierten, ja, unternehmerisch denkenden und handelnden Mitarbeitern. Dies aus ihnen zu machen ist unsere wichtigste Aufgabe. Die Mitarbeiter-Kapitalbeteiligung und überhaupt die Schaffung von partnerschaftlichen Strukturen ist hierzu ein hervorragendes Mittel – sie stellt für uns den Königsweg dar. Dies auch, weil die Mitarbeiter-Kapitalbeteiligung für uns alle erhebliche Vorteile hat. Für das Unternehmen sind das in erster Linie die bessere Motivation und das bessere Verantwortungsbewußtsein der Mitarbeiter. Wesentlich ist aber auch die bessere Kapitalausstattung. Hier sind wir der Meinung, das Kapital unserer Mitarbeiter ist uns lieber als dasjenige von Außenstehenden. Für die Mitarbeiter sind es das zusätzliche Einkommen beziehungsweise die zusätzliche Vermögensbildung sowie der höhere Status und das damit verbundene höhere Informations- und Mitspracherecht."

Stellungnahme des Betriebsratsvorsitzenden Klaus Wolff: „Für den Betriebsrat, der ja für die ganze Belegschaft spricht, ist die bei der *Homag AG* gegebene Mitarbeiter-Kapitalbeteiligung eine ganz wichtige Sache; wir haben dadurch ein zusätzliches Einkommen beziehungsweise eine zusätzliche Vermögensbildung, die auch als zusätzliche Alterversorgung gesehen werden kann. Genauso wichtig ist für uns, daß wir als ‚Gesellschafter und Partner' gesehen werden und mitwirken, ja, mit entscheiden können. Wir als Betriebsrat werden in alle Unternehmensentscheidungen voll einbezogen, dies geschieht durch die Teilnahme und das Mitwirken bei allen Managementbesprechungen. Wir sind dadurch auch voll über alles informiert. Für die Mitarbeiter bedeutet dies Mitgestaltung des Arbeitsplatzes, ein höheres Maß an Selbstentfaltung und Persönlichkeitsentwicklung. Mit der damit verbundenen gegenseitigen Anerkennung und Achtung werden die Zufriedenheit und das Betriebsklima und damit die Integration und Motivation gesteigert und gefördert. Ja, ich glaube, ohne Übertreibung sagen zu können, wir als Mitarbeiter fühlen uns als ein Stück von *Homag.*"

Mitarbeiter-Statements:
Karl Kinzler, Mitarbeiter im Vorrichtungsbau:
„Ich bin froh, bei der *Homag* arbeiten zu dürfen – hier bin ich nicht nur gewöhnlicher Arbeiter. Wenn es dann jeweils Mitte des Jahres eine Gewinnzuweisung gibt, dann bin ich richtig *happy.* Schlecht war, wie es einmal eine Verlustzuweisung gab, aber das gehört angeblich auch dazu."

Reinhard Hornberger, Meister in der Montage:
„Die bei der *Homag* eingeführte Mitarbeiterbeteiligung ist für mich eine wichtige Sache, sie gewährt mir ein zusätzliches Einkommen. Ich meine jedoch, daß dies auch für das Unternehmen von großem Vorteil ist. Denn die mir unterstellten Mitarbeiter, welche ja auch stille Gesellschafter sind, arbeiten mehr im Interesse des Unternehmens, sie sind engagierter, als dies vermutlich in anderen Betrieben der Fall ist."

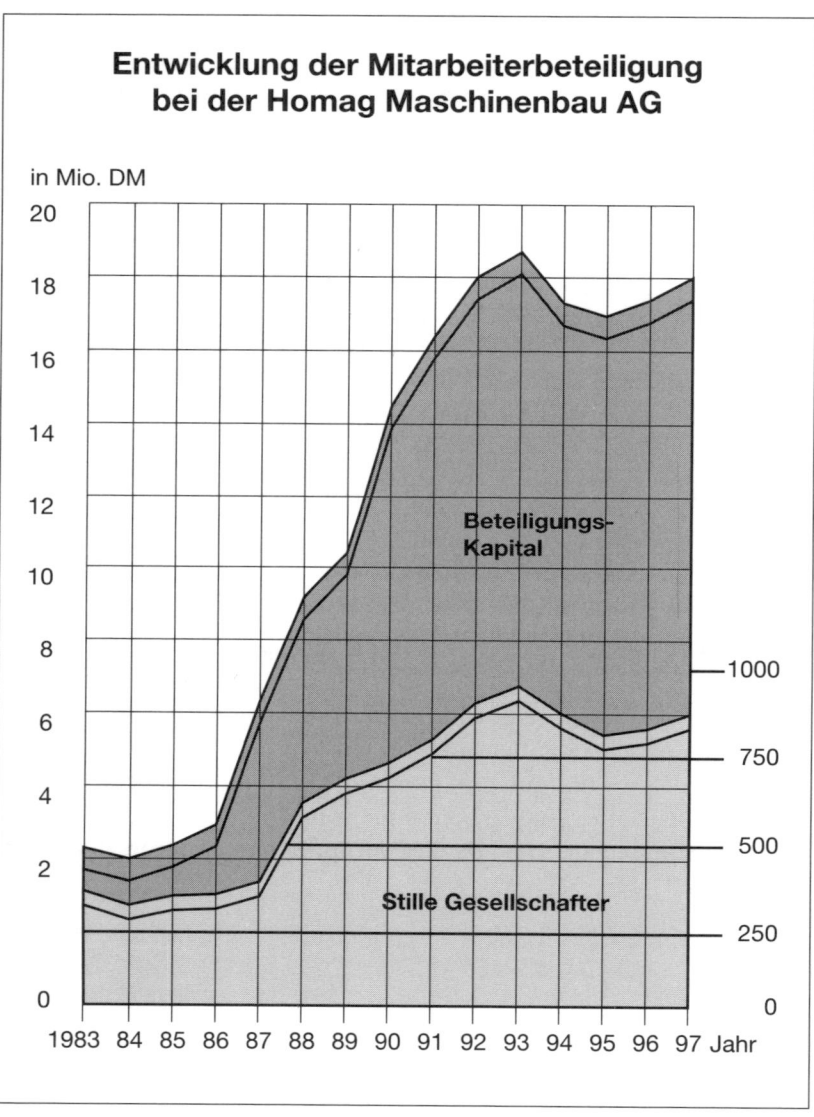

Entwicklung der Mitarbeiterbeteiligung bei der Homag Maschinenbau AG

in Mio. DM

Beteiligungs-Kapital

Stille Gesellschafter

1983 84 85 86 87 88 89 90 91 92 93 94 95 96 97 Jahr

Instrument für Partnerschaft

HSB Umwelttechnologie Gabriele Lindener KG, Hamburg

„Als Elektromeister Ralf Lindener 1990 den Betrieb *HSB, Hamburger Schalttafelbau* übernahm, war von partnerschaftlicher Unternehmenskultur keine Spur. Heute hat der Betrieb nicht nur einen anderen Namen, er ist auch ohne verwandtschaftliche Beziehung ein echter Familienbetrieb, dessen Chef Ralf Lindener sagt: „Hier hat jeder das Gefühl, das ist mein Betrieb", und er betont, daß die Kapitalbeteiligung seiner Mitarbeiter für ihn nicht in erster Linie ein Instrument zur Kapitalbeschaffung, sondern das I-Tüpfelchen des partnerschaftlichen Umgangs mit den Mitarbeitern sei. Mit diesen Worten porträtierte das *Handwerker Magazin* einen der jüngsten deutschen Unternehmer, die eine Mitarbeiterkapitalbeteiligung praktizieren.

Seit 1992 hat der Hamburger Elektro-Handwerksbetrieb eine Mitarbeiterbeteiligung. Sie genießt unter den 10 Belegschaftsmitgliedern hohes Ansehen; 5 davon sind beteiligt. Voraussetzung für die Teilnahme am Beteiligungsmodell des Betriebs, der als stille Gesellschaft eingerichtet wurde, ist eine einjährige Betriebszugehörigkeit und ein ungekündigtes Arbeitsverhältnis. Die Auszubildenden sind nicht teilnahmeberechtigt. Die Einlagen können nach § 1 des stillen Gesellschaftsvertrags wie folgt erbracht werden:

a. aus dem Vermögen des Gesellschafters
b. durch Einbehaltung tariflicher oder übertariflicher Bestandteile des regelmäßigen Arbeitsentgelts
c. durch Einbehaltung von Bestandteilen ehemaliger Sonderzahlungen der Firma, zum Beispiel von Jubiläumszuwendungen oder Erfolgsbeteiligungen.

Dafür werden Anteilscheine von 100 DM ausgegeben, die personenbezogen und nicht übertragbar sind. Der Gewinnanteil ist gestaffelt:

Er liegt bei Gewinnen von mehr als 80 000 DM bei 7 %,
bei Gewinnen von mehr als 100 000 DM bei 8 %,

bei Gewinnen von mehr als 120 000 DM bei 9 %,
bei Gewinnen von mehr als 140 000 DM bei 10 %,
bei Gewinnen von mehr als 160 000 DM bei 11 %,
bei Gewinnen von mehr als 180 000 DM bei 12 %.

Das heißt, je nach Ertragslage können zwischen 800 bis 21 600 DM
an die Mitarbeiter verteilt werden. Diese Gewinnbeteiligung ist auf
40 % des Jahresüberschusses begrenzt. Ferner heißt es in § 1 Absatz 3:

„Die Firma kann einen Höchstbetrag festlegen, bis zu dem sich der
Gesellschafter beteiligen kann. Zum Zeitpunkt des Abschlusses dieses Vertrages beläuft sich dieser auf jährlich 1 200 DM und auf einen
Gesamtbetrag von 10 000 DM. Dieser Betrag kann während der
Laufzeit der stillen Gesellschaft von der GmbH erhöht oder ernied-
rigt werden. Für die ersten drei Jahre sind Mindesteinlagen von 600
DM p.a. zu tilgen. Erbringt ein Gesellschafter jährlich bis zum 15.12.
eine Mindesteinlage von 1 000 DM, gewährt ihm die Gesellschaft
darüber hinaus eine Einlage von 500 DM als steuerfreie Sachbezüge
gem. 19a EStG."

Ein Verlustrisiko übernehmen die Mitarbeiter in Höhe ihrer Einlage. Gewinnanteile werden jährlich nach Bilanzerstellung ausgezahlt. Diese muß bis 30.4. des Jahres fertiggestellt sein. Bei Trennung
(Kündigung oder Tod) erlischt der Gesellschaftsvertrag sowohl für
den einzelnen Mitarbeitervertragspartner als auch im Fall des Todes
des Geschäftsführers für die Firma. Zur Durchführung der Organisation der stillen Gesellschaft wurde ein Partnerschaftsausschuß gegründet, der aus drei gewerblichen, einem kaufmännischen und
einem Mitglied der Geschäftsleitung besteht. Dieser Ausschuß hat
bei *HSB* weitreichende Mitwirkungsmöglichkeiten wie zum Beispiel
Mitbestimmungsrechte bei Investitionen im gewerblichen Bereich
und Mitwirkungsanspruch bei der Einstellung von Auszubildenden
wie auch bei deren Ausbildung selbst, bei Beratungen auf dem Pro-
duktionssektor und zur Einsichtnahme in die Bilanz.

Geschäftsführer Lindener betont, daß sich die partnerschaftlichen
Regelungen vor allem in schwierigen Zeiten bewährt haben. Als
Folge der Beteiligung und dem daraus resultierenden Engagement

des einzelnen konnten die Werkzeugkosten innerhalb kurzer Zeit auf weniger als die Hälfte reduziert werden. Der Zusammenhang mit der Mitarbeiterbeteiligung war deutlich nachvollziehbar. Vor allem aber hat sich der Wille zu gemeinsamem Handeln im Interesse des Betriebs als effiziente Hilfe erwiesen.

*

Statement von Ralf Lindener:
„Unser Ziel mit dem neuen Modell ist es, alle Mitarbeiter in eine Beteiligung einzubeziehen."

Mitarbeiter-Echo:
„Da können wir wieder mal so richtig zeigen, was wir drauf haben!"
Oder auch ganz schlicht:
„Das ist unser Modell!"

Im weltbesten Regelwerk

IBM Deutschland GmbH, Stuttgart

Auch die *IBM* Deutschland gehört zu den Pionieren für Mitarbeiter-beteiligung in der Bundesrepublik Deutschland. Angeregt durch ihre Muttergesellschaft in den USA, wurden in dem damals noch in Sindelfingen ansässigen Unternehmen bereits Anfang der fünfziger Jahre die ersten Belegschaftsaktien ausgegeben. Die Bedingungen dafür sind damals wie heute von der Muttergesellschaft in den Vereinigten Staaten festgelegt worden.

Seit 1970 kann jeder Mitarbeiter nunmehr bis zu 10 % seines Gehalts in diesen Aktien anlegen, die ihm das Unternehmen zu einem Preis überläßt, der 15 % unter dem Börsenkurs liegt, womit er aber auch voll im Risiko ist. Zeitweise beteiligte sich fast die Hälfte aller Beleg-schaftsmitglieder mit Vorzugsaktien bei ihrem Arbeitgeber. In den Neunzigern aber wurde die Situation schwieriger. Die Mitarbeiter-zahl der *IBM Deutschland* sank sowohl bedingt durch technische In-novationen als auch durch die allseits spürbaren konjunkturellen Einbrüche. Gab es zu Beginn der Achtziger noch ca. 30 000 „IBMer", so sind es heute nur noch etwa 15 000. Noch bis 1995 konnten die Mitarbeiter diese Papiere auch sofort wieder verkaufen, während sie heute einer immerhin nur einjährigen Sperrfrist (jeweils für die Zeit der Kaufperiode vom 1.7. bis 30.6. des Folgejahres) unterliegen. Über die Bedingungen werden die Mitarbeiter alle 5 Jahre durch einen sogenannten „Aktienkaufplan" unterrichtet, den die *IBM Corporation* ihrer Geschäftssituation entsprechend festlegt.

Im Vorwort des 1995 herausgegebenen Plans heißt es: „Die Regeln des Aktienplans sind für alle teilnehmenden *IBM*-Gesellschaften gleich. Die *IBM Deutschland* und ihre Mitarbeiter können deshalb nur im Rahmen des weltweit geltenden Regelwerks das Angebot an-nehmen."

Dabei sind die Grundbedingungen des möglichen Einsatzes von bis zu 10 % der Bruttobezüge und des um 15 % unter dem Börsenkurs liegenden Preises gleichgeblieben. Auch an der Teilnahme der Festangestellten hat sich nichts geändert. Sogar für nur zeitweise im Auftrag der *IBM* Tätige gibt es bestimmte Regelungen, die eine Teilnahme am Aktienkaufplan ermöglichen. Ein Rücktritt ist in der Regel jederzeit bis zum 9. eines Monats möglich, wenn er zeitgerecht durch Anträge über *PC online* mitgeteilt wird. Das Guthaben wird einschließlich der aufgelaufenen Zinsen nach Beendigung der Teilnahme am Aktienkaufplan ausgezahlt. Einmal jährlich werden die aufgelaufenen Zinsen dem Mitarbeiterkonto gutgeschrieben, um für den nächsten Aktienkauf zur Verfügung zu stehen. Automatisch endet die Teilnahme bei Beendigung des Arbeitsverhältnisses, bei Pensionierung, Tod oder unbezahltem Urlaub von mehr als 90 Tagen sowie im Krankheitsfall bei bleibender Berufs- und Erwerbsunfähigkeit.

Nach Einhaltung einer sechsjährigen Sperrfrist können laut deutschem Vermögensbildungsgesetz bis zu 300 DM als Steuerfreibetrag behandelt werden, wenn der Aktienkäufer § 19a EStG in Anspruch nehmen kann. In jedem Quartal wird obendrein eine Dividende in bar ausgezahlt, von der eine 15%ige US-Steuer einbehalten werden muß, die aber wiederum bei der deutschen Besteuerung der „Einkünfte aus Kapitalvermögen" zu Buche schlägt. 1997 haben ca. 30 % der Mitarbeiter der *IBM Deutschland* am Aktienkaufplan des Unternehmens teilgenommen.

Für den Kreis der leitenden Angestellten hat auch das seit Anfang der siebziger Jahre in Stuttgart ansässige Unternehmen die zunehmend beliebter werdenden *Stock Options* eingeführt, und inzwischen wird daran gedacht, den Kreis der für diese Form einer Vermögenserweiterung zugelassenen Mitarbeiter noch zu erweitern.

*

Geschäftsführer Personal, *IBM Deutschland GmbH*, Klaus Kuhnle: „Wir bieten unseren Mitarbeiterinnen und Mitarbeitern die Möglichkeit, Aktien der *IBM Corporation* zu einem Vorzugspreis zu erwerben. Damit heben wir zum einen die Wichtigkeit der Arbeit in unserem heutigen globalen Umfeld hervor. Darüber hinaus freue ich mich zu sehen, daß Mitarbeiter, die gleichzeitig Aktionäre unseres Unternehmens sind, sich mit der Geschäftsentwicklung des Unternehmens sehr bewußt und intensiv auseinandersetzen."

Vorsitzender des Gesamtbetriebsrats, Manfred Lausenmeyer: „Aus Sicht der mitbestimmenden Gremien begrüße ich die direkte Beteiligung der Mitarbeiterinnen und Mitarbeiter am Vermögen des Unternehmens. Es wirkt sich in meinen Augen positiv auf die Motivation aus, wenn sie in dieser Weise an der Zukunft des Unternehmens teilhaben können. Diese Zukunft wird ja in erster Linie durch ihre Arbeit gestaltet. Deshalb würde ich mir sogar einen weiteren Ausbau der Vermögensbeteiligung wünschen."

Durch Leistungsaustausch zur Partnerschaft

Licher Privatbrauerei Ihring-Melchior, GmbH & Co. KG, Lich

„Aus Anlaß des fünfzigsten Jahrestages der Gründung der Kommanditgesellschaft durch den Zusammenschluß der beiden Brauereien
Ihring und Melchior haben die 29 Gesellschafter, die alle Nachkommen der Gründerfamilie waren, am 7. September 1972 beschlossen,
die aktiven Mitarbeiter am Vermögen und am Erfolg des Unternehmens zu beteiligen." So lautet der Auftakt für eine Information über
die Mitarbeiterbeteiligung bei einer der historischen deutschen
Brau-Unternehmungen, die bereits selbst einen Ton von Geschichte
anklingen läßt.

Inzwischen sind 378 von 454 der Beschäftigten Teilhaber ihres Unternehmens, der *Licher Privatbrauerei Ihring-Melchior,* und Mitglieder
der jetzt mehr als ein Vierteljahrhundert alten stillen Gesellschaft;
die Brauerei zählt zu den wenigen, bei denen die Beteiligungsquote
die 80-Prozent-Marke übersteigt (genau: 83,26 %). Ihre Kapitaleinlagen summieren sich auf mehr als 2,5 Millionen DM und ergeben eine
durchschnittliche Beteiligungssumme von 6 700 DM. Seit der Gründung dieses Modells sind ca. 14 Millionen DM (13 415 057,63 DM)
für diese Einrichtung aufgebracht worden.

Die Beteiligung als stiller Gesellschafter setzt bei der *Privatbrauerei
Ihring-Melchior* eine dreijährige Betriebszugehörigkeit voraus. Im
Fall einer Kündigung des Mitarbeiters innerhalb der ersten zwei
Jahre fällt die Beteiligung ersatzlos an die Brauerei zurück. Die
Höhe der Kapitaleinlage des einzelnen richtet sich nach dem jewei-
ligen Einkommen, das heißt nach den unterschiedlichen Entgelttari-
fen, die in 10 unterschiedliche Bewertungsgruppen eingeteilt sind.
Die Beschäftigten erhalten diese Einlage in voller Höhe von ihrem
Unternehmen geschenkt, das obendrein auch die anfallenden Steu-
ern und Abgaben übernimmt.

Bei dieser Beteiligung sind stille Reserven und andere Firmen-
werte ausgeschlossen. In zwingenden, im einzelnen vertraglich auf-

geführten Fällen (z. B. bei gesellschaftsrechtlichen Änderungen) kann das Unternehmen bei Einhaltung einer sechsmonatigen Kündigungsfrist die stille Gesellschaft kündigen. Die stillen Gesellschafter werden von einem Treuhandausschuß vertreten, der die Informations- und Kontrollrechte der Beteiligten wahrnimmt. Er besteht aus 9 Mitgliedern. 3 von ihnen werden von der Geschäftsführung ernannt, 3 werden von der Arbeitnehmervertretung gewählt, ein Mitglied delegieren die Kommanditisten der Brauerei, und außerdem gehören Wirtschaftsprüfer des Unternehmens und der Bürgermeister der Stadt Lich dazu (!). Dieser Ausschuß wird für drei Jahre gewählt und gibt sich selbst eine Geschäftsordnung.

Anfang April des Folgejahres erhält jeder Beteiligte seinen Anteil am Bargewinn ausgezahlt. In diesem Fall werden die Steuern von diesem Anteil abgezogen, falls sie als „Einkünfte aus Kapitalvermögen" die dafür geltenden Freibeträge übersteigen.

Der §5 (1) des Vertrags einer stillen Gesellschaft sieht bei der *Licher Privatbrauerei* vor:
„Der stille Gesellschafter wird an der Bargewinnausschüttung der Brauereigesellschaft im Verhältnis seiner Einlage zum Gesamtgewinn des berechtigten Kapitals mit dem gleichen Prozentsatz beteiligt. Bargewinnausschüttung ist dabei der Betrag, der sich aus dem Jahresbilanzgewinn abzüglich Geschäftsführervergütung, Tantiemen, Zuweisungen zum Reservefonds und zu den Steuerkonten der Brauereigesellschafter ergibt. Im prozentual gleichen Vergleich ist der stille Gesellschafter am Verlust beteiligt, so wie die Gesellschafter der Brauerei ebenfalls am Verlust beteiligt sind (Jahresbilanzverlust plus Geschäftsführervergütung). Der Verlustanteil des Mitarbeiter-Gesellschafters bleibt auf seine Kapitaleinlage beschränkt. Bei einer Auflösung der Gesellschaft erhält der Mitarbeiter seine Einlage zurück. Die stille Beteiligung endet gleichzeitig mit der Beendigung des Arbeitsverhältnisses. Zu diesem Zeitpunkt entsteht der Anspruch auf Auszahlung der Vermögenseinlage, die in fünf gleichen Jahresraten fällig wird, in der Regel aber ein Jahr nach der Beendigung der stillen Gesellschaft in einem Betrag zur Auszahlung kommt."

160

Streitigkeiten entscheidet ein Schiedsgericht. Jede Streitpartei ist verpflichtet, binnen eines Monats einen Schiedsrichter zu bestellen. Durch vertraglich festgelegte Zeitrahmen werden für nahezu alle Fälle Verzögerungen vermieden. Im Geschäftsjahr 1995/96 betrug die Verzinsung der Kapitaleinlagen der stillen Gesellschafter 12 %. Insgesamt lag die Erfolgsbeteiligung bei 317 000 DM. Dabei wird innerhalb der Geschäftsleitung der *Licher Privatbrauerei* die Konsequenz betont: „Der Erfolg der *Licher Privatbrauerei Ihring-Melchior GmbH & Co. KG* verpflichtet die Gesellschafter in hohem Maße gegenüber den Mitarbeitern. Durch die Vermögens- und Erfolgsbeteiligung wollen die Gesellschafter die Mitarbeiter durch eine intensive Bindung an das Unternehmen für die Belange der Brauerei und ihrer Weiterentwicklung in der Zukunft gewinnen."

*

Stellungnahme der Geschäftsleitung:
„Die Beteiligung von Mitarbeiterinnen und Mitarbeitern am Vermögen und am Erfolg unseres Unternehmens ist für die Geschäftsführung wie für die Gesellschafter der Eigentümerfamilien *Ihring* und *Melchior* ein wichtiges Grundanliegen, durch das über den arbeitsvertraglichen Leistungsaustausch von Arbeit und Entgelt hinaus ein partnerschaftliches Verhältnis zu den Menschen zum Ausdruck gebracht werden soll. Diese partnerschaftliche Einbeziehung der Menschen, die in unserer Brauerei arbeiten, ist Voraussetzung für ein besseres gegenseitiges Verständnis für alle Zusammenhänge, die sich aus wirtschaftlichem Handeln ergeben und ergeben können."

Stellungnahme des Betriebsrates:
„Der Betriebsrat der *Licher Privatbrauerei Ihring-Melchior* sieht in dem seit dem Jahr 1972 praktizierten Beteiligungsmodell in der Rechtsform einer stillen Gesellschaft eine deutliche Aufwertung der Zusammenarbeit zwischen Arbeitnehmern und Arbeitgeber, die die Beschäftigten und ihre für das Unternehmen erbrachten Leistungen in den Rang einer partnerschaftlichen Beziehung erhebt. Dadurch wird das Selbstwertgefühl aller Kolleginnen und Kollegen als auch unternehmerisch denkende und handelnde Menschen verdeutlicht."

Beteiligung in der zweiten Generation

Opel Hoppmann GmbH, Siegen

„Ich finde, hier ist auf eine hochinteressante Weise der Konflikt zwischen Kapital und Arbeit beseitigt worden, denn das Kapital ist jetzt kein profitorientiertes, durch Personen vertretenes Interesse, sondern eine Stiftung. Und diese Stiftung wird von Arbeitnehmern und Außenstehenden und Geschäftsführern vertreten. Sie hat eine feste Verzinsung und setzt ihre Mittel für gemeinnützige Zwecke ein. Ich könnte mir vorstellen, daß es einmal sehr viele solcher Unternehmen geben wird." Diese anerkennenden Worte über eines der ältesten deutschen Beteiligungsunternehmen, das Autohaus *Hoppmann* in Siegen, stammen von Sachsens Ministerpräsident Prof. Dr. Kurt Biedenkopf.

Für den 1936 gegründeten Familienbetrieb unterstreicht die Anerkennung den erfolgreichen Einsatz bereits zweier Generationen, von Vater Hoppmann und Sohn Klaus Hoppmann, für die Beteiligung der Mitarbeiter an den von ihnen erwirtschafteten Ergebnissen.

1961 hat Klaus Hoppmann eine Gewinnbeteiligung eingeführt, die allen heute 260 Belegschaftsmitgliedern zugute kommt. Wie die meisten klassischen Vermögensbildungsmodelle begann auch das *Hoppmann-*Modell mit einer Gewinnbeteiligung, deren endgültige Form 1969 in einer Betriebsvereinbarung festgelegt wurde. Seither werden 50 % des Unternehmensgewinns nach Abzug der Eigenkapitalverzinsung von 7 % an die *Hoppmann*-Mitarbeiter zu gleichen Teilen aufgeteilt. Nach einem Vierteljahr Betriebszugehörigkeit ist jeder Mitarbeiter anteilsberechtigt. Für Teilzeitkräfte wie Auszubildende wird nach einer spezifischen Berechnung ein entsprechender Anteil festgelegt.

In der Betriebsvereinbarung heißt es: „Die hohe Beteiligung läßt eine volle Barauszahlung nicht zu, wenn nicht die Wettbewerbsfähigkeit des Unternehmens gefährdet werden soll. Deshalb wird die Ergebnisbeteiligung nur zur Hälfte bar ausgezahlt. Die andere Hälfte wird als Investivanteil festgelegt."

Diese Investivanteile werden auf den persönlichen Darlehenskonten der Mitarbeiter gutgeschrieben und dem Unternehmenskapital entsprechend mit 7 % verzinst. Die Zinsen aus dem Investivanteil erhalten die Konteninhaber jährlich ausgezahlt. Am Jahresende geht ihnen ein Auszug zu, der sie über den Stand des sogenannten Darlehenskontos informiert. Die Baranteile werden dagegen monatlich errechnet und auch überwiesen. Zur Verfügung steht der Investivanteil den Mitarbeitern erst nach dem Ausscheiden durch Pensionierung oder Kündigung. Seine Auszahlung erfolgt in monatlichen Raten von 550 DM und unterliegt dann erst einer Besteuerung. Die Ansprüche auf diese Auszahlung sind vererbbar. Aber im Konkursfall trägt der Mitarbeiter das Risiko des ihm zugeschriebenen Investivanteils genauso wie die Kapitaleigner, die obendrein mögliche Verlustjahre ausgleichen müssen.

In den monatlichen Sitzungen des Wirtschaftsausschusses, einer Besonderheit des Hauses, die die mitarbeiteraktive Führung des Betriebs unterstreicht, werden die anfallenden Ergebnisse der Gewinnbeteiligung mit Vorrang behandelt. Denn der Wirtschaftsausschuß nimmt hier auch die Aufgaben eines Partnerschaftsausschusses wahr. Er wurde fast zeitgleich mit dem Gewinnbeteiligungsmodell installiert und ist seit 1973 paritätisch besetzt. Seinen Vorsitz hat der Geschäftsführer oder sein Stellvertreter inne. Es wird mit einfacher Mehrheit entschieden. Das entspricht auch den Grundsätzen der gemeinnützigen Stiftung „Demokratie im Alltag", die Klaus Hoppmann 1973 ins Leben gerufen hat und der er alle Geschäftsanteile übertrug.

Diese Stiftung, die Gewinnbeteiligung, der Wirtschaftsausschuß sowie ein System von Arbeitsteams bilden bei *Hoppmann* eine ideelle und organisatorische Einheit, ein sogenanntes „rundes System", weil die Beteiligung materiell wie immateriell auf verschiedenen Ebenen stattfindet, die in einer inneren Beziehung und Abhängigkeit zu- und voneinander stehen. So der Unternehmenskommentar. Dabei will das System der Arbeitsteams der Belegschaft bei allen Entscheidungen ein direktes Mitwirkungsrecht einräumen. Auch der Betriebsrat ist auf allen Ebenen der Mitbestimmung bis in den Stiftungsvorstand direkt beteiligt.

Für den Mitarbeiter selbst sind in diesem Rahmen Information und Weiterbildung von besonderer Bedeutung. Mindestens einmal im Jahr führt jedes Arbeitsteam außerhalb des Betriebs ein Tagesseminar durch, in dem aktuelle Fragen wie Probleme der Zusammenarbeit behandelt werden. Eine Einrichtung, die sich als wesentlicher Faktor dafür erwiesen hat, die Mitarbeiterbeteiligung mit Leben zu erfüllen.

In der Unternehmensleitung ist man davon überzeugt, daß das „runde System" der *Hoppmann GmbH* und insonderheit ihre Mitarbeiterbeteiligung viele Anstöße zur Weiterentwicklung der Organisation wie auch zur Veränderung zwischenmenschlichen Verhaltens beigetragen hat. Bruno Kemper, der Mann, der seit fast 10 Jahren, seit Klaus Hoppmann in den Ruhestand ging, den Vorsitz der Geschäftsführung innehat und der nicht selten danach gefragt wird, ob ein so komplexes und vielschichtiges Führungssystem nicht letztendlich zu schwerfällig sei, antwortet: „Für uns geben die 4 Elemente unserer Unternehmensprinzipien die entscheidenden Impulse. Das ist 1. die Beteiligung der Mitarbeiter am Gewinn, 2. die qualifizierte Mitbestimmung auf allen Ebenen bis in die Unternehmensführung, 3. die Mitwirkung am Arbeitsplatz und 4. das neutralisierte Kapital. In der 29jährigen Arbeit unseres Wirtschaftsausschusses ist es bisher noch nie zu einer Pattsituation gekommen. Denn in der Praxis werden bei uns die Probleme dann ausdiskutiert, bis man eine Lösung gefunden hat, die konsensfähig ist. Den dagegen auftauchenden Bedenken, daß der Entscheidungsprozeß auf diese Weise zu langatmig werden könnte, kann ich entgegenhalten, daß die Qualität der Entscheidungen in unserem Hause dadurch deutlich optimiert werden konnte. Das mag manchmal auch für manchen einzelnen Beteiligten schwierig oder gar schmerzhaft sein, aber dem Unternehmen ist es noch immer zugute gekommen. Natürlich muß man sich immer wieder selbst dazu motivieren, diesen schwierigen Weg auch anzutreten."

Gewinnanteile werden zu Motivationsfaktoren

Otto-Gruppe, Hamburg

„Unser Angebot der Gewinnbeteiligung soll nicht nur ein Beitrag zur Vermögensbildung sein, sondern auf diesem Wege dazu beitragen, daß Sie die Unternehmen der Otto-Gruppe noch stärker als Ihr ‚eigenes‘ Unternehmen betrachten." Dr. Michael Otto, Inhaber und Leiter des größten Versandhandel-Unternehmens der Welt, unterstreicht mit diesen an seine Mitarbeiter gerichteten Worten die Bedeutung der Teilhaberschaft am Unternehmenserfolg und vor allem auch ihre Motivationskraft.

Seit 1994 hat die *Otto Versand & Co. KG* ihren Mitarbeitern und den Mitarbeitern der ihr angeschlossenen Unternehmen (z. B. *Sport-Scheck*, München, *Schwab Versand AG, Hermes Versand, Alba Moden GmbH* mit insgesamt 21 000 teilnahmeberechtigten Mitarbeitern ein Genußschein-Angebot vorgelegt, das jährlich von ca. 20 % der Angesprochenen genutzt wird. Das positive Echo ist vor allem von zwei Faktoren bewirkt worden: 1. durch die Tatsache einer Teilhabe am jährlichen Unternehmensgewinn und 2. durch die Feststellung: „Die Renditechance macht auch bei vorsichtiger Schätzung deutlich mehr als die normale Festgeld- oder Sparbuchrendite aus."

Teilnahmebedingung für das *Otto*-Modell ist eine halbjährige Betriebszugehörigkeit im Rahmen eines unbefristeten Arbeitsverhältnisses. Auch Teilzeitmitarbeiterinnen und -mitarbeiter sind teilnahmeberechtigt. Da ein Firmenzuschuß gewährt und die Nutzung vermögenswirksamer Leistungen dafür nicht ausgeschlossen werden, unterliegen die Genußrechte einer 6jährigen Sperrfrist. Nach Ablauf der Sperrfrist können die Genußrechte jährlich gekündigt werden. Scheidet der Mitarbeiter aus dem Unternehmen aus, ist er seinerseits verpflichtet, die Genußrechte zurückzugeben – auch jene, für die noch Sperrfrist besteht; eine Auflösung dafür erfolgt automatisch, im Ruhestandsfall dagegen kann der Mitarbeiter, selbst wenn er vorher ausscheidet, die Genußrechte bis zum Ablauf der Sperrfrist stehenlassen. Bei nachlassenden Gewinnen würden die Renditen, die im übrigen jährlich ausgezahlt werden, „in Richtung normales Sparbuch schrumpfen". Bei Verlusten könnten die Mitarbeiter allerdings Teile ihres eingesetzten Kapitals verlieren, und zwar in der gleichen Relation, die auch für die Beteiligung am Gewinn gilt.

Im Angebot sind zwei Typen von Genußrechten: Typ 1 mit begrenztem Risiko bis zu 30 % des Nennwerts, Typ 2 mit vollem Verlustrisiko, dafür mit 50 % höherem Gewinnanspruch. Pro Typ stehen drei verschiedene Genußrechtspakete zur Verfügung. Das kleinste Genußrechtspaket kostet 500 DM (= 1 Genußrecht), das größte 10 000 DM (= 20 Genußrechte). Beim Erwerb der Genußrechte zahlt der *Otto Versand* einen Zuschuß bis zu 300 DM, wodurch sich der Eigenanteil für den Mitarbeiter verringert. Wer zum Beispiel zwei Genußrechte à 500 DM erwirbt, zahlt dafür 700 DM.

Die Rendite der Genußkapitaltypen wird über eine Berechnung ermittelt, bei der das gesamte Kapital einbezogen ist. Dabei werden die Kapitalarten (Eigenkapital, Genußkapital Typ 1 und 2) unterschiedlich gewichtet. Der Anteil am Jahresüberschuß ergibt sich durch den jeweiligen Anteil des gewichteten Genußkapitals an der Summe des gewichteten Gesamtkapitals.

Wie überall gilt: je höher der Einsatz, um so größer die Chance – wobei sich das Risiko angesichts der Solidität des Unternehmens in sehr engen Grenzen hält. In den Genußrechtsbedingungen selbst heißt es unter anderem: § 5: „Die Genußrechte enthalten keine Gesellschaftsrechte, insbesondere kein Stimmrecht und keinen Anspruch auf Beteiligung am Abwicklungserlös bei einer etwaigen Auflösung von Otto."
§ 6, 1: „Der Genußrechtsinhaber ist nicht berechtigt, das Genußrecht oder Ansprüche aus ihm abzutreten, zu verpfänden oder sonst über sie zu verfügen."
§ 6, 2: „Im Falle des Todes sind die Erben des Genußscheininhabers zur Rückgabe der Genußrechte verpflichtet."
§ 7, 3: „Ein Genußrechtsinhaber, dessen Arbeitsverhältnis endet, ist unabhängig von der Sperrfrist verpflichtet, seine Genußrechte mit dem Zeitpunkt des Ausscheidens abzugeben." (Im Fall von Invalidität und Ruhestand bestehen Sonderrechte der Genußscheininhaber).

§ 8, 1: „Eine Kündigung der Genußrechte ist seitens der Genußrechtsinhaber nicht zulässig."

§ 10,1: „Es wird ein Beraterausschuß eingerichtet, der vom Vorstand zur Beratung hinzugezogen werden kann."

§ 10,2: „Mitglieder dieses Beraterausschusses sind der Betriebsratsvorsitzende des Otto-Versands und sein Stellvertreter, der Vertreter
der Leitenden Angestellten im Aufsichtsrat sowie ein von Otto zu
benennender Personalleiter."

§ 10,3: „Die von Otto jeweils zur Förderung der Vermögensbildung
der Mitarbeiter zur Verfügung gestellten Mittel sind nicht Gegen-
stand der Beratung."

§ 11, 1: „Otto behält sich vor, etwa erforderlich werdende Anpas-
sungen dieser Genußrechtsbedingungen, z. B. an veränderte gesetzliche Vorschriften, durch einseitige Erklärung nach billigem Ermes-
sen vorzunehmen, wenn damit keine Veränderung des materiellen
Inhalts der Genußrechte verbunden ist."

*

Personalvorstand Hans Jörg Hammer:
„Genau das ist das Besondere an den *Otto*-Genußrechten. Jeder einzelne trägt an seinem Arbeitsplatz durch seine Leistung und Motivation zum Unternehmensergebnis bei. Der Genußrechtsinhaber kann
den Erfolg auch in seinem ausgeschütteten Gewinnanteil spüren. Seit
1988 zeichnet sich die Gewinnbeteiligung durch attraktive Renditen
aus. Und das soll auch für die Zukunft so bleiben – also packen wir
gemeinsam auch das Jahr 1997 mit Mut und neuen Ideen an!"

Statement aus dem Betriebsratsbüro, Gisela Oltmann:
„Wenn ich im größten Versandhaus der Welt mein Geld nicht gut anlegen könnte, wo denn sonst? Mein Vertrauen wurde nicht enttäuscht, denn so habe ich teil an einem Gewinn, den wir alle gemeinsam erarbeitet haben. Und dazu ist die Verzinsung immer noch viel
höher als bei jeder Bank."

Mitarbeiter-Statement, Ursula Jöhnk (Hausdruckerei):
„Ich würde es immer wieder machen! Zuerst habe ich noch gewankt,
ob ich mitmachen soll. Mein Mann hat mich aber überzeugt, daß das
eine gute Sache ist."

Belegschaftsaktien machen Geschichte

PREUSSAG AG, Hannover

Die *Preussische Bergwerks- und Hütten-Aktiengesellschaft,* die heutige *PREUSSAG,* spielt bei der Einführung von Belegschaftsaktien eine historisch bedeutsame Rolle. Bereits 1959 begann die Teilprivatisierung des Unternehmens mit Hilfe einer Kapitalerhöhung von 30 Millionen DM: Um den unerwartet zahlreichen Kaufanträgen entsprechen zu können, stellte der damalige Hauptaktionär *VEBA* zusätzliche Aktien im Nennwert von 51,5 Millionen DM zur Verfügung. Das war 1959 auch im Wirtschaftsleben noch eine atemberaubende Summe, die zur Vermögensbildung in Arbeitnehmerhand beitragen sollte. Dabei betrug der Ausgabekurs der *PREUSSAG*-Aktie 145 DM für eine Aktie zum Nennwert von 100 DM und galt obendrein als „untere Grenze eines wirtschaftlich vertretbaren Kurses". Diese sogenannten Volksaktien wurden von 2 400 *PREUSSAG*-Mitarbeitern und obendrein von weiteren 215 000 Kleinaktionären auf dem freien Markt gekauft. Dabei erhielten die bezugsberechtigten *PREUSSAG*-Mitarbeiter die Möglichkeit, 5 Aktien zu erwerben, während den übrigen Kleinaktionären der Kauf von nur 4 Aktien genehmigt wurde.

In den folgenden Jahrzehnten entwickelte sich die Ausgabe von Belegschaftsaktien bei der *PREUSSAG AG* analog zu den Veränderungen und damals noch Verbesserungen der gesetzlichen Situation, zum Beispiel durch das 936-DM-Gesetz, das eine zweite Erhöhung des Förderungshöchstbetrags ermöglichte, zum Beispiel durch die Arbeitnehmersparzulage, die bei bestimmten Einkommensgenzen (seinerzeit 24 000 DM für Ledige und 48 000 DM für Verheiratete) eine 33 %ige staatliche Zuzahlung bewirkte.

Die Unternehmensleitung sorgte bei den verschiedenen Aktienausgaben jeweils dafür, daß die Aktionen von entsprechenden Informationskampagnen begleitet wurden und sowohl Führungskräfte als auch Betriebsräte einbezogen. Die preisliche Ausgestaltung ihrer Angebote bezeichnet man in der *PREUSSAG* selbst als „im Mittelfeld vergleichbarer Angebote liegend".

168

Seit Mitte der Achtziger werden in unregelmäßiger Reihenfolge Belegschaftsaktien zum Vorzugspreis angeboten. Das bedeutet zugleich eine Beteiligung der Mitarbeiter an der wirtschaftlichen Entwicklung des Unternehmens, sowohl über die Dividendenausschüttung als auch über die Kursentwicklung. Für den Aktienerwerb selbst wird eine Betriebszugehörigkeit von einem Jahr vorausgesetzt, aber maximal kann der einzelne auch nur 1–2 Aktien kaufen, wofür die Dauer der Beschäftigung bei *PREUSSAG* ausschlaggebend ist. Auch ehemalige Mitarbeiter und Pensionäre können Firmenaktien zum Vorzugspreis erwerben. Die Sperrfrist für den Weiterverkauf beträgt bei *PREUSSAG*, als eine der Ausnahmen im Beteiligungsbereich der Mitarbeiter, nur 2 Jahre. Eine Besteuerung erfolgt bei einem Verkauf der Aktien vor Ablauf der 6jährigen Sperrfrist. Das Unternehmen kommentiert: „Damit ist der Kursvorteil bis zu einem Gesamtbetrag von 300 DM steuer- und sozialabgabefrei." Aus zwingenden Gründen einer vorzeitigen Veräußerung kann *PREUSSAG* auch schon vor Ablauf der Zweijahresfrist sogenannte „handelbare Stücke" zur Verfügung stellen, vorausgesetzt, daß sich dadurch keine Beeinträchtigung der steuerlichen Verpflichtungen ergibt. 1996 zeichneten von den damals noch 53 380 *PREUSSAG*-Mitarbeitern 13 637 Belegschaftsaktien. Das entspricht einer Beteiligungsquote von 25,5 %, auf die pro Kopf 93 DM entfielen. Sie entsprachen einem Nominalkapital von insgesamt fast 1,3 Millionen DM. Der Anteil an der Bilanzsumme, die die 15-Milliarden-DM-Grenze überschreitet, beträgt jedoch lediglich 0,08 %.

*

Dennoch formuliert die Geschäftsleitung: „Die Vermögensbildung hat sich schon deshalb der immer notwendiger werdenden Sicherung des individuellen Alterseinkommens zuzuwenden, weil die betriebliche Altersversorgung in der Zukunft für die Unternehmen zu nicht mehr finanzierbaren Belastungen wird. Zudem verlangt die zu erwartende Verschlechterung der Alterslastquote in der Bundesrepublik eine neue Orientierung des Generationenvertrages. Diese sich abzeichnenden Bedingungen sollten Anlaß geben, den Mitarbeitern neue Möglichkeiten zu schaffen, eigene Vorsorgemaßnahmen durch Bildung von Vermögen und Sicherung zusätzlicher Einkommensquellen zu ergreifen."

Mitarbeiterbeteiligung begann mit Selbstbestimmungsmodell

PSI Aktiengesellschaft für Produkte und Systeme der Informationstechnologie, Berlin

„Unser Unternehmen ist eine auf langfristige Existenz ausgerichtete Interessengemeinschaft, in der für jeden einzelnen ein marktgerechtes Einkommen durch qualifizierte Arbeit erwirtschaftet werden soll. Das Unternehmen gehört ausschließlich den Mitarbeitern, das heißt, wir sind von fremden Kapitalgebern unabhängig und daher weitestgehend autonom in der Festlegung der Regeln, nach denen wir in dieser Gemeinschaft arbeiten wollen. Das von uns geschaffene Selbstbestimmungsmodell ist die Basis dieser Zusammenarbeit. Es unterliegt einer permanenten Weiterentwicklung und ist damit als kontinuierlicher Prozeß zu verstehen."

Diese stolzen Worte gehörten zu den Grundlagen des Selbstbestimmungsmodells, das 1969 sechs ehemaligen Mitarbeitern eines großen deutschen Elektrokonzerns in Berlin die Basis zur Neugründung der *PSI AG* für Produkte und Systeme der Informationstechnologie gegeben hat. Wilfried Götze, *PSI*-Vorstand für Personal und Finanzen, erläutert diesen Auftakt vom Ende der sechziger Jahre mit den Worten: „Die Motive des Ausstiegs aus den gesicherten Positionen lagen im wesentlichen in der Unzufriedenheit mit dem anonymen Dasein in einem Großunternehmen. Der Mangel an Anschaulichkeit visionärer Unternehmensstrategien führte zu dem Versuch, ein revolutionäres Unternehmen zu gestalten, in dem Initiative und Verantwortung, Nonkonformismus und Risikofreude zu den Leitgedanken einer dynamischen Unternehmensentwicklung werden sollten." Der *PSI*-Manager läßt damit erkennen, daß man sich in diesem Unternehmen als eine konstruktive Fortsetzung der gesellschaftlichen Veränderungsprozesse verstanden hat, die auch in der deutschen 68er-Bewegung ihren Niederschlag fanden.

Das *PSI*-Modell:
Das Unternehmen beschäftigt 640 Mitarbeiter in den Geschäftsstel-

170

len Berlin, Aschaffenburg und Velbert-Neviges; fast der Hälfte von ihnen gehört das Unternehmen, dessen Umsätze bis zu 120 Millionen DM erreichen, zu 100 %.

Nach zweijähriger Betriebszugehörigkeit kann jeder Mitarbeiter an die Gesellschafterversammlung einen Antrag auf Aufnahme in dieses Gremium stellen. Voraussetzung dafür ist die Zustimmung von 51 % der Versammelten. Ein Gesellschaftsanteil kann mit der Einzahlung von 2500 DM erworben werden, aber kein einzelner Mitarbeiter darf mehr als 1,1 % des jeweiligen Grundkapitals sein eigen nennen, „um nicht auf die Werte und Ziele des Unternehmens allein durch Kapitalakkumulation Einfluß nehmen zu können", wie es in einer Systembeschreibung von Wilfried Götze heißt. Denn in diesem System, dem Selbstbestimmungsmodell der *PSI*, ist die Mitbeteiligung der Mitarbeiterinnen und Mitarbeiter nur ein Baustein. Das Modell selbst wird von den Gremien der Betriebsvollversammlung, der Hauptversammlung, der Konsortialversammlung, also der mitarbeitenden *PSI*-Aktionäre, dem Aufsichtsrat, dem Vorstand und den Geschäftsstellenbeiräten, die von der Betriebsversammlung der jeweiligen Geschäftsstelle gewählt werden, gebildet. Die Beiräte werden auf drei Jahre gewählt und sind eine Art lokaler Betriebsrat in den Geschäftsstellen; dazu kommt noch ein Gesamtbeirat, der in etwa dem Gesamtbetriebsrat entspricht. Mit anderen Worten: Der hierarchische oder besser organisatorische Aufbau der *PSI* ist auf Demokratisierung ausgerichtet und will jedem Unternehmensmitglied die aktive Teilnahme am Unternehmensgeschehen ermöglichen. Die Beteiligung der Mitarbeiter gilt unter diesem Aspekt „als letztes wesentliches Merkmal des Modells".

Dementsprechend wird der Jahresgewinn zu 50 % auf die Mitarbeiter und zu 50 % auf die Aktionäre ausgeschüttet. „Grundsätzlich besteht Einigkeit über die Strategie, daß Investitionen für Marktausweitung und zur Arbeitsplatzsicherung vor dem persönlichen Konsum rangieren. Der traditionelle Konflikt zwischen Arbeit und Kapital wird durch Verlagerung in die einzelne Person gelöst, die sowohl als Mitarbeiter als auch als Gesellschafter agieren muß."

Zunächst einmal sind alle Mitarbeiter, die einen festen Anstellungs-
vertrag der *PSI* haben und deren Arbeitsverhältnis zum 32.12. des
Bilanzjahres ungekündigt ist, erfolgsbeteiligt. Es erhält aber auch
jeder erfolgsbeteiligungsberechtigte Mitarbeiter für jeden Monat im
Dienst der *PSI* einen prozentualen Gewinnanteil, und das gilt gleichermaßen für reduzierte Arbeitszeiten.

Den Aktienerwerb bis zu der genannten Obergrenze regelt die Konsortialversammlung. „Das Konsortium ist von den unterzeichnen-
den Aktionären mit dem Zweck gegründet worden, „die Aktien in
Händen der Belegschaft zu halten, um den Einfluß der Mitarbeiterinnen und Mitarbeiter auf das Unternehmen zu sichern", wie es im
Unternehmen erläutert wird. Diese Gesellschafterversammlung tagt
zweimal im Jahr und nimmt alle gesetzlichen Aufgaben, vor allem in
Kapitalangelegenheiten, wahr. Sie wählt die Kapitalvertreter für den
Aufsichtsrat. Sie und die Betriebsvollversammlung, also die Versammlung aller Mitarbeiter, können das Modell ändern.

Diese Gesamtkonstruktion hat nach Aussage der Geschäftsleitung
zu einem kontinuierlichen Kapitalzufluß geführt, der ausschließlich
von den mitarbeitenden Aktionären eingezahlt wurde. Daraus ergab
sich das zu 100 % von *PSI*-Mitgliedern gehaltene Eigenkapital von
10,2 Millionen DM und obendrein bilanzierungsfähige Rücklagen in
Höhe von 14,3 Millionen DM. Die Mitarbeiter-Erfolgsbeteiligung
betrug im Durchschnitt ein Monatsgehalt pro Mitarbeiter, während
sich das eingesetzte Kapital über die gesamte Zeit mit 8 % pro Jahr
verzinste.

Besonders interessant erscheint die Schlußfolgerung der *PSI*-Prak-
tiker, die sich allerdings nicht allein auf die Mitarbeiterbeteiligung
bezieht: „Die traditionelle Trennung zwischen Beruf und Freizeit
verblaßt zunehmend und weicht dem Anspruch nach ganzheitlicher
Selbstverwirklichung. Auch an die Führungskräfte werden ganz
neue Anforderungen gestellt. Bei ihnen sind Visionen gefragt, die die
Unternehmens- und Mitarbeiterinteressen zur Deckung bringen."

Der materielle Erfolg dieses Hauses überdeckt den ideologischen
Ansatz. „Wir haben uns aber auch die Aufgabe gestellt, eine beson-

dere Art des Zusammenlebens zu verwirklichen", heißt es in den Grundlagen der *PSI*-Selbstbestimmung. Das ändert nichts an der Tatsache, daß dem die Forderung folgt: „Zur langfristigen Sicherung unserer Arbeitsplätze muß unsere Marktposition durch qualifizierte und effiziente Arbeit ausgebaut werden." Nur wenige Modelle der Mitarbeiterbeteiligung demonstrierten den Balanceakt zwischen Leistungsforderung und Gewinnchance so klar wie das *PSI*-Modell, bei dem die Motivationswirkung der Gewinnteilung aber auch besonders stark zum Tragen kommt.

Anfang der neunziger Jahre beschloß *PSI*, noch stärker in das internationale Produktgeschäft einzusteigen, um den Anforderungen der Kunden, die ihre Fertigungen zunehmend ins Ausland verlagerten, gerecht zu werden. Für die aufwendigen Entwicklungsleistungen und den schnellen Einstieg in die internationale Vermarktung sind erhebliche Finanzmittel notwendig, für die die laufenden Gewinne und die kontinuierlichen Kapitalerhöhungen nicht ausreichen. Zur Absicherung dieses Geschäfts entschlossen sich die Aktionäre und Mitarbeiter, das Unternehmen für externe Gesellschafter zu öffnen und das notwendige Kapital über die Börse zu beschaffen, um weiterhin in dem dynamischen Markt der Informationstechnologie mitwachsen und weitere Arbeitsplätze schaffen zu können. Kreditfinanzierungen standen für dieses innovative Vorhaben nur begrenzt zur Verfügung.

Für die Öffnung des bisher geschlossenen Mitarbeiterbeteiligungsmodells war es deshalb notwendig, das Selbstbestimmungsmodell zu ändern. Ende 1996 erfolgte dann mit überwältigender Mehrheit der Strukturwandel, der der gesetzlichen Mitbestimmung mit der Maßgabe freie Bahn gab, daß die Mitarbeiterbeteiligung weiterhin aufrechterhalten bleibt.

Die Aktionäre erhöhten Ende 1997 das Aktienkapital um ca. 2,0 Millionen DM auf 12,3 Millionen DM, um einem Finanzinvestor, der die Gesellschaft bei dem beabsichtigten Börsengang berät und begleitet, den Einstieg zu ermöglichen. Von den gegenwärtig 390 Aktionären arbeiten 315 im Unternehmen mit und sind im Konsortium gepoolt, während 74 Aktionäre im Lauf der Zeit das Unternehmen als

Mitarbeiter verlassen haben. Der Finanzinvestor hält 16,4 % des Aktienkapitals.

Der Gedanke der Mitarbeiterbeteiligung wurde durch die Ausgabe von Wandelgenußrechten weiterhin aufrechterhalten. Die Mitarbeiter zeichneten die Hälfte des angebotenen Genußrechtskapitals von 3,5 Millionen DM und sicherten sich damit die Chance, später am Erfolg der Börseneinführung zu partizipieren.

Mit dem Börsengang werden die personenbezogenen Aktien der Mitarbeiter zu einem späteren Zeitpunkt freiverkäuflich, so daß jeder Aktionär jederzeit über seine Liquidität entscheiden kann. Mehr als die Hälfte des Aktienkapitals wird sich auch mittelfristig in den Händen der Mitarbeiter befinden. Neue gesetzliche Ansätze wie *Stock Options* werden es ermöglichen, die ursprüngliche *PSI*-Leitidee des Selbstbestimmungsmodells auch weiterhin im Auge zu behalten.

Beteiligung honoriert Ideenreichtum

Risse & Co. GmbH, Warstein-Suttrop

„Im ständigen Kampf gegen den Kapitalmangel und alle Risiken der Markterschließung ist unser Unternehmen nach und nach aus den Kinderschuhen herausgewachsen. Eine Entwicklung, die immer wieder den Mitarbeitern der ersten Stunde gedankt werden muß, die die gleiche Tatkraft, Entschlossenheit, Lernwilligkeit und manchmal auch Opferbereitschaft in ihren Betrieb einbrachten wie der Unternehmensgründer selber."

So steht es in der Firmengeschichte des westfälischen Spritzgießwerkes *Risse & Co. GmbH* zu lesen und bildet mit Inhalt und Formulierung jene Basis, die die Mitarbeiterbeteiligung auch heute noch braucht, wenn sie Bestand haben will.

Die 1959 von dem technischen Zeichner Egon Risse im heimischen Keller zunächst als Einmannbetrieb gegründete Firma, die vom Sandspielzeug bis zum Eierbecher Gegenstände des täglichen Gebrauchs produzierte, dehnte sich innerhalb der folgenden zwei Jahrzehnte auf 2 Produktionshallen aus, in denen schon bald mit 60 Mitarbeitern 1 500 Maschinenelemente gefertigt wurden. Damals beschloß die Belegschaft: „Wir wollen alle dazu beitragen, daß der Lohnanteil an den Gesamtkosten unter 33 % bleiben kann."

Der Differenzbetrag zwischen diesem Prozentsatz und dem effektiv gezahlten Lohn wurde zu einem Teil den Mitarbeitern überschrieben und zum anderen Teil in Neuanlagen investiert. Danach ist 1978 das erste Mitarbeiterbeteiligungsmodell eingeführt worden.

1983 folgte eine Maßnahme, die kaum Parallelen haben dürfte: Drei Mitarbeiter erhielten erstmals ein „Diplom der Unkündbarkeit", in dem es heißt: „Für Deine langjährige Mitarbeit, die bestimmt war von Redlichkeit, Eigeninitiative und Einsatzbereitschaft, zeichnen wir Dich mit dem Diplom der Unkündbarkeit aus."

Inzwischen setzt das Unternehmen mit 130 Mitarbeitern mehr als 20 Millionen DM um, und die Mitarbeiterbeteiligung fand ihre endgültige Form in einer Gesellschaft bürgerlichen Rechts (*GbR*), genannt *„RISSE Mitarbeiter Gesellschaft"* (*RMG*). Das angestrebte Beteiligungsverhältnis von zwei Dritteln Alt-Gesellschafter und einem Drittel Mitarbeiter wurde nach 6 Jahren erreicht, in denen die Alt-Gesellschafter Erfolgsanteile an die *RMG* überschreiben ließen, um allen Mitarbeitern eine Beteiligung zu ermöglichen. Aber schon nach zwei Jahren stiegen mehrere Mitarbeiter mit eigenem Geld ein, obwohl die Anteilscheine einer 5jährigen Sperrfrist unterliegen.

Das Firmenwachstum führte 1985 zu einer 20 %igen Erhöhung des Stammkapitals. Der Preis der Anteilscheine stieg von 500 auf 750 und von 100 auf 150 DM, wobei die Nennwerte der Anteilscheine (500 und 100) unverändert blieben. Die Firmenleitung kommentiert:

„Vorrangig sollte mit dieser Maßnahme der hohe Wert der Anteilscheine verdeutlicht werden." Die Gewinnausschüttung lag jeweils zwischen 10 und 30 %. Inzwischen halten die Mitarbeiter mit einem Gesamtwert von 460 000 DM in Anteilscheinen ein Drittel des Unternehmenskapitals und verfügen dementsprechend auch über ein Stimmrechtsdrittel bei allen Unternehmensentscheidungen.

Der Gesellschaftsvertrag für die *„RMG-Risse-Mitarbeiter-Gesellschaft"* (Gesellschaft bürgerlichen Rechts) sieht unter anderem vor:

1. Voraussetzung für eine Aufnahme in die *RMG* ist eine 2jährige Betriebszugehörigkeit.
2. Der Anteilserwerb pro Mitarbeiter am Firmenkapital wird auf 5 % des Nennwerts aller im Umlauf befindlichen Anteilscheine begrenzt.

Die Gesellschaft hat 2 Geschäftsführer, die für jeweils 2 Jahre von der Gesellschafterversammlung gewählt werden. Sie sind nur gemeinsam vertretungsberechtigt. Belange des Gesellschaftsvertrags von Darlehensverhältnissen, Kreditaufnahmen, Bürgschaften, Anstellungs- oder Mietverträgen unterliegen der Entscheidung der Gesellschafterversammlung.

Die Stimmrechtsverhältnisse richten sich nach der Höhe der Einzahlung. 100 DM entsprechen einer Stimme. Die Beschlußfassung erfolgt mit einfacher Mehrheit. Einmal jährlich findet eine Gesellschafterversammlung statt. Ihre Beschlußfähigkeit ist an die Anwesenheit von mindestens 50 % der stimmberechtigten Gesellschafter geknüpft. Die Geschäftsführer von *Risse & Co.* sind berechtigt, an diesen Versammlungen teilzunehmen, haben jedoch kein Stimmrecht. Jeder Gesellschafter erhält alljährlich eine Jahresergebnisrechnung, nach der die Gesellschafterversammlung den Nettogewinn fixiert und auf die Summe aller Gesellschafter „entsprechend der von ihnen gehaltenen Gesellschaftsanteile" verteilt. Überschüsse werden ausgezahlt, Verluste anteilig verrechnet. Eine Nachschußpflicht ist für die Gesellschafter ausgeschlossen.

Unternehmensgründer Egon Risse erläutert die Entwicklung seines Unternehmens und dessen Mitarbeiterbeteiligungsmodells mit den Worten: „Wachstum und Entwicklung eines Unternehmens sind nicht allein den Gründern und auch nicht den Kapitalgebern zuzuschreiben. Damals wie heute sind es neben einer kreativen, vorausschauenden Geschäftsführung vor allem die Mitarbeiter, die das Wohl und Wehe eines Betriebes in Händen halten und die wirtschaftliche Situation entscheidend mitgestalten."

*

Stellungnahme des Geschäftsführers, Heinz Kamann:
„Seit 1978 praktizieren wir unsere Mitarbeiterbeteiligung. Ich habe von Anfang an die Vorteile für das Unternehmen erkennen können. Alle im Unternehmen integrierten Gruppen partizipieren gleichermaßen davon. Zuerst nehmen alle beteiligten Mitarbeiter am Gewinn der Firma teil. Dieser Anreiz ist deutlich in der Motivation der Mitarbeiter zu spüren, zudem wird auch die Verantwortung des einzelnen für seine Aufgabe deutlich. Die Kunden profitieren insofern, als unser Qualitätsdenken aufgrund der oben genannten Gegebenheiten besonders ausgeprägt ist. Das gute Betriebsklima wird uns sehr oft direkt von Kunden bei Besuchen unseres Hauses bescheinigt. Nicht zuletzt merken auch die Alt-Gesellschafter die Erfolge in

Form von beachtlichen Gewinnausschüttungen. Alles in allem kann ich der Mitarbeiterbeteiligung, wie sie bei uns praktiziert wird, nur positive Seiten abgewinnen."

Stellungnahme des Betriebsrats, Rolf Würde:
„Die Mitarbeiterbeteiligung ist ein gelungenes Modell. Da es sich bei diesem Modell um eine Beteiligung mittels Anteilscheinen (Aktien) handelt und jedes Jahr ansehnliche Gewinne ausgeschüttet werden, ist das Interesse zum Erwerb von Anteilscheinen immer recht groß. In dieser Stellungnahme möchten wir es nicht versäumen, anderen Firmen die Empfehlung auszusprechen, sich von den Erfolgen in unserem Betrieb animieren zu lassen."

Mit Mitarbeiterbeteiligung zu optimalem Erfolg

SAP AG, Walldorf/Baden

„Bei uns kommt die Wertschöpfung aus den Köpfen unserer Mitarbeiter", sagt Helmut Gilbert, Leiter des Bereichs Personal bei der *SAP* in Walldorf, und wirft damit zugleich ein Schlaglicht auf die Belegschaftsstruktur des heutigen Weltmarktführers für betriebswirtschaftliche Standard-Anwendungssoftware. Über 85 % der mehr als 5 700 Mitarbeiter in Deutschland können auf einen akademischen Abschluß verweisen. 12 800 Mitarbeiter arbeiten weltweit in 41 Landesgesellschaften für die *SAP.* Das vor 25 Jahren von 5 ehemaligen *IBM*-Managern gegründete Unternehmen steigerte auch 1997 deutlich seinen Umsatz. Nach einem Zuwachs von 38 % auf ca. 3,7 Milliarden DM wuchs der Umsatz im Geschäftsjahr 1997 um bis zu 60 %. Damit sind sogar die ehrgeizigen Ziele der *SAP*-Mannschaft übertroffen worden.

Daß die Mitarbeiter dabei in unterschiedlichen Formen am Erfolg beteiligt sind, könnte für viele Firmen, die bis heute keinerlei Beteiligung pflegen oder sie gar abgeschafft haben, ein schlagender Beweis für die Motivationskraft der Mitarbeiterbeteiligung sein. Bei *SAP* werden dafür drei verschiedene Maßnahmen genutzt, um Beschäftigte am Aktienkapital zu beteiligen:

1. Jedes Belegschaftsmitglied kann danach bei *SAP* bis zu 10 % seines Monatsentgelts zum Kauf hauseigener Aktien verwenden, die ihm sein Arbeitgeber mit 15 % Abschlag auf den Börsenwert anbietet. Rund 50 % der berechtigten Mitarbeiter nehmen an dem Aktien-Kaufprogramm teil.
   Übrigens: Wenn ein Anleger beim Börsengang des Unternehmens 1988 eine Aktie zum Ausgabepreis von 750 DM erwarb, die Dividenden zum Erwerb weiterer *SAP*-Aktien einsetzte und sich an Kapitalerhöhungen ohne zusätzlichen Kapitaleinsatz beteiligte, erhöhte sich dieser Betrag bis Anfang 1997 auf rund 17 050 DM. Das entspricht einer Wertsteigerung von 2 173 %.
2. An der gesetzlich geförderten Vermögensbildung in Arbeitneh-

merhand liegt der Beteiligungsgrad bei 99 %. Das heißt, beinahe jeder der 4 800 *SAP*-Mitarbeiter der *AG* hat geförderte *SAP*-Aktien erworben. Dafür gewährt das Unternehmen pro Mitarbeiter einen 500-DM-Zuschuß, obwohl der Steuerfreibetrag auf 300 DM zurückging. Für 2 Vorzugsaktien von je 330 DM hatten die Belegschaftsaktionäre im Juni 1997 daher 160 DM zuzuzahlen und den nicht steuerfreien Unternehmenszuschuß von 200 DM zu versteuern.

3. Ziel der Wandelschuldverschreibungen – erstmals aufgelegt beim Börsengang 1988 sowie 1994 – war es ebenfalls, die Mitarbeiter umfassend am Erfolg der *SAP* zu beteiligen. Eine Wandelschuldverschreibung erfordert bedingtes Kapital und damit einen Beschluß der Hauptversammlung. So stimmte die Hauptversammlung 1994 einer bedingten Kapitalerhöhung zur Ausgabe einer Wandelschuldverschreibung für die Mitarbeiter in Höhe von 20 Millionen Mark zu. Dabei wurde die Wandelschuldverscheibung mit 6 % jährlich verzinst, zugleich stellte die *SAP* den Beziehern der Wandelschuldverschreibung zur Finanzierung einen entsprechenden Kredit mit einer Verzinsung von ebenfalls 6 % zur Verfügung. Ergebnis: ein einfaches *Handling* der Wandelschuldverschreibung. Die Wandelschuldverschreibung von 1994 im Nennwert von 20 Millionen DM beinhaltete Wandlungsrechte für insgesamt 4 Millionen *SAP*-Vorzugsaktien im Nennwert von 5 DM. Frühestens nach zwei Jahren – also erstmals 1996 – konnten die Mitarbeiter die Wandlungsrechte ausüben und damit an der erheblichen Wertsteigerung der *SAP*-Aktie teilhaben. Rund 3 500 Mitarbeiter – auch im internationalen Bereich – partizipierten beziehungsweise partizipieren an der Wandelschuldverschreibung. „Diese Aktion gibt mir das Gefühl, daß meine Arbeit über den normalen Rahmen hinaus honoriert wird", sagt Jürgen Hachenberger, einer der *SAP*-Mitarbeiter der ersten Stunde, über die Wandelschuldverschreibung. Auch der von der *SAP* für das Jahr 1998 geplante Börsengang in den USA hat als ein wesentliches Ziel, die Mitarbeiter über *Stock-Options*-Pläne am Erfolg des Unternehmens zu beteiligen.

Zusätzlich zu diesen direkten Beteiligungsmaßnahmen steht *SAP* in der ersten Reihe deutscher Unternehmen, die über eine flexible

Entgeltpolitik eine variable Erfolgsbeteiligung eingerichtet haben. Das heißt, daß die vorgesehenen Gehaltserhöhungen aufgeteilt wurden: Ein Teil floß in die Gehälter, der andere Teil in den Aufbau der Erfolgsbeteiligung. Bei Erreichen des jeweiligen Unternehmensziels erhält jeder Mitarbeiter einen bestimmten entgeltbezogenen Prozentsatz ausgezahlt. 1995, im ersten Jahr nach der Einführung, brachte die Erfolgsbeteiligung für jeden Mitarbeiter mehr als ein Drittel seiner Monatsbezüge. Ziel dieser schrittweisen Zuführung ist die Auszahlung eines weiteren Monatsgehalts.

Die Mitarbeiter der *SAP* sind also über die Erfolgsbeteiligung, das Aktienprogramm oder auch die Wandelschuldverschreibungen spürbar am Erfolg des Unternehmens beteiligt.

*

Vorstandssprecher Dietmar Hopp:
„Unser Dank gilt allen Mitarbeiterinnen und Mitarbeitern der *SAP* und der Partnerunternehmen. Sie haben ihre Leistungsbereitschaft und die Fähigkeit zu innovativen Höchstleistungen einmal mehr unter Beweis gestellt.“

Beteiligungserfolg von Jahrzehnten gestützt

Sedus-Stoll AG, Waldshut

„Der Gesellschaftsvertrag dient dazu, daß die Gesellschaft ihre Marktstellung auch von der Finanzierungsseite her behaupten kann. Das verfügbare Gesamtkapital ist so auszugestalten, daß die Unabhängigkeit der Gesellschaft gesichert bleibt und ihre gesunde Entwicklung ermöglicht wird. Zur Sicherung der Unabhängigkeit soll das Eigenkapital die Hälfte der Bilanzsumme ausmachen. Eine gesunde Entwicklung soll durch einen hohen Selbstfinanzierungsgrad und außerdem auf der Grundlage einer Begrenzung der Ausschüttung der Gewinnanteile ermöglicht werden."

So lautet eine der ersten vertraglichen Regelungen zur Mitarbeiterbeteiligung der *Sedus-Stoll AG* in Waldshut. Eine Regel, die heute noch praktiziert wird. *Sedus-Stoll*-Aktionär Christof Stoll gehört zu den Pionieren der Mitarbeiterbeteiligung. Anstelle hehrer Worte stellte er diesem Statut seinen Mitarbeitern ein klares Geschäftsziel vor Augen, das sie mit erringen und an dem sie auch mit profitieren sollen. Dabei ist die Form der stillen Gesellschaft bereits die zweite Initiative einer Mitarbeiterbeteiligung am Unternehmen, die die Familie Stoll im Jahr 1966 auf die erste, bereits 1952 eingeführte Ergebnisbeteiligung folgen ließ. Die Firma *Sedus-Stoll* ist eines der historischen deutschen Familienunternehmen. Seit 1871 stellt man dort bereits in der vierten Generation Sitzmöbel, sprich Stühle, her. 1925 gelang dem Unternehmen der erste Drehstuhl der Welt – es darf als Keimzelle der Bürostuhlentwicklung im 20. Jahrhundert gelten. Inzwischen verfügt der Betrieb über das modernste „Prüflabor der Drehstuhlbranche" in Europa und beschäftigt 650 Mitarbeiter, von denen 30 allein für Forschung und Entwicklung tätig sind. 1987 gründete die Firma *Stoll* die *Stoll-VITA-Stiftung*, die Hauptgesellschafter der heutigen *Sedus-Stoll AG* ist.

Der Unternehmer Stoll sah schon frühzeitig die gute Zusammenarbeit mit seinen Mitarbeitern und deren Beteiligung am Ergebnis als Selbstverständlichkeit an. Bereits 1952 führte er das erste Ergebnisstatut bei *Sedus* ein. Auf seiner Basis wird der Reingewinn zur Hälfte zwischen Mitarbeitern und Inhabern, sprich Aktionären, geteilt.

Von dieser Mitarbeiterhälfte gelangt ein jährlich vom Vorstand und Wirtschaftsausschuß errechneter Teil in einen Sozialfonds, der hauptsächlich der betrieblichen Altersvorsorge dient. Der verbleibende Restbetrag wird nach einem Punktesystem aufgeschlüsselt und verteilt, das sich an der Betriebszugehörigkeit orientiert. Zur Teilnahme an diesem Ergebnislohnsystem berechtigt bereits ein Jahr bei *Sedus* und eine Unterschrift unter die Erklärung, die auch in der Neufassung des Ergebnisstatuts vom November 95 enthalten ist: „Ich erkläre mich hiermit bereit, als Mitarbeiter in der Sedus Stoll AG verantwortlich für eine gute Gesamtleistung des Betriebes Sorge zu tragen. Diese Verantwortung umschließt für mich vor allem die Verpflichtung, alles in meinen Kräften Stehende zu tun, um die von der Firma gesteckten Ziele bezüglich der Leistung im Geiste der Zusammenarbeit zu verfolgen. In diesem Sinne nehme ich an der von Sedus Stoll AG, Waldshut, geschaffenen Einrichtung „Ergebnislohn" ab ... teil." Jeder Teilnehmer kann zum Ende des Geschäftsjahres seine Teilnahme kündigen. Der Ergebnislohn selbst wird zum Teil einem Belegschaftsanteilskonto gutgeschrieben und zum Teil ausgeschüttet. Den Schlüssel für die Festlegungs- und Auszahlungsanteile ermitteln wieder Vorstand und Wirtschaftsausschuß. Das Statut hält ferner fest: „Jeder Betriebsangehörige kann persönlich seine Punktzahl durch Einsichtnahme in sein Lohn- und Gehaltskonto kontrollieren und Aufklärung über die Berechnung vom Lohn- bzw. Gehaltsbüro verlangen." Von dieser Möglichkeit ist bisher nicht Gebrauch gemacht worden. Die Belegschaftsanteilskonten werden mit mindestens 4 % verzinst.

In den Jahren 1977 bis 1987 erhöhten sich die Arbeitnehmereinlagen durch die Ergebnisbeteiligung auf 10 Millionen DM bei einer damaligen Bilanzsumme von 60 Millionen DM und einer Eigenkapitalquote von fast 40 %. Seit 1966 bietet *Sedus* seinen Mitarbeitern eine zusätzliche Firmenkapitalbeteiligung über einen Vertrag als stiller Gesellschafter an. Diese Form der Gewinnbeteiligung gibt den *Sedus*-Mitarbeitern die Möglichkeit, Geld in der Firma ohne Verlustrisiko anzulegen. Das Gewinnbeteiligungskapital wird – falls die Vorjahresdividende nicht höher war – mindestens mit der Endrendite der Bundesschatzbriefe des Typs B verzinst. Der Vertrag ist jeweils zum Ende eines Geschäftsjahres kündbar und somit für die Mitarbeiter eine risikofreie und planbare Vermögensbildung. Seit 1. Oktober 1987 bietet *Sedus* im Rahmen der gesetzlich gestützten Vermögensbildung seinen Mitarbeitern auch noch ein Darlehen an. Das heißt, Mitarbeiter können nach zweijähriger Betriebszugehörigkeit 500, 624 oder 936 DM auf ein Firmenkonto einzahlen, das vom Unternehmen mit 300 DM bezuschußt und für 10 Jahre festgeschrieben wird. Auch diese Zinsen orientieren sich an der Endrendite der Bundesschatzbriefe vom Typ B und können jährlich ausgezahlt oder dem Mitarbeiterkonto gutgeschrieben werden. Das heißt, die *Sedus-Stoll AG* bietet ihren Mitarbeitern bereits heute eine Art Vermögensbildung im *Cafeteria*-Prinzip an.

Das entspricht den in den Unternehmensgrundsätzen formulierten Zielen: „Wir finanzieren unsere Aktivitäten und unsere auf Wachstum ausgelegte Unternehmenspolitik in erster Linie durch Eigenmittel, wir streben langfristigen unternehmerischen Erfolg an, um dauerhaft eine angemessene Eigenkapitalrendite zu erwirtschaften, und wir beteiligen unsere Mitarbeiter am Erfolg des Unternehmens."

Ergebnis: Bei *Sedus-Stoll AG* beträgt das Eigenkapital 48 % und die Einlagen der Mitarbeiter 13 %.

*

Der Betriebsrat nimmt Stellung:
„Die Mitarbeiterbeteiligung am Erfolg und am Kapital wurde bei *Sedus* ohne begleitende Vermögensbildungsgesetze bereits 1952 eingeführt und wird nunmehr bald fünf Jahrzehnte erfolgreich praktiziert. Neben der Idee, den Mitarbeiter zum Mitdenker, zum Mitunternehmer zu machen, war die Kapital- und Eigentumsbildung Grundlage unseres betriebsindividuellen Beteiligungsmodells. Für mich als Betriebsrat in einem tarifunabhängigen Betrieb hat die Erfolgs- und Kapitalbeteiligung der Mitarbeiter einen sehr großen Stellenwert. Daß dies unter gewerkschaftlichen Gesichtspunkten

auch kritisch gesehen werden kann, ist durchaus zu akzeptieren. Jeder Betrieb braucht sein eigenes Beteiligungsmodell. Wichtige Faktoren sind die Ertragslage des Unternehmens, die Zusammensetzung der Belegschaft und das Unternehmensziel. Nur wenn das alles aufeinander abgestimmt ist, kommt ein Modell heraus, von dem sowohl der Betrieb als auch die Mitarbeiter Nutzen haben. Die Erfahrungen des Betriebsrats mit dem *Sedus*-Modell der Mitarbeiterbeteiligung sind unter dem Strich positiv, trotz gelegentlicher Überzeugungsarbeit hinsichtlich des ‚Auszahlungsdrangs'. Alle Formen der Beteiligung beinhalten eine Art ‚Zwangssparen' zur Kapital- und Vermögensbildung. Je nach Modellgestaltung sind gewisse Risiken vorhanden, dennoch ist aus meiner Sicht die Teilnahme an möglichst allen angebotenen Beteiligungsformen der Idealfall. Das Kapital der Mitarbeiter ist langfristig an das Unternehmen gebunden, vorzeitige Verfügungsmöglichkeiten sind nur für Ausnahmefälle vorgesehen. Vielen Mitarbeitern wurde im Lauf der Jahre durch die Ergebnisbeteiligung zum Beispiel der Bau oder Erwerb eines Eigenheims erst ermöglicht, zumindest aber die Finanzierung erleichtert."

Durch Mitarbeiterschulung zum Beteiligungs-Erfolg

Seeberger KG, Ulm

„Die bei uns praktizierten Modelle der Mitarbeiterbeteiligung haben den Mitarbeitern wie der Firma erhebliche Vorteile gebracht und sollen auch in Zukunft der Mitarbeitermotivation wie der Liquidität und der Investitionsfähigkeit des Unternehmens zugute kommen." So Dr. Julius Rohm, persönlich haftender Gesellschafter der *Seeberger KG,* die sowohl als Kaffee-Importeur und Röster tätig ist, als auch mit dem Handel von Spitzen-Trockenfrüchten in Deutschland die Position des Marktführers innehat.

Seit 1984 gibt es für die 280 Mitarbeiter dieses Hauses eine Kapitalbeteiligung, deren Entwicklungsgeschichte fast drei Jahrzehnte zurückreicht. Ende der Sechziger entstanden erste Überlegungen zu einem Darlehensmodell. Erst 15 Jahre später, in jenem Zeitraum, in dem die Urform des Genußrechts von *Bertelsmann* wieder freigeschaufelt wurde, begann man auch bei *Seeberger,* „die fast vergessene Form der Genußscheine neu zu beleben". Die Geschäftsführung erwähnt in diesem Zusammenhang zwei interessante Argumente: a) Es ist keine bankbürgschaftliche Absicherung notwendig; b) die gewinn- und verlustabhängige Verzinsung unterstützt ein firmenbezogenes Denken der Mitarbeiter. Zunächst wurde den Mitarbeitern angeboten, die „dritten" 312 DM nach dem Vermögensbeteiligungsgesetz bei attraktiver Verzinsung als Genußrecht in der Firma anzulegen. Eine mögliche Verlustbeteiligung blieb auf 0,5 % des Genußrecht-Kontos begrenzt sowie mit einer Nachzahlungszusage der Verlustzahlung versehen, „wenn im Folgejahr wieder ein Gewinn entsteht". Auf Anhieb beteiligte sich ein Viertel der damals ca. 170 *Seeberger*-Mitarbeiter mit insgesamt 12 000 DM an dem Genußrechtsangebot, und im Jahr darauf waren es bereits drei Viertel, die zusammen 130 000 DM an Genußrechten gezeichnet hatten.

Dieser Erfolg ermutigte die Firma, eine Erfolgsbeteiligung einzuführen: In wirtschaftlich erfolgreichen Jahren werden die Mitarbeiter durch Sonderzahlungen am Gewinn beteiligt. 50 % dieser Zuflüsse müssen für mindestens 6 Jahre als Genußrechte in der Firma verbleiben. Sie werden gewinnabhängig verzinst. Die Geschäftsführung kommentiert: „Es handelt sich bei unserem Modell um eine Mischform von Kapital- und Erfolgsbeteiligung, wobei die Erfolgsabhängigkeit zweistufig ist: Einmal sind die Zuflüsse in Form von freiwilligen Sonderzahlungen vom wirtschaftlichen Erfolg abhängig, zum anderen ist die Verzinsung der Genußrechte indirekt an die Umsatzrendite gekoppelt." Die effektive Verzinsung schwankte bisher zwischen 8–11,5 %, und bis Ende 1996 war das Genußrechtkapital auf 6 Millionen DM angewachsen. Die Belegschaft beteiligt sich zu 100 %.

Ein früheres Betriebsrentenmodell wurde 1981 im Hinblick auf nicht auszuschließende Zukunftsrisiken geschlossen. Als Ausgleich offeriert *Seeberger* danach eingetretenen Mitarbeitern eine zweite Form der Erfolgsbeteiligung als Möglichkeit einer Vermögensbildung zur zusätzlichen privaten Altersvorsorge: Alle Mitarbeiter über 40, die schon 10 Jahre im Unternehmen arbeiten, erhalten eine Erfolgsbeteiligung auf einem Mitarbeiterguthabenkonto. Abhängig von der jeweiligen Umsatzrendite werden darauf bis zu maximal 5 % des jeweiligen Jahresentgelts eingezahlt. Sinkt die Rendite unter 2 %, wird keine Einzahlung verbucht. Diese mit 4 % fest verzinsten Guthaben bleiben bis zum Ausscheiden aus dem Berufsleben gesperrt, während die anderen Beteiligungsmöglichkeiten maximal 6 Jahre Sperrfrist haben. Der bis dahin angesammelte steuer- und sozialabgabenfreie Auszahlungsbetrag wird im Rentenalter in 10 Jahresraten überwiesen und ist erst dann steuerpflichtig. „Wir glauben, mit unserem Beteiligungsmodell und unseren Mitarbeiterguthaben einen wirklich wesentlichen Beitrag zur Absicherung unserer Belegschaft leisten zu können, und da wir das vereinbarungsgemäß an den wirtschaftlichen Erfolg unserer Firma geknüpft haben, kann auch das Guthaben-Modell im Gegensatz zu einer Betriebsrente für das Unternehmen niemals existenzbedrohend werden."

*

Der Betriebsrat:
„Die Mitarbeiter finden die Kapitalbeteiligung, insbesondere das Genußrechtsystem, sehr gut. Sie fühlen sich mit dem Unternehmen verbunden. Die Beteiligung trägt wesentlich zur Motivation und zum Engagement bei. Das Arbeitsklima ist offener und kontaktfreudiger. Die Sensibilität für ökonomische Zusammenhänge wächst. Das Bedürfnis nach betrieblichen Informationen wächst. Die Mitarbeiter interessieren sich mehr für Arbeitsabläufe und wie man diese optimieren kann. Die Kapitalbeteiligung wird als wertvoller Beitrag zur Altersversorgung und ‚Notgroschen‘ gesehen. Der Einsatz der Mitarbeiter wird durch die gute Verzinsung des Kapitals belohnt und ist auf diese Weise mit am Gewinn beteiligt."

Mitarbeiterin Renate Henke:
„Erstens ist das Genußrecht-Modell eine tolle Möglichkeit zur Geldanlage. Bisher lag die Verzinsung meist deutlich über dem banküblichen Zinssatz. Zweitens identifiziert man sich stärker mit den Interessen der Firma, wenn man selbst ‚am Unternehmen beteiligt‘ ist. Die Höhe der Verzinsung hängt schließlich mit vom eigenen Engagement ab. Ich selbst habe als Auszubildende das erste Mal Geld in der Firma angelegt. Das Modell wurde uns im betrieblichen Unterricht vorgestellt. Seitdem warte ich jedes Jahr mit Spannung auf die Mitteilung, wie sich das angelegte Kapital verzinst."

Mitarbeiter Heinrich Lutz:
„Das von unserer Firma eingeführte Genußrecht bringt für mich ein stärkeres Mitverantwortungsbewußtsein, man fühlt sich vielleicht auch als ‚kleiner Teilhaber‘. Die attraktive Verzinsung, die wir auf unseren Genußrechtkonten erhalten, ist für einen Normalverdiener sonst praktisch kaum erzielbar, außerdem bedeutet dieses Genußrecht für mich eine zusätzliche Verbesserung meiner Altersversorgung."

Mit Aktienerwerb für den Fortschritt

Siemens AG, München

Die *Siemens AG* wurde in Deutschland lange Zeit als Unternehmen mit der höchsten Belegschaftszahl zitiert (heute: 386 000 international, 197 000 Inland). Deshalb mußte es auch besonderes Aufsehen erregen, daß die seit 1969 eingeführten Belegschaftsaktien, also Vorzugsaktien, zeitweise mehr als 15 % des Stammkapitals repräsentiert haben sollen, wie es gelegentlich einer der Pressekonferenzen Ende der siebziger Jahre dargestellt worden ist.

Der Erfolgsbericht des Hauses lautet: 1997 besaß ein Mitarbeiter, der seit 1969 von allen Aktienangeboten und Bezugsrechten Gebrauch gemacht hat, 1 330 Aktien, für die insgesamt 22 440 DM zu bezahlen waren. Bei voller Nutzung der vermögenswirksamen Leistungen, einschließlich der staatlich gewährten Arbeitnehmersparzulage, hatte der Vorzugskäufer dafür jedoch lediglich 6 120 DM zusätzlich aufzubringen. Dafür erhielt er innerhalb dieser 28 Jahre ca. 33 500 DM Bezugsrechtserlöse und Steuergutschriften (p.a. durchschnittlich 1 200 DM) und besitzt einen Vermögenswert von 160 000 DM.

1997 haben etwa 67 % der *Siemens*-Mitarbeiter das Angebot von Vorzugsaktien angenommen. Jeder Bezugsberechtigte konnte dabei maximal 10 Aktien erwerben. Die genaue Anzahl der im Mitarbeiterbesitz befindlichen Vorzugsaktien unterliegt nach wie vor dem Bankgeheimnis und kann daher nur geschätzt werden. Die Voraussetzung für den Aktienkauf lautet: Alle Mitarbeiter, einschließlich der Auszubildenden, die Aktien erwerben wollen, müssen spätestens am 1.10. des Jahres der Antragstellung für einen Aktienkauf als festangestellte *Siemens*-Mitarbeiter und am 1.1. des Folgejahres nach wie vor in einem ungekündigten Arbeitsverhältnis stehen. Die Belegschaftsaktien unterliegen einer 6jährigen Sperrfrist, haben aber volles Stimmrecht.

Außerdem gibt es bei *Siemens* auch eine „Jahreszahlung im Tarif-kreis". Sie betrifft alle Mitarbeiter, die jeweils am 30.9. dem Unternehmen volle 7 Jahre angehört haben – eine Art Erfolgszahlung. Dabei spielt ein „Unternehmensfaktor" eine Rolle, den die Unternehmensleitung „nach vorheriger Unterrichtung des Gesamtbetriebsrats" jährlich neu festlegt und der für die Jahre von 1995 bis 1998 „mindestens der Dividende für jeweils 10 Aktien im Nennwert von 5 DM entspricht".

Die individuelle Jahreszahlung richtet sich nach dem von der Lohn- oder Gehaltsgruppe abhängigen Grundbetrag, der mit dem skizzierten sogenannten „Unternehmensfaktor" multipliziert wird. Teilzeitbeschäftigte werden anteilig einbezogen. Im Einzelfall kann diese Jahreszahlung wie folgt zustande kommen: Ein Facharbeiter, der ein monatliches Bruttoentgelt von ca. 5 000 DM zu verzeichnen hat, kann bei den gegenwärtig geltenden Bestimmungen und bei einem Grundbetrag von 80 DM eine jährliche Einmal-Zahlung von 1 200 DM erhalten. Für diese Jahreszahlung hat das Unternehmen 1997 mehr als 100 Millionen DM ausgegeben.

*

Statement von Günther G. Goth, stellvertretender Leiter der Zentralabteilung Personal der *Siemens AG*:
„Das jährliche Angebot an unsere Mitarbeiter zum Erwerb von Aktien zum Vorzugspreis hat seit langem bei *Siemens* einen hohen Stellenwert. Zudem fördern wir damit das Engagement und die Motivation der Mitarbeiter für den Fortschritt und den Erfolg des Unternehmens. Und auch als Baustein zu einer gesicherten Altersversorgung wird es vor allem für jüngere Leute deutlich an Bedeutung gewinnen. Der kontinuierliche Kauf von Belegschaftsaktien kann durchaus ein Polster schaffen, das eine beachtliche Zusatzversorgung im Alter sichert."

Statement des Vorsitzenden des Gesamtbetriebsrats der *Siemens AG*, Alfons Graf:
„Bereits seit 1969 werden den Mitarbeiterinnen und Mitarbeitern der *Siemens AG* jährlich *Siemens*-Aktien zum Vorzugspreis ange-

boten. Auch wenn damit die Beteiligung am Produktivvermögen der *Siemens AG* nur sehr gering ist, versteht der Gesamtbetriebsrat diese Maßnahme als Förderung der Vermögensbildung für Arbeitnehmer. Wir unterstützen nachdrücklich diese Sozialleistung, denn die tariflichen Mitarbeiter haben dadurch auch die Möglichkeit, die tarifvertraglich zugesicherte vermögenswirksame Leistung für den Erwerb dieser Aktien zu verwenden. Das Interesse der Mitarbeiter, Belegschaftsaktien zu erwerben, ist nach wie vor groß; es hat sich in den letzten Jahren bei 65 bis 70 % stabilisiert."

Pionier der Sparkassen-Beteiligung

Sparkasse Südliche Weinstraße in Landau

„In einem zunehmend härter werdenden Wettbewerb auch in der Finanzbranche – wir kennen alle die verschiedenen Studien, die für die Zukunft im Banken- und Sparkassenbereich den Verlust von Tausenden von Arbeitsplätzen vorhersagen – wird der Erfolg eines Kreditinstituts noch stärker als in der Vergangenheit vom Engagement und vom Können seiner Mitarbeiterinnen und Mitarbeiter abhängen." Der Vorsitzende des Personalrats der *Sparkasse Südliche Weinstraße* in Landau begründet mit diesen Worten die Einführung einer Vermögensbeteiligung in seinem Haus.

Die *Sparkasse Südliche Weinstraße* war die erste kommunale Sparkasse, die Privatpersonen eine Beteiligung am Eigenkapital ermöglichte. Dabei berief sie sich auf eine neue Regelung, die 1993 in das Sparkassengesetz von Rheinland-Pfalz Eingang fand und den öffentlich-rechtlichen Instituten die Chance bietet, bis zu 49 % des Firmenkapitals in Form von Vermögenseinlagen stiller Gesellschafter aufzunehmen. In Landau hat man diesen Passus genutzt, um die eigenen Mitarbeiter zu beteiligen. Dabei ist darauf geachtet worden, daß das Gesamtvolumen der Mitarbeiterbeteiligung nicht mehr als 4,9 % des Eigenkapitals der Sparkasse erreicht, da ein darüber hinausgehender Anteil der Mitarbeiterschaft eventuell andere Mitwirkungsrechte im Verwaltungsrat eröffnet hätte. Für die Beteiligung selbst war ab sofort jeder ungekündigte Mitarbeiter und Auszubildende berechtigt, vorausgesetzt, sie hatten im Vorjahr weniger als 8 Wochen Sonderurlaub in Anspruch genommen und waren nicht für Erziehungszeiten freigestellt worden.

Auf jeden Fall ist den 670 Sparkassenmitarbeitern ab 1. Januar 1996 die Möglichkeit gegeben worden, sich in den nächsten Jahren mit jährlich maximal 2 000 DM, zuzüglich 936 DM vermögenswirksamer Leistungen, bis zu insgesamt 10 000 DM als stiller Gesellschafter an der Firma ihres Arbeitgebers zu beteiligen. Diese Einlage unterliegt einer Mindestlaufzeit oder Sperrfrist von 6 Jahren bei zweijähriger

Kündigungsmöglichkeit und ist in vollem Umfang verlustbeteiligt. Bei einer positiven Ertragsentwicklung unterstützt das Unternehmen eine solche Beteiligung. 1995 waren es 600 DM pro Person, von denen 300 DM laut der zu diesem Zeitpunkt geltenden Bestimmungen steuer- und sozialabgabefrei waren.

Im ersten Jahr der Beteiligung konnte die Geschäftsführung darauf aufmerksam machen, daß die Rendite der ersten Ausschüttung 7,5 % betrug und vergleichbare Anlagen um fast 30 % übertraf. 96 % der Belegschaft zeichneten die erste Beteiligungsausschreibung, davon die Hälfte mit dem Höchstbetrag, so daß sich eine Beteiligungsgesamtsumme von 800 000 DM ergeben hat. Für die Sparkasse selbst war die dadurch erzielte Erhöhung des Eigenkapitals auch durchaus von Bedeutung. Denn in Erwartung eines um 150 Millionen DM erhöhten Kreditvolumens war das Institut auch gehalten, sein Eigenkapital entsprechend um 12 Millionen DM zu erhöhen, da es eine Mindesthöhe von 8 % der ausgegebenen Kredite decken muß.

Ein schlagkräftiges Beispiel für den doppelten Nutzen von Vermögensbildungsmaßnahmen in Arbeitnehmerhand. Die Mitarbeiter werden am Unternehmensbetrag, einschließlich dessen Risiko, beteiligt, womit in der Regel ein starker Motivationsschub verbunden ist, und das Unternehmen erhöht seine eigene Liquidität und Sicherheit, so daß sich eine eindeutige Erfolgsgemeinschaft ergibt. Der Vertrag über die stille Vermögenseinlage der *Sparkasse Südliche Weinstraße* sieht dafür wörtlich vor:

§2: Vergütung
(1) Der Mitarbeiter erhält für jedes Kalenderjahr folgende Verzinsung des Nennbetrages seiner Vermögenseinlage.
    1. Standardzins: Kapitalmarktzins für 10jährige Renten, ermittelt aufgrund des Durchschnitts des Standes der vier Quartalsschlußtermine der „Renten-Rendite, Pfandbriefe und Kommunalobligationen nach amtlichen Kursen", wie sie in der FAZ veröffentlicht werden.
    2. Bonus: Liegt das Betriebsergebnis I im vorhergehenden Geschäftsjahr über dem Gruppendurchschnitt der größeren rhein-

land-pfälzischen Sparkassen, wird zum Standardzins ein Bonus von einem Prozentpunkt gezahlt.

3. Malus: Liegt das Betriebsergebnis I im vorhergehenden Geschäftsjahr mit mehr als 0,30 Prozentpunkten unter dem Gruppendurchschnitt der größeren rheinland-pfälzischen Sparkassen, wird der Standardzins um einen Prozentpunkt gekürzt. Beginnt oder endet das Beteiligungsverhältnis während eines Kalenderjahres, so wird die Vergütung zeitanteilig bemessen.

(2) Die Vergütung wird jeweils nachträglich am 1. Bankarbeitstag nach Feststellung des Jahresabschlusses fällig.

(3) Der Vergütungsanspruch entfällt, wenn und soweit durch die Vergütung ein Bilanzverlust der Sparkasse entstehen oder erhöht würde oder die Vermögenseinlage nach einer Herabsetzung des § 3 noch nicht wieder auf den Nennbetrag aufgefüllt worden ist.

„Verwaltungsrat, Vorstand und Personalrat sind sich sicher", so hieß es in einem der ersten Berichte über dieses Pilotmodell für die Kreditwirtschaft, „durch diese Mitarbeiterbeteiligung einen Weg gefunden zu haben, das Eigenkapital bedarfsgerecht zu ergänzen und die Mitarbeiter ihren bedeutenden Anteil am Erfolg des Unternehmens direkt spürbar werden zu lassen."

*

Manfred Wollenschläger, Vorstandssekretariat:
„Die Beteiligung der Mitarbeiter am Unternehmen und Unternehmenserfolg ist im Wirtschaftsleben vielfach üblich – im Sparkassensektor dagegen noch weitgehend unbekannt. Nachdem die gesetzlichen Voraussetzungen geschaffen waren, wollte die *Sparkasse Südliche Weinstraße* bei den ersten sein, die sich diesem wichtigen Thema öffnen. Unsere Mitarbeiterinnen und Mitarbeiter stellen tagtäglich ihr Wissen, ihr Können und ihr Engagement unserem Unternehmen zur Verfügung. Sehr effizient, denn die *Sparkasse Südliche Weinstraße* ist zu einem erfolgreichen Kreditinstitut herangewachsen. Das beweisen die überdurchschnittliche Marktstellung, das gesunde Wachstum und solide Ertragszahlen. Ihre Qualität und ihr Engagement sorgen ganz entscheidend für den Unternehmenser-

folg. Ziel muß es deshalb sein, das Kapital ,Mitarbeiter' zu pflegen, um es langfristig dem Unternehmen zu erhalten. Die bereits durch das Arbeitsverhältnis begründete ,Sparkassenpartnerschaft' möchten wir durch die finanzielle Unternehmensbeteiligung ergänzen und stärken. Der Erfolg der Sparkasse wird dadurch teilbar und bildet Vertrauen, als stiller Gesellschafter Teilhaber der Sparkasse zu werden. Die bisherigen Erfolge und die vielen Anfragen anderer Sparkassen aus dem gesamten Bundesgebiet bestätigen uns darin, den richtigen Schritt in die richtige Richtung getan zu haben. Das Vertrauen der Mitarbeiter in das ,eigene' Unternehmen wird mit einer hohen Rendite belohnt. Die stillen Beteiligungen erhöhen und stärken das Eigenkapital der Sparkasse – eine wichtige Voraussetzung für ein expandierendes Kreditinstitut. Außerdem entwickeln die neuen Teilhaber verstärktes Interesse am Wohlergehen ihres Unternehmens.‟

Artur Hackert, Vorsitzender des Personalrats:
„Unserem Modell liegt die Annahme zugrunde, daß jede Mitarbeiterin, jeder Mitarbeiter an ihrem oder seinem Platz im Rahmen der jeweiligen Möglichkeiten einen Teil zum Gesamtergebnis, zum Erfolg der Sparkasse, beiträgt. Der Personalrat sieht in dieser Form der Mitarbeiterbeteiligung ein sehr modernes Instrument der Personalarbeit, das auch in anderen Sparkassen Einzug halten sollte.‟

André Buchmann, Sachbearbeiter Vorstandssekretariat:
„Eine rundum gute Sache ist unsere Mitarbeiterbeteiligung. Plötzlich bekommt man ein ganz anderes Gespür dafür, welche Bedeutung der betriebliche Erfolg nicht nur für das Unternehmen *Sparkasse SÜW*, sondern auch für einen selbst hat. Die überdurchschnittlich hohe Verzinsung und die Zahlung des Arbeitgeber-Zuschusses unter bestimmten Voraussetzungen geben zusätzlich Ansporn. Führt man sich vor Augen, wie wichtig heutzutage ein sicherer Arbeitsplatz ist (und die Mitarbeiterbeteiligung trägt eben durch verstärkte Motivation indirekt zum unternehmerischen Erfolg und damit zur eigenen Arbeitsplatzsicherung bei), hilft die Mitarbeiterbeteiligung letztendlich beiden: Mitarbeitern und Sparkasse. Unternehmerisches Denken verbreitet sich immer mehr im Haus; seit Auflegung der ersten Beteiligungsserie Anfang 1996 ist bei den Beschäftigten ein verstärkt inno-

vativ und initiativ fortschreitendes Denken zu beobachten, was sich auch im innerbetrieblichen Vorschlagswesen zeigt. Dies wirkt letztendlich nicht nur nach innen, sondern kommt nach und nach auch unseren Kunden zugute und verbessert somit unsere eigene Qualität – die Grundlage für die künftige Position unserer Sparkasse und damit auch für den Erfolg unseres Mitarbeiterbeteiligungsmodells."

Jürgen Abendschein, Qualitätskoordinator:
„Die Vorteile unseres Beteiligungsmodells liegen besonders in der Motivation des Mitarbeiters zum ‚Mitmachen' und das Einbringen von unternehmerischer Initiative in jeden Arbeitsplatz (man ist ja am wirtschaftlichen Erfolg des Unternehmens unmittelbar beteiligt), selbst wenn dieser ‚ganz unten' in der Linie zu finden ist. Mit der wachsenden Einstellungsveränderung unserer Mitarbeiter verbunden ist eine zunehmende Stärkung der Wettbewerbsposition unserer Sparkasse in der Region und ein positiver Beitrag zur *Corporate Identity* unseres Hauses."

Das Zeit-Wert-Papier schafft neue Möglichkeiten

Volkswagen AG, Wolfsburg

„Je höher das Zeitwertkapital, desto eher kann die Freistellung beginnen", heißt es in der *VW*-Broschüre „Leistung und Sicherheit", die das von Personalvorstand Dr. Peter Hartz initiierte *Zeit-Wert*-Papier für *VW*-Mitarbeiter erläutert. Bereits daraus geht hervor, daß bei *VW* vor dem Kapitalgewinn durch eine Beteiligung von Mitarbeitern am Ertrag des Hauses die Sicherung für das Alter steht.

Deshalb haben die Wolfsburger bereits vor Jahren ein „Rentenbausteinsystem" entwickelt, in dem für jedes Jahr der Tätigkeit in diesem Unternehmen ein Baustein im Rahmen der betrieblichen Altersversorgung zur Verfügung gestellt wird. Die Summe dieser Rentenbausteine bildet später die Betriebsrente. Zunächst gibt es bei *VW* die sogenannte Grundversorgung, auf die alle Belegschaftsmitglieder Anspruch haben, die in einem unbefristeten Arbeitsverhältnis stehen. Für sie kommen im Bedarfsfall 6 verschiedene Arten einer Grundversorgung in Frage: eine Altersrente, eine vorgezogene oder eine aufgeschobene Altersrente, eine Halb- und Vollwaisenrente, eine Witwen- oder Witwer-Rente und eine Berufs- und Erwerbsunfähigkeitsrente. Hinzu kommt als weiterer Bestandteil der betrieblichen Altersversorgung die sogenannte „Beteiligungsrente" auf der Basis einer Tarifvereinbarung mit der *IG Metall*, nach der jedes Belegschaftsmitglied einen monatlichen Versorgungsaufwand von 52 DM erhält, der in wertgleiche Rentenbausteine für die Alterssicherung umgewandelt wird. So kann beispielsweise am Ende eines Arbeitslebens ein heute 35jähriger Mitarbeiter oder eine Mitarbeiterin mit einer Beteiligungsrente von 317 DM rechnen.

Weiterhin hat *Volkswagen* einen neuen Ansatz zur Dynamisierung des *Human Capital* entwickelt. Durch *Zeit-Wert*-Papiere haben Mitarbeiterinnen und Mitarbeiter die Möglichkeit, unterschiedliche Bestandteile ihres monatlichen Entgelts, zum Beispiel Mehrarbeitsvergütungen, Bonuszahlungen und Prämien, in sogenannte „Zeit-Werte" einzubringen. Je früher Zeit-Werte erworben werden, desto höher ist das *Zeit-Wert*-Guthaben und damit der Spielraum zur Gestaltung der Arbeitszeit im Rahmen der Altersteilzeit oder der Lebensarbeitszeit. Der Mitarbeiter erhält eine Art Kontostandsmitteilung, aus der der aktuelle Geldwert der eingebrachten Zeitwerte hervorgeht, und gleichzeitig werden ihm alljährlich *Zeit-Wert*-Papiere überreicht, die die Entgeltbestandteile dokumentieren, auf die er im Vorjahr verzichtet hat. Der Kommentar des Hauses zu diesem Modell: „Innerhalb eines langfristigen Arbeitsverhältnisses sollen Zeit- und Vergütungsansprüche der Belegschaft temporär aufgeschoben und in einen *Zeit-Wert*-Fonds eingebracht werden."

Personalvorstand Dr. Peter Hartz:
„Mit diesem Modell kann jeder individuell seinen gleitenden Ruhestand disponieren. Es ist nicht länger eine Kollektivlösung, daß ein ganzer Altersjahrgang geht. Wer gebraucht wird, bleibt, hat aber die Chance, sein *Zeit-Wert*-Papier weiter Erträge erwirtschaften zu lassen. Durch *Zeit-Wert*-Papiere läßt sich mehr Wertschöpfung im Unternehmen, mehr Teilhabe am Unternehmen und am Ende mehr Vorsorge aus dem Unternehmen für die Beschäftigungsanpassungen und gleitenden Ruhestand erreichen. Das *Zeit-Wert*-Papier wird so zum *Workholder-Value*."

Außerdem wurde auf der *Volkswagen*-Hauptversammlung 1997 einer „Beschlußfassung zur Ermächtigung zur Ausgabe von Wandelschuldverschreibungen" zugestimmt. Danach ist vorgesehen, zukünftig bis zu einem Gesamtwert von 13,5 Millionen DM unverzinsliche Wandelschuldverschreibungen mit 5jähriger Laufzeit herauszugeben, deren Bezugsrecht für Vorstand wie Mitarbeiter ausschließlich an den Besitz von *Zeit-Wert*-Papieren geknüpft ist.

Die Inhaber der *Zeit-Wert*-Papiere erhalten, solange sie sich in einem ungekündigten Arbeitsverhältnis bei *VW* befinden, das Recht, am Aktienoptionsplan teilzunehmen und die Wandelschuldverschreibungen nach einer Sperrfrist von 24 Monaten in Stammaktien der *Volkswagen AG* zu wandeln. Es gilt die Regel: „Im Falle der Ausübung des Wandlungsrechts ist nach näherer Maßgabe der Bedingungen der Wandelschuldverschreibungen für den Erwerb einer Stammaktie eine Zuzahlung in Höhe jenes Betrages in bar zu leisten, um den der Wandlungspreis den entsprechenden Nennbetrag der umzutauschenden Wandelschuldverschreibung übersteigt." So steht es in der Einladung zur *VW*-Hauptversammlung 1997. Voraussetzung für die Wandlungspraxis ist ein Börsenkurs der *VW*-Stammaktie, der den Wandlungspreis um mindestens 10 % übersteigt. Außerdem bleibt ein Bezugsrecht für sogenannte normale Aktionäre ausgeschlossen. Das Unternehmen will durch den Aktienoptionsplan und die damit geschaffene Beteiligung am Unternehmenswert den Mitarbeitern einen zusätzlichen Anreiz geben, Entgeltbestände in *Zeit-Wert*-Papiere einzubringen. *Zeit-Wert*-Papiere bilden auch einen Eigenbeitrag der Mitarbeiter zu einem gleitenden Übergang in den vorgezogenen Ruhestand und entlasten das Unternehmen, so daß sich die Ertragskraft längerfristig verbessern kann.

*

Die Unternehmensleitung erläutert:
„Die *Volkswagen AG* gestaltet im Rahmen der grundlegenden Veränderungen im Unternehmen den Einsatz ihrer Mitarbeiter um. Dem einzelnen wird mehr Verantwortung übertragen. Auf jedem Arbeitsplatz wird unternehmerisches Handeln erwartet. Entsprechend verändert sich das Vergütungssystem. Damit wäre ein auf Vorstand und die Führungskräfte beschränkter Optionsplan unvereinbar. Vielmehr ist es sowohl aus Gründen der Integration als auch der Motivation erforderlich, allen Mitarbeitern einen an der Kurssteigerung der Aktie orientierten Vergütungsbeitrag einzuräumen."

Klaus Volkert, Vorsitzender des Konzern- und Gesamtbetriebsrats der *Volkswagen AG*:
„Das *Zeit-Wert*-Papier, die Beteiligungsrente und der Aktienoptionsplan kennzeichnen deutlich veränderte Herausforderungen und Zielsetzungen gewerkschaftlicher Tarif- und Betriebspolitik. Neben der Sicherung der Beschäftigung wird die Absicherung einer kalkulierbaren Grundlage zur Gestaltung der Lebensarbeitszeit immer entscheidender. Die Verschlechterung der gesetzlichen Rahmenbedingungen zwingt uns, neue Antworten zu geben. Diese Antworten, die bei *Volkswagen* von Vorstand, Betriebsrat und *IG Metall* gemeinsam gefunden worden sind, bauen auf folgenden Säulen auf: Wir

schaffen eine langfristige Kalkulierbarkeit, eine attraktive Verzinsung des eingebrachten Zeit- und/oder Geldkapitals sowie eine individuelle Gestaltungsmöglichkeit des einzelnen, Zeit- und Gelderträge miteinander zu kombinieren. Damit wählen wir auch einen neuen Weg, durch kollektive Regelungen den Spielraum für individuelle Wahlmöglichkeiten zu eröffnen und für die Sicherung der Beschäftigung sowie der Altersvorsorge zu nutzen. Das ist intelligenter, als Deregulierung zu predigen und den einzelnen ausschließlich sich selber zu überlassen."

Individuell und leistungsbezogen

WEBASTO AG – Fahrzeugtechnik, Stockdorf

Es gibt Unternehmen, die „stille Beteiligungen" nicht für das A und O einer Mitarbeiterbeteiligung halten, und dazu gehört die Firma *WEBASTO AG – Fahrzeugtechnik.* An 18 verschiedenen Standorten in aller Welt stellen mehr als 3 500 Mitarbeiter *WEBASTO*-Schiebedach- und Heizungssysteme für nahezu alle Fahrzeugklassen sowie Klimaanlagen für Nutzfahrzeuge und Busse her. 1996 setzten sie damit 1,35 Milliarden DM um. In Deutschland zählen die Belegschaften des Weltmarktführers für Dachsysteme und Standheizungen in den drei Werken *Utting, Schirling* und *Neubrandenburg,* mit dem Sitz der Unternehmenszentrale in Stockdorf bei München, mehr als 1 700 Personen. Für sie führte die Geschäftsleitung 1994 ein neues Gewinnbeteiligungsmodell ein, das nach Art einer Prämie funktioniert.

Wie die meisten Gewinnbeteiligungsmodelle orientiert es sich am Unternehmensertrag, von dem ein Teil an die Mitarbeiter ausgeschüttet wird. Zuvor konnten die *WEBASTO*-Mitarbeiter kostenfrei „stille Beteiligungsscheine" erhalten, die ertragsabhängig ausgegeben wurden. Aber nach Ansicht des Hauses hatte diese Form eher einen „pauschalen Belohnungscharakter", da jeder den gleichen Anteil erhielt. Mit Einführung der neuen Ergebnisbeteiligung können die einzelnen Zuweisungen stark variieren. Das Gesamtergebnis des Unternehmens wird nämlich auf jeden Bereich und jede Abteilung bezogen individuell berechnet. Jeder Mitarbeiter, so die Geschäftsleitung, hat dadurch die Möglichkeit, seinen Anteil am Unternehmensgewinn selbst zu beeinflussen, da seine eigene Leistung entscheidend von seinem persönlichen Einsatz abhängt. Die Ergebnisse der einzelnen Bereiche gelten als Bemessungsgrundlage. Bisher betrugen die auf diese Weise errechneten Prämien für das jeweilige Geschäftsjahr zwischen 70 und 110 % eines Monatsgehalts.

Grundsätzlich wird jeder Mitarbeiter mit einer Betriebszugehörigkeit von 2 Jahren bei diesem Modell berücksichtigt. Die Beteiligung setzt sich *de facto* aus einem Fixum und einem variablen Bonus zusammen. Dabei beträgt das Fixum für jeden Belegschaftsangehörigen einheitlich 300 DM. Damit kann sich der Mitarbeiter in eine vom Unternehmen bereitgestellte Direktversicherung aufnehmen lassen und zu seiner Altersvorsorge beitragen. Er kann aber auch die Auszahlung des Bruttobetrages wählen. Immerhin haben sich 45 % der *WEBASTO*-Belegschaften für die Versicherungsform entschieden.

Der variable Bonus wiederum ist von drei Faktoren abhängig: dem Gesamtgewinn des Unternehmens, dem persönlichen Entgelt des Modellteilnehmers und seinen Fehlzeiten. Dabei wird in der Modellerläuterung für die Mitarbeiter vermerkt: „Durch Ihre Leistung können Sie das Ergebnis Ihrer Gesellschaft und somit auch Ihr Einkommen positiv beeinflussen. Deshalb hängt die Höhe des Gewinnbeteiligungsbonus von diesen Faktoren ab. Zusätzlich steigern Sie diesen variablen Bonus durch eine gesunde Lebensführung und entsprechende Vorsorge und somit geringere Fehlzeiten."

Der Fehlzeitenstand sank unternehmensweit nach Einführung des neuen Systems auf fast nur 3 %. Auch der jetzige *WEBASTO*-Gewinnbonus kann, falls ihn der Mitarbeiter nicht bar ausgezahlt erhalten will, in die betriebliche Direktversicherung eingebracht werden. Sollte er 3 408 DM übersteigen, wird der darüber liegende Betrag ausgezahlt. Die Geschäftsleitung macht darauf aufmerksam, daß dieses Gewinnbeteiligungssystem ganz entscheidend von einer hohen Transparenz und Informationsbereitschaft abhängig ist. Die Mitarbeiter müssen über die Ertragslage des Hauses voll unterrichtet werden, und sie lernen, mit dieser Praxis die Gewinn- und Verlustrechnung zu verstehen. Vor allem aber liegt es an ihnen selbst, wieviel Arbeit sie in ihr Unternehmen investieren wollen. Der Arbeitszeitkonten-Saldo wurde auf plus/minus 200 Stunden ausgeweitet, die ausschließlich durch Zeitguthaben ausgeglichen werden können. Überstunden wie Überstundenzahlungen entfallen; dafür beeinflußt der Zeitkontenstand entscheidend den Gewinnanteil des einzelnen. Die damit erzielte individuelle Dispositionsverantwortung, auch von Arbeitern in der Gruppe, interpretiert nicht nur die Firmenleitung als unternehmerischen Denkansatz. Auf jeden Fall sind Plus und Minus einer Gewinnchance dadurch in die Hand des Mitarbeiters gelegt, dessen einziges Risiko eine mögliche Verringerung seines Ertragsanteils bleibt. Ihn vermag er allein durch seinen Arbeitszeiteinsatz zu steuern, mit dem er im wahrsten Sinn des Wortes aus Zeit Geld machen kann.

*

Als diese neue Gewinnbeteiligung eingeführt worden war, sagte Betriebsratsvorsitzender Horst Winter:
„Wir betrachten unsere Mitarbeiter als Unternehmer im Unternehmen."

Durch Darlehenszinsen erfolgsverbunden

WEKA GmbH & Co. KG, Kissing

Die *WEKA*-Firmengruppe ist eine Gruppe mit 36 Verlagen und Softwarehäusern in 11 europäischen Ländern und beschäftigt ca. 3000 Mitarbeiter. Die Gruppe, die 1998 ihr 25jähriges Firmenjubiläum feierte, hat im Jahr 1997 einen Umsatz von 770 Millionen DM erzielt und nimmt in Deutschland die Spitzenposition unter den Anbietern für Fachinformationen ein.

In der *WEKA*-Firmengruppe wird den Mitarbeitern in Deutschland seit 1990 eine Darlehensverzinsung angeboten nach dem Prinzip: Die Mitarbeiter stellen ihrem Unternehmen im Verlauf eines Jahres eine bestimmte Darlehenssumme zur Verfügung, die dem Vermögensbildungsgesetz entsprechend zwischen 312 und 936 DM betragen kann. Diese Darlehensbeträge ergänzt die Firma ihrerseits um 100 DM bis 300 DM (bei Höchstbeteiligung von 936 DM), die nach § 19a EStG steuerfrei sind. Dafür können die Mitarbeiter die vermögenswirksamen Leistungen bis zu 78 DM monatlich verwenden und, sofern sie die gesetzlichen Voraussetzungen erfüllen, auch die Arbeitnehmersparzulage beantragen. Der daraus entstehende Darlehensbetrag von 412 oder 1236 DM unterliegt einer 6jährigen Sperrfrist und wird zur Zeit mit 5 % jährlich verzinst.

Der *WEKA*-Mitarbeiter hat die Möglichkeit, jedes Jahr einen neuen Darlehensvertrag abzuschließen. Falls er das 6 Jahre lang wiederholt, beläuft sich sein Guthaben auf ca. 8600 DM. *Per anno* kann er durch die Rückzahlung eines jeweils abgelaufenen Darlehens plus dessen Zinsen 1650 DM gutgeschrieben erhalten. Die Verzinsung wird jährlich neu festgelegt und an den Zinssatz vergleichbarer Banksparpläne angelehnt. Das Unternehmen erläutert: „Über 6 Jahre hinweg gerechnet, beträgt die Rendite für das Darlehen dann im Schnitt ca. 10 % und liegt damit über den üblichen Bankkonditionen."

Voraussetzung für die Teilnahme am WEKA-Darlehensprogramm ist ein Mindestalter von 18 Jahren, eine halbjährige Betriebszugehörigkeit (so daß auch Teilzeitmitarbeiter einbezogen werden können) sowie eine Jahresarbeitszeit von mindestens 50 % der tariflich vereinbarten Arbeitsstunden. Um den vollen Darlehensbetrag zu erreichen, den der Mitarbeiter zur Verfügung stellen will, kann er ihn in Monatsraten von 26 DM für die kleinste und 78 DM für die größte Summe von seinem Gehaltskonto abbuchen lassen. Das Unternehmen sichert die Mitarbeiterdarlehen bis zu deren Laufzeitende durch eine Bankbürgschaft ab. Als Information dient ein jährlich einmaliger Kontoauszug, der jedem Darlehensgeber automatisch zugeht. Die Beteiligungsquote am *WEKA*-Darlehensprogramm beträgt mehr als 40 %.

Seitens der Firmengruppe wird dabei der Zweck des Darlehens mit den Worten deutlich gemacht: „Von einer guten Partnerschaft sollten beide Teile etwas haben. Insofern ist auch das Beteiligungsmodell nicht ganz uneigennützig gedacht: Mit den zur Verfügung gestellten Darlehen kann *WEKA* während deren Vertragslaufzeiten arbeiten, und somit profitieren beide Seiten: Die Mitarbeiter erhalten für ihre Einlage einen attraktiven Zuschuß und gute Rendite; außerdem stärken sie gleichzeitig die Finanzkraft ihres Unternehmens.“

*

Stellungnahme des Konzernbetriebsrats:
„Auch Mitarbeiter investieren gerne in erfolgreiche Unternehmen. Bei den Konditionen des Beteiligungsmodells der *WEKA*-Firmengruppe ist es unwahrscheinlich, eine vergleichbare Kapitalanlage auf dem freien Finanzmarkt zu finden. Eine sichere Anlage mit einer Verzinsung von 10 % pro Jahr überzeugt. Der hohe Anteil – fast 50 % – der langjährigen Mitarbeiter, die dieses Beteiligungsmodell der *WEKA*-Firmengruppe nutzen, spricht für sich. Die Betriebsräte, vertreten durch den Konzernbetriebsrat, unterstützen die Mitarbeiter bei der Entscheidungsfindung, sich an ‚ihrem‘ Unternehmen zu beteiligen.“

Mitarbeiter-Echo:
„Mit dem Geld aus unserem Darlehensmodell unterstütze ich meine noch in der Ausbildung befindlichen Kinder.“
„Für mich sind die Erträge aus der Mitarbeiterbeteiligung ein kleines finanzielles Polster für die Zeit nach der Pensionierung.“

Beteiligungs-Pionier: erfolgreich und selbstkritisch

Wilkhahn Wilkening + Hahne GmbH & Co., Bad Münder

„Die Ergebnisbeteiligung sehen wir als ein Element unseres Prinzips der Fairneß gegenüber den Mitarbeitern", schreibt Fritz Hahne, Gründer und langjähriger Leiter der heutigen *Wilkhahn Wilkening + Hahne GmbH + Co.* in seiner Autobiographie.

Wilkhahn in Bad Münder am Deister gilt als Trendsetter für Büro-einrichtungen und hat im Besitz zahlreicher Design-Auszeichnungen die Entwicklung des heute modernen Bürostuhls entscheidend mitbe-stimmt. Dabei beruft man sich nicht allein auf den Markt, sondern vor allem auch auf die deutsche Bauhaus-Geschichte, auf Walter Gropius, Ludwig Mies van der Rohe, Lionel Feininger, Paul Klee und auf deren „Nachfahren" Max Bill, der bereits in den dreißiger Jahren die ersten Sitzmöbel der *Wilkhahn*-Produktion entscheidend mitbestimmt hat. In einer der verschiedenen Unternehmensgeschichten heißt es: „Heute gelten *Wilkhahn*-Erzeugnisse als Beispiele für gültiges De-sign und sind auf wichtigen internationalen Design-Veranstaltungen präsent. Nicht wenige haben schon zu ‚Lebzeiten' den Ruf eines Klassikers ihres Genres und bestätigen das Bemühen um Produkte, die in Form und Funktion über den Tag hinaus Bestand haben."

Auf dieser Basis, die Stilempfinden zu einem wichtigen Bestandteil von Unternehmenskultur werden ließ, hat sich *Wilkhahn* zu einer dynamischen Mittelstandsfirma mit mehr als 500 Belegschaftsmit-gliedern und mehr als 100 Millionen DM Umsatz entwickelt. Schon 1953 hat es nach Aussage der Geschäftsleitung erste Ansätze für eine anteilige Ertragsbeteiligung gegeben. „In dieser Zeit", so schreibt Fritz Hahne, „bildete sich bei mir ein schlechtes Gewissen. Das Un-ternehmen machte beachtliche Gewinne, die in Investitionen umge-setzt wurden. Alte, verdiente Mitarbeiter haben aber – vor der Wäh-rungsreform – für nur wenig Geld gearbeitet. Dieses mein schlechtes Gewissen war dann die Ursache dafür, daß wir uns entschlossen, ein Konzept für eine Beteiligung der Mitarbeiter zu erarbeiten. Gleich-zeitig wurde ein kooperativer Führungsstil eingeführt."

206

Danach sind seit dem 1. Januar 1971 alle Mitarbeiter nach einjähriger Betriebszugehörigkeit am Ergebnis beteiligt. In der Betriebsvereinbarung heißt es: „Die Mitarbeiter erhalten für ihre Arbeitsleistung eine Erfolgsbeteiligung. Sie beruht darauf, daß jeder Mitarbeiter am Zustandekommen des Betriebsergebnisses mitwirkt." Teilnahmeberechtigt sind Mitarbeiter,

a) die dem Unternehmen seit mindestens einem Jahr ununterbrochen angehören,
b) die im Lauf des ersten Berechtigungsjahres das 21. Lebensjahr vollendet haben,
c) die als Teilzeitkräfte mindestens die Hälfte der normalen Arbeitszeit geleistet haben (Ausfall durch Krankheit gilt nicht als arbeitszeitmindernd),
d) deren Arbeitsverhältnis im Berechtigungsjahr weder ausläuft noch gekündigt ist.

Dabei ist eine Verlustbeteiligung im Rahmen ihrer jeweiligen Anteile vorgesehen. Diese Jahresanteile werden auf die Dauer von 7 Jahren fixiert, um Liquiditätseinbußen zu vermeiden. Nach Ablauf dieser Frist kann der Mitarbeiter über eine Art innerbetriebliche Börse beziehungsweise Vermittlungsstelle seine Anteile auch wieder verkaufen. Sollte er dann im folgenden Halbjahr keinen Interessenten im eigenen Betrieb finden, ist er berechtigt, sein *Wilkhahn*-Papier auch extern zu veräußern. Das Unternehmen kommentiert: „Die Praxis hat gezeigt, daß trotz der Jahre mit überdurchschnittlichem Zinsertrag von 8 % und mehr das Angebot die innerbetriebliche Nachfrage an Anteilszertifikaten übertraf. Grund dafür ist unter anderem: Die siebenjährige Wartezeit hat sich für einen funktionsfähigen internen Kapitalmarkt als hinderlich erwiesen. Rückfragen haben zwar gezeigt, daß die Mehrzahl der Verkaufswilligen ihre Anteile nur besonderer Umstände wegen zu Geld machen wollten, aber aus der Sicht der Mitarbeiter erwies sich diese mangelnde Handelbarkeit doch als Schwäche ihres Beteiligungsmodells." Auch deshalb ist vorgesehen, das Unternehmen eines Tages in eine Aktiengesellschaft umzuwandeln, so daß aus den Mitarbeiteranteilen jederzeit verkäufliche Wertpapiere werden könnten.

Laut Betriebsvereinbarung bildet die auf jeden 31. Dezember erstellte Bilanz die Grundlage „für die Errechnung des für die Ergebnisbeteiligung maßgeblichen Ergebnisses". Dafür wurde festgelegt: „Das Ergebnis dieser Bilanz wird um betriebsfremde Beträge berichtigt, also um solche, die nicht mit der normalen Tätigkeit des Unternehmens in Zusammenhang stehen. Das gilt zum Beispiel für Gewinne und Verluste aus Beteiligungen an anderen Unternehmen oder aus dem Erwerb bzw. der Veräußerung von Liegenschaften, Lizenzeinnahmen usw. Ferner werden vom Bilanzergebnis die Tätigkeitsvergütungen und Ruhegelder der Stammgesellschafter und Zinsen für deren Darlehen abgesetzt sowie desgleichen ein etwaiger Verlust aus dem Vorjahr."

Der sich daraus ergebende Betrag wird nach Verzinsung der Stammgesellschafter- wie Mitarbeiteranteile zu gleichen Teilen an beide aufgeteilt. Der Mitarbeiteranteil erfährt eine weitere Halbierung: einmal in entgeltbezogene und zum anderen in gleiche Anteile.

Die Interessen der Anteilseigner werden auch bei *Wilkhahn* von einem Partnerschaftsausschuß wahrgenommen. Ihm gehören zwei Belegschaftsmitglieder, ein Vertreter der Geschäftsleitung und ein Wirtschafts- oder Steuersachverständiger an, den das Unternehmen beauftragt, während die Mitarbeiter-Vertreter von den stillen Gesellschaftern auf 4 Jahre gewählt werden. Der Ausschußvorsitzende wird von dessen Mitgliedern für 2 Jahre gewählt, die Beschlußfassung erfolgt durch einfache Mehrheit. Zu den Aufgaben des Partnerschaftsausschusses zählen: die Prüfung des Jahresabschlusses, die Prüfung der Verzinsungs- und Ergebnisbeteiligung, die Einberufung der jährlichen Anteilseigner-Versammlung, Entscheidungen für Auslegungen der Beteiligungsverträge und die Verkaufsvermittlung von Mitarbeiteranteilen. Mit 6-Monats-Frist zum Ende des Kalenderjahres können die Betriebsvereinbarung und ihre Durchführungsbestimmungen vom Unternehmen gekündigt werden, falls gesetzliche Veränderungen, die die betriebliche Abmachungen berühren, das erforderlich machen.

Mittlerweile befinden sich durch die Mitarbeiterbeteiligung ca. 5 Millionen DM in Form einer stillen Beteiligung in Arbeitnehmerhand. Das entspricht annähernd 6 % der Bilanzsumme. Inzwischen haben Umfragen im Rahmen akademischer Forschungsarbeiten festgestellt, daß unter den Belegschaftsmitgliedern die gewerblichen Mitarbeiter die großzügige Ruhestandsregelung von *Wilkhahn* an die Spitze der Sozialleistungen des Unternehmens stellten, während für die Angestellten die Ergebnisbeteiligung Vorrang hat. Fritz Hahne und Rudolf Schulz kommentieren dieses Echo mit den Worten: „Daß beides, Ruhestandsregelung wie Beteiligung, materielle Aspekte mit immateriellem Hintergrund der Unternehmenskultur sind, ist vermutlich weder der einen noch der anderen Gruppe bewußt – wohl aber, daß die Befindlichkeit in diesem Unternehmen irgendwie anders ist."

Insgesamt ziehen beide Beteiligungspioniere ein skeptisches Fazit: „Wenn die Frage gestellt wird, ob die Menschen im Unternehmen wegen der Tatsache, daß es ihnen mitgehört, ihre täglichen Verhaltensweisen deutlich geändert hätten, muß die Antwort negativ ausfallen." Vor diesem Hintergrund werden die Ausgestaltung sowie die innerbetriebliche Aufbereitung und die Weitergabe von Informationen der Mitarbeiterbeteiligung erneut überprüft.

*

Dr. Jochen Hahne, Mitinhaber und Vorsitzender der Geschäftsleitung:
„Aus heutiger Sicht hat sich unser Konzept der Mitarbeiterbeteiligung grundsätzlich bewährt. Die materiellen Aspekte sind dabei nur ein Ansatzpunkt. Viel bedeutender ist der historisch gewachsene Umgang zwischen Mitarbeitern, Management und Gesellschaftern. Auch vor dem Hintergrund der Mitarbeiterbeteiligung konnten auf dieser kooperativen Basis in den letzten Jahren schwerwiegende Veränderungen im betrieblichen Bereich schnell und effizient herbeigeführt werden."

Horst Knigge, ehem. Vorsitzender des Betriebsrates, seit 1998 Mitglied der Geschäftsführung:
„Die Ergebnisbeteiligung wurde 1971 eingeführt und hat mittlerweile, gemessen am Eigenkapital, zu einer 30 %igen Beteiligung der

Mitarbeiter geführt. Die materielle Ergebnisbeteiligung ist nach der Altersversorgung der wichtigste Faktor bezogen auf die zusätzlichen Leistungen des Unternehmens einerseits, und andererseits hat die Ergebnisbeteiligung dafür gesorgt, daß wirtschaftliche Zusammenhänge im Lauf der Jahre mehr im Brennpunkt des Geschehens stehen als je zuvor. Der Nachteil der Ergebnisbeteiligung ist der, daß die Anteile nicht so fungibel sind, wie sie sein sollten, das heißt, es gibt viele Mitarbeiter und ehemalige Mitarbeiter (die mittlerweile im Rentenalter sind), die ihre Anteile nicht so verkaufen können, wie sie es möchten. Das ist letztendlich das große Handicap bei dieser Ergebnisbeteiligung."

Kapitalbeteiligung – auch Ergebnis der Firmenphilosophie

Wippermann GmbH, Bünde/Westfalen

„Der ‚Geist des Hauses‘ stimmt, wenn alle Mitarbeiter zu ihrem Haus vorbehaltlos ‚JA‘ sagen können. Allein die Fakten und die Supersonderleistung mögen in trauter Zweisamkeit glänzen. Zur Dreieinigkeit der Partnerschaft im Unternehmen fehlt die dritte Zutat: die Einstellung, das ‚JA‘. Es läßt sich weder anfassen noch erzeugen, weder schauspielern noch erzwingen. Das ‚JA‘ ist entweder da – oder nicht." Diese Sätze, vom Firmengründer und Leiter Erland Wippermann selbst formuliert, gehören zur Firmenphilosophie des Großhandelsunternehmens *Wippermann* in Bünde/Westfalen, das Werkzeuge und Gartenzubehör vertreibt. Sie bilden nicht nur die Basis der Mitarbeiterbeteiligung in diesem Betrieb, sondern dokumentieren die deutsche Neigung zu philosophischen Untertönen, mit denen manche das harte Geschäft durchaus besser im Griff haben. Mitgesellschafter Ulrich Vahle, der an der Gestaltung des Beteiligungsmodells *Wippermann* gemeinsam mit einer Beratungsfirma mitgewirkt hat, bestätigt: „Für uns begann damit eine neue Qualität der Zusammenarbeit. Wir praktizieren einen Einblick hinter die Kulissen betriebswirtschaftlicher Zusammenarbeit ebenso, wie wir über kaufmännische Alltagserscheinungen sprechen."

Seit 1996 sind alle 11 Mitarbeiter der *GmbH* auch gleichzeitig ihre stillen Gesellschafter. Als erstes Beteiligungsangebot offerierte ihnen ihre arbeitgebende Firma einen Anteilschein im Wert von 1 236 DM, den sie dem Vermögensbildungsgesetz entsprechend mit 300 DM bezuschußte. Alljährlich kann diesem Grundeinsatz ein neues Angebot folgen, das ebenfalls von der gesetzlich geförderten Vermögensbildung gestützt wird. Unternehmer Wippermann legt dabei besonderen Wert darauf, den Mitarbeitern bewußt zu machen, daß das Konto bei positivem Geschäftsverlauf in 10 Jahren auf mehr als 20 000 DM anwachsen kann. Aber natürlich ist die Gewinnausschüttung vom wirtschaftlichen Erfolg abhängig. Zur Zeit der Gründung lag die Umsatzrendite immerhin bei 12 %, die Verzinsung bei etwa 9 % und damit deutlich über dem Zinsniveau von Sparguthaben, eine Möglichkeit, mit der sich die betriebliche Vermögensbildung generell auszeichnet.

Erland Wippermann betont außerdem gleichzeitig mit Nachdruck: „Viel wichtiger ist jedoch, daß durch die Mitarbeiterbeteiligung die Identifikation der Mitarbeiter mit dem Unternehmen steigt. Das setzt voraus, daß die betriebliche Organisation und die Kostenstruktur für alle Gesellschafter transparent sind und sie aus diesem Wissen heraus eigenverantwortlich handeln."

Im Gesellschaftervertrag der *Wippermann GmbH* heißt es unter anderem: Erhöhungen der stillen Gesellschaftseinlagen können vom stillen Gesellschafter aufgrund späterer Beteiligungsangebote oder individueller Vereinbarungen aufgebracht werden. Die Nennwerte der Anteilscheine sind die Grundlage für die gegenseitigen Rechte und Pflichten. Die Einlage auf den Nennwert der bezeichneten Anteilscheine ist vom stillen Gesellschafter so zu erbringen, daß die Leistung in das Vermögen der *Wippermann GmbH* übergeht und ihr zur freien Verfügung steht. Mit dem Beteiligungsstichtag ist der Gesellschafter mit dem Nennwert seiner Anteilscheine am Gewinn beteiligt. Die Gewinnanteile werden auf Wunsch ausgezahlt oder dem jeweiligen Beteiligungskonto gutgeschrieben. Im Verlustfall beschränkt sich die Haftpflicht auf die vom einzelnen erbrachte Einlage (ohne Nachschußpflicht), Verlustanteile werden auf dem Beteiligungskonto vorgetragen.

Die jährlich eingesetzten Anteile bleiben jeweils für 6 Jahre festgeschrieben. Vorzeitige Kündigungen sind wie üblich im Renten- und Erwerbsunfähigkeitsfall oder bei unverschuldeten Notlagen möglich. Das gleiche gilt für den Unternehmer, bei Verkauf oder Fusion, bei Anteilspfändungen des Gesellschafters, im Konkursfall oder Ausscheiden des Gesellschafters aus dem Betrieb. Die in jedem Jahr dreimal stattfindende Versammlung aller stillen Gesellschafter wählt für 3 Jahre einen Vertrauensmann. Je 100 DM Einlage haben 1 Stimme: Alle (oder fast alle) Entscheidungen unterliegen der einfachen Mehrheit.

Wippermanns Credo hat sich bewährt. „Die autoritäre Durchsetzung von unternehmerischen Entscheidungen ohne Anhörung und gegen den Widerstand der Mitarbeiter schadet im Endeffekt dem Unternehmen. Nur Überzeugungsarbeit und eine Situation, in der alle Mitarbeiter an einem Strang ziehen, gewährleisten, daß durch angestrebte Veränderungen im Unternehmen die wirtschaftliche Ertragslage verbessert wird." Eine im Grunde logische, jedoch noch keineswegs ausreichend realisierte Konsequenz, die Unternehmensphilosoph Wippermann mit der schlichten Feststellung krönt: „Es riecht nach Sozialismus, ist aber keiner."

*

Stellungnahme des Unternehmers Erland Wippermann:
„Unser eigenes Modell ist der Feder von teuren Beratern entsprungen, deren Unterstützung unabdingbar ist, um das Konzept gegenüber Fiskus, Gesetzen und Mitbestimmung wasserdicht und lupenrein zu gestalten. Die Beteiligungshöhe absolut und in Prozenten, die mit dem Konzept erreichbar ist, verdient kaum den Namen Kapitalbeteiligung: Nach 10 Jahren bei gutem Unternehmenserfolg gerade 20 000 DM erspart zu haben verschafft dem Mitarbeiter kaum das gute Gefühl, sich neben seinem Einkommen aus unselbständiger Arbeit auch auf nennenswerte Einkünfte aus Kapitalvermögen freuen zu können. Dagegen ist der immaterielle Wert dieser Vereinbarungen nicht zu vernachlässigen, sofern als Vater des Konzepts das ehrliche Ziel tatsächlicher Partizipation dahintersteht. Die Installation des Systems erforderte eine lange Vorbereitungsphase: Angesichts der rechtlichen Komplexität galt es, die Mitarbeiter zu informieren und zu überzeugen, Restmißtrauen aus dem Weg zu räumen und allen Formvorschriften zu genügen. Die Einhaltung der im Vertrag eingegangenen Verpflichtungen ist mit einigem formellen Aufwand auch nach Vertragsschluß verbunden. Die anfängliche Begeisterung ist verflogen, die Gesellschafterversammlungen unterscheiden sich kaum von den auch sonst regelmäßig stattfindenden Meetings. Es wird offen geäußert, daß sich das Beteiligungskonzept sozusagen eingeschliffen hat."

Mitarbeiterbeteiligung – eine Basis für den Markt „Unternehmen"

Wolfcraft, Kempenich

„Der Arbeitnehmer ist nicht länger nur Produktionsfaktor, sondern selbständiger Teilnehmer an einem Markt ebenso wie der Unternehmer, der die Leistungen seines Partners *Arbeitnehmer* nachfragt. Das Unternehmen ist also eine von den Funktionen her bestimmte Einheit und nicht mehr länger Ort sozialer Spannungsherde." Worte, die noch vor wenigen Jahren revolutionär geklungen haben. Sie stammen vom Hauptgeschäftsführer der Industrie- und Handelskammer zu Koblenz, und er hat sie seinerseits dem Partnerschaftsmodell der Firma *Wolfcraft* vorangestellt. Ein mittelständisches Unternehmen, das nicht allein durch seine Produkte für den Heimwerkermarkt einen Namen errungen hat, sondern auch durch die progressive Haltung seines Gründers und langjährigen Leiters, des gelernten Werkzeugmachers Robert Wolff, bekannt geworden ist. Wolff nennt nicht nur 180 Patente sein eigen, wofür er mit der *Diesel*-Medaille ausgezeichnet wurde, er hat sich auch im Bereich der Organisation einen Namen gemacht: „Das *Wolfcraft*-Modell ist im weitesten Sinne eine Organisationsform des Unternehmens", heißt es in einer neuen Präsentation des Wolffschen Partnerschaftsmodells. Heute beschäftigt die Firma 400 Mitarbeiter, die etwa 500 Teile für den Werkzeugmaschinen- und Geräte-Bedarf fertigen und mit weiteren 1 500 Produkten Handel treiben. Der Jahresumsatz liegt bei 150 Millionen DM, und seit fast 25 Jahren werden die Mitarbeiter am Gewinn beteiligt.

In seiner Modellschilderung formuliert Robert Wolff wörtlich: „In meinem Unternehmen erhalten die Mitarbeiter-Unternehmer neben ihrem Lohn eine Beteiligung am Gewinn, den sie selbst erwirtschaftet haben. Ich halte eine solche materielle Beteiligung für sehr wichtig und bin zutiefst davon überzeugt, daß der freie Unternehmer die nächsten 100 Jahre nicht überleben wird, falls er nicht auf diese Art und Weise mit seinen Mitarbeitern gemeinsame Sache macht. Die Mitarbeiter gehören zur stärksten Stütze des freien Unternehmertums. Deswegen liegt es im Interesse der Unternehmer, neben der eigenen Vermögensbildung den Mitarbeitern die Chance einzuräumen, ebenfalls Vermögen zu bilden, weil dadurch dem Bedürfnis nach Sicherheit in individueller Freiheit am besten entsprochen werden kann." Bei *Wolfcraft* entspricht man auch der Auffassung, daß eine optimale Information zu den besten Motivationsfaktoren gehört: Extern durchgeführte Mitarbeiterbefragungen ergaben, daß die Zufriedenheit der Belegschaft die 90 %-Marke überschreitet, und die Firmenleitung ist davon überzeugt, daß bereits der organisatorische Aufbau dazu beiträgt. Die Basis bilden die Arbeitsgruppen mit ihren Gruppenleitern, die von der Geschäftsführung ernannt werden. Ihre Vorgesetzten sind Bereichs- beziehungsweise Abteilungsleiter, „die zur Entlastung der Bereichsleiter die Information und Koordination der Gruppe vornehmen". Bereichsleiter und Geschäftsleitung bilden als oberste Ebene die Geschäftsführung.

Einmal im Monat werden alle Abteilungs- und Gruppenleiter über Umsatz, Gewinn und Verlust sowie über die Erfolgsbeteiligung informiert. Die Gewinnbeteiligung selbst, die bei *Wolfcraft* auch eine Verlustbeteiligung beinhaltet, funktioniert wie folgt: Als Existenzsicherung des Unternehmens wird vom Gewinn zunächst grundsätzlich ein Betrag in Höhe von 5 % des Umsatzes einbehalten. Der darüber hinausgehende Gewinn steht zur Verteilung, sofern keine Verlustvorträge zu begleichen sind. Von dem zur Verfügung bleibenden Betrag erhält die Kapitalseite zwei Drittel, die Mitarbeiter ein Drittel. Der Gewinnanteil jedes Mitarbeiters wird pro Arbeitsstunde ermittelt (Gruppenleiter werden doppelt gewichtet). Die jeweilige monatliche Arbeitsstundenzahl wird mit dem Gewinnanteil pro Arbeitsstunde multipliziert, und daraus wird der Gewinnbeteiligungsbetrag errechnet (z. B. 160 Arbeitsstunden x 2 ergeben 320 DM). Verluste werden mit früheren Monatsgewinnen verrechnet, die oberhalb von 500 DM lagen. Die Arbeitszeit selbst ist mit Gleit- und Teilzeitmodellen auf der Basis der jeweils gültigen Wochenstundentarife flexibilisiert worden.

Der Gewinnanteil wird vierteljährlich ausgezahlt. 1997 erhielt ein Vollzeitmitarbeiter im Durchschnitt einen jährlichen Gewinnbeteiligungsbetrag von 1 750 DM. Der Erfolgsbetrag ist für jede Hierarchie-Ebene der gleiche. Betriebszugehörigkeit oder Gehaltshöhe spielen dabei keine Rolle. „Die Leistung des Mitarbeiter-Mitunternehmers ist die Mitwirkung an der Erreichung des Unternehmensziels. Die Honorierung der Leistung ist die Erfolgsbeteiligung", heißt es bei *Wolfcraft*.

Einem Unternehmerkollegen schrieb Robert Wolff in einem Brief: „Es gibt kaum einen Unternehmer, der meine Ideen ablehnt oder im Ansatz für falsch hält. Auch Kritiker haben mir Erfolg bescheinigt. Aber aus manchen Fragen höre ich doch auch Zweifel heraus, ob das *Wolfcraft*-Modell auch auf andere Unternehmen übertragbar sei und auch in größeren oder kleineren Unternehmen angewendet werden kann. Aber mein Modell ist kein Schönwetter-Modell. Vielleicht sollten Sie auch bedenken, daß in meinem Modell Trittbrettfahrer, Bummelanten und Krankfeierer von der eigenen Gruppe kontrolliert werden – genauso, wie in der Hierarchie weiter oben angesiedelte Mitarbeiter oder auch ich selber ständig auf dem Prüfstand stehen und beweisen müssen, daß wir auch leben, was wir sagen. Deswegen wird Glaubwürdigkeit bei uns großgeschrieben. Diese Glaubwürdigkeit wird nie aufs Spiel gesetzt."

Thomas Wolff, Geschäftsführer:
„Marktwirtschaft im Unternehmen ist der Versuch, die Prinzipien der sozialen Marktwirtschaft als Organisationsform in das Unternehmen einzuführen. Einmal, um den sozialen Grundbedürfnissen der Menschen im Unternehmen gerecht zu werden, und zum anderen, um im internationalen Wettbewerb durch Wettbewerbsfähigkeit zu überleben."

Wie entstand diese Idee? Aufgrund der Erfahrung des Unternehmensgründers als Arbeitnehmer und später als Unternehmer war er überzeugt, daß ein Unternehmen sowohl menschenwürdig als auch gewinnorientiert organisiert und geführt werden kann. Die Voraussetzung dafür ist, daß man das Unternehmen als Markt erkennt und entsprechend organisiert. Dann ist der Unternehmer der Anbieter und der Arbeitnehmer der Nachfrager sozialer Güter und Dienstleistungen. Auf diesem Markt fragen die Arbeitnehmer nach zusätzlichen sozialen Leistungen, die der Unternehmer anbietet – zum

Beispiel Information, Weiterbildung, Beteiligung an der Verantwortung und am Gewinn.

Dieser Austausch von Leistung und Gegenleistung ist der Motor, der in Gang gesetzt werden muß, um die Bedürfnisse der Menschen zu erfüllen. Draußen auf den Märkten und drinnen auf dem Markt *Unternehmen*. Das funktioniert aber nur dann, wenn es Wettbewerb gibt zwischen den Anbietern. Dafür zu sorgen ist Aufgabe des Staates neben anderen Rahmenbedingungen, die er gewährleisten muß, damit den Werten von persönlicher Freiheit, Solidarität und Subsidiarität Rechnung getragen wird. Soziale Marktwirtschaft führt zum Konsum für alle. Als Gestaltungsrahmen auch für das einzelne Unternehmen angewendet, führt sie zur Arbeit für alle. Ausgangspunkt ist das Grundbedürfnis der Arbeitnehmer nach Sicherheit und Anerkennung in materieller und immaterieller Hinsicht. Auch der Unternehmer kennt dieses Bedürfnis nach Sicherheit und Anerkennung, nämlich nach Sicherheit seiner Firma und Anerkennung seines unternehmerischen Erfolgs, wie er sich im Gewinn widerspiegelt. Damit sind die Bedürfnisse des Unternehmers und des Arbeitnehmers in ihrer Wesensart gleich. Die Gleichheit der Bedürfnisse, deren Erfüllung in die individuelle Zufriedenheit einmündet, gebietet es, einen Austauschprozeß auf dem Markt *Unternehmen* einzugehen.

Marktwirtschaft im Unternehmen

Unternehmer als
Anbieter und Nachfrager

Sicherheit und
Anerkennung

soziale
Güter

Markt
im
Unternehmen

unternehm.
Mitarbeit

Sicherheit und
Anerkennung

Arbeitnehmer als
Anbieter und Nachfrager

Anbieter

Nachfrager

Stichwortverzeichnis

222